西北大学"双一流"建设项目资助
Sponsored by First-class Universities and Academic Programs of Northwest University

流量逻辑

党明辉 ◎ 著

西北大学出版社
·西安·

图书在版编目（CIP）数据

流量逻辑 / 党明辉著 . —西安：西北大学出版社，2023.11
ISBN 978-7-5604-5256-2

Ⅰ. ①流… Ⅱ. ①党… Ⅲ. ①网络营销 Ⅳ. ①F713.365.2

中国国家版本馆 CIP 数据核字（2023）第 223997 号

流量逻辑
LIULIANG LUOJI

著　　者	党明辉
出版发行	西北大学出版社
地　　址	西安市太白北路 229 号
邮　　编	710069
电　　话	029-88302825
经　　销	全国新华书店
印　　装	西安日报社印务中心
开　　本	787mm×1 092mm　1/16
印　　张	13.25
字　　数	215 千字
版　　次	2023 年 11 月第 1 版　2023 年 11 月第 1 次印刷
书　　号	ISBN 978-7-5604-5256-2
定　　价	45.00 元

本版图书如有印装质量问题，请拨打电话 029-88302966 予以调换。

前 言

　　党的二十大报告指出,要提高社会文明程度,繁荣发展文化事业和文化产业。然而,随着互联网媒体的迅猛发展,当人们还在叹息报纸将死、电视将死,还在探讨报纸媒介、广播媒介、电视媒介将以何种形式在互联网时代完成差异化发展之时,另一个声音已经不绝于耳——有价值的新闻正在衰退。网络媒介时代的媒体充斥着大量鸡汤、笑话、八卦甚至谣言、假新闻,而真正有意义、有新闻价值的内容却在淡出媒介、淡出人们的视线,今天的新闻媒体对涉及重大公共利益的事件报道能力已经出现了极大的衰退。国内新闻传播学界对媒介内容的这种变异也早有察觉与论述,并用"瓦釜效应"来描述大众媒介的这种价值背离现象。2007 年,杜骏飞发现"当今的大众媒体上,更有意义的新闻角色大多默默无闻,更无意义或更有负面意义的新闻角色则易于煊赫一时",将大众媒体中趋于沉默的、有意义的新闻角色比喻为黄钟,用以指具有硬新闻内涵和政治、经济、文化价值的媒介内容,将大众媒体中趋于煊赫一时的无意义的新闻角色比喻为瓦釜,用以指缺乏进步意义的鄙俗化媒介内容,大众媒体中的这种类似于劣币驱逐良币的价值背离现象则称为"瓦釜效应"。无独有偶,成为 2016 年度热词的"后真相"同样也反映了大众媒介的这种价值背离现象。"后真相"概念最早由美籍塞尔维亚剧作家史蒂夫·特西奇提出,用于描绘"水门事件""海湾战争"等事件中"情绪的影响力超过事实"的共同特征。由此可见,新闻传播中的"后真相"现象长期存在,但近年来已经超越了某种临界点,达到了爆发期,已经无法不再引起人们的关注。

　　"瓦釜效应""后真相"深刻地反映了互联网时代大众媒体的理性困境问题,关于此类问题的学术研究最早可追溯至李普曼的"公共舆论"研究。李普曼在美国传播学奠基之作《公共舆论》一书中阐述了三方面核心观点:①新闻供给方面,拟态环境存在真实性困境;②舆论主体方面,公众缺乏理性的议事能力;③破解方案方面,需要诉诸理性,践行精英主义民主道路。"瓦釜效应"强调媒介为了迎合受众需求,使得理性良善的媒介内容趋于沉寂,而鄙俗化媒介内容煊赫一时。李普曼有着类似的论述，认为新闻业受运行机制影响，更多地去迎合公众的成见，导致成见的强化而不是趋于客观理性。"后真相"强调受众宁愿选择"情感和个人信仰"而不是事实本身，造成了媒介真实性的缺失。李普曼同样认为媒介缺乏真实性，指出人类以自己的情感为尺度，宁愿相信自己的主观偏见而不是事实。因而，当今时代大众媒体的"瓦釜效应""后真相"等问题并没有超出李普曼在公共舆论研究中所指出的表达理性问题范畴，"瓦釜效应""后真相"等媒介现象是公共舆论的表达理性问题在新媒体传播语境下的再次凸显。

公共舆论中的表达理性问题何以在当今时代再次凸显？原因是复杂多样的，"瓦釜效应"论述从宏观方面描述了产生这种现实困境的原因，包含了媒体、市场、资本、技术、政策和社会传统等多方面因素。众多原因中，媒介技术无疑是非常重要的影响因素，限于笔者的精力及学术能力，本书仅立足于媒介技术视角，依据媒介逻辑理论探讨引发此类现象的媒介因素。1979年，阿什德和斯诺两位学者将齐美尔的形式社会学理论引入媒介研究领域，提出媒介逻辑是媒介内容特征的呈现和组织方式，以及媒介的关注点、强调点的有机整体；媒介格式是媒介逻辑产生独特性媒介效应所依据的规则，每种媒介形态因其独特的媒介格式而产生特定的媒介逻辑。该理论与波兹曼等学者的研究有着异曲同工之妙，认为电子媒介是以娱乐格式为中心的媒介，电子媒介的娱乐逻辑主导了媒介文化的形成，不但影响了电子媒介本身的信息内容，也影响了电子媒介时代的社会行为准则。美国社会的新闻生产和流行文化非常清晰地展示了新闻与政治组织已然沉溺于电子媒介的娱乐逻辑。媒介研究学者依据媒介形态划分出了纸质媒介时代、传统电子媒介时代以及网络媒介时代，认为纸质媒介的主导性媒介格式是理性，媒介逻辑是理性阐释，传统电子媒介的主导性媒介格式是娱乐，媒介逻辑是娱乐逻辑。本书尝试提出什么是互联网媒介的主导性媒介格式，互联网媒介具有什么样的媒介逻辑，并基于此回答公共舆论中表达理性问题何以再次凸显。

本书第一章首先在媒介技术研究路径上回答了互联网媒介技术产生的媒介格式。第二章和第三章分别从数字交互技术和媒介测量技术两个方面探讨了互联网技术所具有的媒介机制，提出互联网的数字交互技术框架了互联网媒介的"民众化偏向"，互联网的媒介测量技术框架了互联网媒介的"流量规则"。"民众化偏向"和"流量规则"二者之间的相互作用中，凸显了普通民众的流量属性而非完整的民主权利,使得互联网的"民众化偏向"最终呈现为流量偏向。基于对这种互动关系的分析,本书提出互联网的主导性媒介格式是流量格式,互联网的媒介逻辑是流量逻辑。其次,在经验性研究路径上检验互联网流量格式在当今传播语境下对媒介内容的影响作用。将媒介逻辑概念操作化界定为媒介技术影响媒介内容,将流量逻辑界定为互联网技术影响媒介内容的流量偏向,认为网络时代的内容生产中,为了获取流量,媒介呈现出以多数人以及人的共性需求为导向的行为逻辑。第四章从"多数人"和"人的共性需求"两个维度解析了流量逻辑,检验了互联网的"民众化偏向"和"情绪化偏向",并以此推导出互联网技术影响了媒介内容的"多数人"和"人的共性需求"偏向,佐证了互联网的媒介格式是流量格式。第五章定性分析了流量逻辑的价值模式及其在网络社会中的凸显状况。最后,在媒介技术研究和经验性研究的基础上,本书提出互联网技术框架了大众媒体以流量为导向的行为逻辑,互联网时代大众媒介中的"瓦釜效应""后真相"等现实困境受制于"流量"的需求层级,其解决之道在于"流量"的优化。

  2016年的一次出游,我感慨景区通过免费门票招揽游客,这种模式看似减少了营业收入,实则在拥有了大量的人群后,可以通过饮食、住宿、文玩,甚至停车费等获得更大的收益。景区的这种营收模式类似于互联网,以免费的形式汇聚人流量,进而通过对流量价值的开发实现盈利。受此启发,我第一次产生了流量逻辑的概念,经过广泛阅读专业文献,最终选定基于媒介逻辑理论阐释互联网的流量逻辑及其问题。当时社会学意义上的"流量"概念并没有得到应用,"流量明星"等概念还没有被网友提出,因而还有迟疑,不敢确定可否将流量逻辑作为我读博期间研究问题的标题,我的导师杜骏飞教授的支持打消了我的顾虑,谢谢杜老师。概念的产生虽来源于出游,但问题意识和学术思想都直接受益于杜老师,本书的目的也正在于基于媒介技术视角解释互联网社会为什么会出现"瓦釜效应""后真相"等现象。从概念思路的产生到最终完成书稿,得到了众多师友的无私帮助,在此表示感谢,尤其感谢南京大学王成军老师、吴志远老师,西北大学马锋老师、郭欣荣老师。

  流量逻辑概念并非一个凭空出世的全新概念,其深深地扎根于前人的研究基础上。第一,流量逻辑概念直接承续了阿什德和斯诺提出的媒介逻辑概念,相对于娱乐逻辑是广播电视技术的媒介逻辑,本书提出流量逻辑是互联网技术的媒介逻辑。第二,互联网的流量逻辑并非是随着互联网技术的普及而备受关注的，而是在互联网从民众化到流量化的转换过程中逐渐发挥作用并进入公众视野的。特纳在《普通人与媒介：民众化转向》一书中提出，普通人正在把他们自己变成了媒介的内容；梅洛维茨在《消失的地域》中提出，媒介技术正在消融不同场景之间的区隔；卡尔在《浅薄——你是互联网的奴隶还是主宰者》一书中提出，互联网正在使人们的大脑变得浅薄。这些都为互联网的流量化转向埋下了伏笔，预示了互联网社会中的普通民众将会呈现为网络流量，并以流量的形式广受重视。在以上著述的基础上，本书提出互联网的数字交互技术导致了互联网媒介的民众化偏向，并且成为互联网媒介发展初期的主要特征。第三，韦伯斯特在《注意力市场：如何吸引数字时代的受众》一书中，将媒介经济、媒介理论以及媒介批判理论有机地融入互联网注意力市场，用网站的访问量等数据测量媒介受众的注意力流动，这启发了我从流量所扮演的市场信息机制和用户信息机制视角探讨流量逻辑盛行的原因，提出互联网的媒介测量技术使得互联网的民众化偏向最终转化为流量化偏向。第四，安德森在《长尾理论》中基于互联网用户数据提出互联网时代的注意力分布比以往更加平缓了。辛德曼同样基于互联网用户数据，在《数字民主的迷思》中却得到完全相反的结论，认为互联网使得媒介受众更加集中地汇集于极少数热门媒体。本书基于这两方面的探讨，分析互联网流量的价值模式，阐释流量逻辑的权利结构。

从2018年完成初稿到2023年准备出版，已经过去了五年有余，这期间流量已经成为媒介的风向标，流量逻辑也已走进了国内著名学者的视野。本书初稿时就已论述的一些观点也以不同的形式呈现于大众视野，尤其是流量逻辑对新闻生产的影响、流量逻辑导致的"瓦釜效应"、流量符号象征意义的凸显等论点，已有学者自2020年以来进行了全面且深刻的论述，并发表于权威或核心期刊。著名学者的论述能和自己的一些思考形成共鸣无疑是令人倍感欣慰的，这也是我出版本书的动力来源之一。

虽然我在本书的写作中尽了最大努力，但书中不可避免还有很多疏漏和不足之处。在此感谢张萍总编辑和许欢妮编辑的耐心订正，你们热忱、严谨的工作作风让我感佩不已，感谢吴淼同学所完成的编辑校正工作。同时也恳请同行专家、读者不吝赐教，以便本书得到进一步完善和提高。

党明辉
2023年7月

目 录

第一章　媒介逻辑理论来源及其在数字传播时代的应用　/ 1

　　第一节　过程性框架：形式与内容的关系　/ 1
　　　　一、"结构化"理论　/ 1
　　　　二、过程性框架　/ 4
　　第二节　螺旋式上升：媒介技术形态的演进　/ 7
　　　　一、媒介定律　/ 7
　　　　二、再现与演进：从口语传播时代到电子传播时代　/ 9
　　第三节　媒介逻辑理论及其应用　/ 14
　　　　一、媒介逻辑理论来源　/ 14
　　　　二、媒介逻辑理论的研究应用　/ 16
　　本章小结　/ 21

第二章　民众化偏向：互联网的数字交互技术研究　/ 23

　　第一节　传播的偏向　/ 23
　　　　一、传播的偏向理论及其发展　/ 23
　　　　二、网络媒介的传播偏向　/ 27
　　第二节　数字交互技术及其媒介框架　/ 29
　　　　一、互联网的数字交互技术　/ 29
　　　　二、数字交互技术的媒介框架　/ 31
　　第三节　民众化偏向：数字交互技术的传播偏向　/ 35
　　　　一、民众化偏向　/ 36
　　　　二、媒介舞台的消失　/ 37
　　　　三、媒介公众的"浅薄"　/ 42

本章小结 / 46

第三章　流量规则：互联网的媒介测量技术研究 / 47

第一节　互联网媒介测量技术 / 47
一、媒介测量 / 47
二、互联网媒介测量技术 / 50

第二节　流量：互联网媒介市场的权利中心 / 54
一、流量概念的界定 / 54
二、互联网注意力经济的"流量模式" / 57
三、基于流量的互联网赋权：对互联网注意力幂律分布曲线的分析 / 66

第三节　流量规则：互联网媒介测量技术的简单规则 / 79
一、复杂系统及其简单规则 / 79
二、流量的融合性与实践性 / 82
三、"流量模式"是对流量规则的自适应 / 90
四、互联网媒介测量的简单规则即流量规则 / 92

第四节　流量格式："流量规则"与"民众化偏向"的相互作用 / 95
一、流量来源于普通民众 / 95
二、流量"内爆"于普通民众 / 96
三、普通民众被异化为网络流量 / 98

本章小结 / 102

第四章　流量逻辑的两个维度 / 104

第一节　流量逻辑的操作化界定 / 104
一、流量逻辑的两个维度 / 104
二、两个维度的测量 / 105

第二节　多数人维度：网络媒介的民众化偏向 / 110
一、传播学研究问题概述 / 111
二、研究方法 / 115
三、研究发现 / 121

四、结论与讨论 / 126

五、研究不足 / 129

第三节 人的共性需求维度(一):网络媒介的情绪化表达研究 / 130

一、具体研究假设的提出 / 130

二、研究方法 / 136

三、研究发现 / 140

四、结论与讨论 / 147

第四节 人的共性需求维度(二):网络媒介的情绪化互动研究 / 149

一、框架效应研究 / 149

二、具体研究假设的提出 / 151

三、研究方法 / 154

四、研究发现 / 157

五、结论与讨论 / 163

本章小结 / 164

第五章 网络社会中的流量逻辑及其问题 / 165

第一节 网络社会中的流量逻辑 / 165

一、流量逻辑的价值模式 / 165

二、流量逻辑在网络社会中的凸显 / 170

第二节 现实困境的解决之道 / 187

一、专家体系与民主参与体系 / 188

二、"流量"的优化:民众参与体系下的应对策略 / 191

本章小结 / 194

参考文献 / 196

第一章 媒介逻辑理论来源及其在数字传播时代的应用

阿什德和斯诺(Altheide & Snow)将齐美尔的形式社会学理论引入媒介研究领域,提出了媒介逻辑理论,研究"形式"和"内容"之间的关系,用以解释特定媒介所具有的独特偏向性。本章从媒介逻辑理论的两个源头("结构化"理论思想和媒介技术研究)梳理媒介逻辑研究现状,辨析理论概念,提出本书的核心问题:互联网媒介具有什么样的媒介格式(format),能够产生什么样的媒介逻辑?

第一节 过程性框架:形式与内容的关系

媒介逻辑理论研究由媒介本身力量所引发的社会变迁,用以解释媒介文化和新闻生产标准,强调媒介对内容的优先性。受齐美尔的形式社会学理论启发,阿什德和斯诺认为媒介对内容的优先性不是传统媒介研究学者二元对立意义上的决定性影响作用,而是一种"形式"与"内容"动态互动中的制约性影响作用,并将这种制约性作用称为"过程性框架"(processual framwork)。

一、"结构化"理论

(一)齐美尔形式社会学

社会学在解释社会构成问题上存在社会唯名论和社会唯实论的二元对立。社会唯名论否定社会作为一个整体的真实性存在,强调个体行动者的实在性与能动性,认为社会是个体行动者集合起来的有名无实的符号,只有个别的事物才是真实存在的事物,一般性的事物仅是人们用来表示一般性事物的名称。因而,社会整体不应该作为社会科学研究的对象,从个体行动者出发的个体主义研究方法才是社会科学研究中所应该采取的方法。相似于社会唯名论的概念还有社会学中的机械论、微观理论、个体主义理论、还原论、原子论等,代表性人物有马克思·韦伯和布里埃尔·塔尔德等[1]。强调通过研究社会活动中个体行动者的社会行动,以及对个体社会行动的过程和结果的关联进行解释,把握其行为规则,从而能够理解作为行动者集合的社会的整体属性。社会唯实论肯定社会作为一个整体存在的客观真实性,强调社会整体结构对个体行动者的制约性作用,认为社会整体具有任何个体所不具备的独特属性,作为整体的社会能够决定个人的行为特征,通过研究个体行动者的行为特征却无法探析社会整体的属性。因而,个人不应该作为社会科学研究的对象,真实存在的社会整体才是社会科学研究的对象,从整体出发的整体主义研究方法才是社会科学研究中所应该采取的方法。相似于社会唯实论的概念还有社会学中的社会整体论、宏观理论、集体主义论、有机体论等,代表性人物有涂尔干和孔德等,认为社会学应该研究"社会事实",社会学家对待整体存在的社会事实需要像物理学家将具有整体物理属性意义的物质作为一个研究对象一样[2]。唯名论和唯实论二元对立产生的根源在于,在如何理解社会的问题上,人们习惯于将社会分解为个人和社会整体,强调个人和社会整体的二元对立性,肯定一方的实在性而否定另一方的实在性。齐美尔对社会研究的巨大贡献,在于他试图在唯名论和唯实论之间寻找一种思辨性的调和。不同于以往学者采用个人和社会整体的二元对立分割,齐美尔采用了类似于康德的先验方法确立了社会学的独特对象,认为"社会形式"是社会所以可能的条件,就像先验范畴是自然界所以可能的条件一样。

齐美尔采用"社会形式"调和了个人和社会整体之间的二元对立。个人活动产生社会内容,但并不直接构成社会关系,只有形成互动或相互作用的个人活动才能构成具有现实意义的社会关系。个体之间的这种互动或相互作用的方式即为社会形式,互动或相互作用的过程即是"社会化"的过程。社会形式能够从原始的社会经验中节选出合适的部分,对其进行综合性组织,将其打造成

---

[1] 岳天明.社会困局与个体焦虑:吉登斯的现代性思想[J].西北师范大学学报(社会科学版),2013,50(5):98-104.

[2] 迪尔凯姆.社会学方法的准则[M].狄玉明,译.北京:商务印书馆,2004:35.

具有制约性力量的结构体。社会形式的引入将个人和社会整体之间二元对立的关系转化为形式与内容的基本模式。形式是事物之所以成为事物的本质,而内容则是构成事物的基本材料,形式与内容之间具有内在统一性,单纯的形式或内容都只是抽象的概念,只有将二者结合才能成为现实事物。社会化的形式在社会中的地位类似于康德所说的范畴在经验中的地位,它是社会所以可能的先天条件,不是脱离内容的形式,而是内化于人的互动中的活动规律。简而言之,齐美尔形式社会学意义上作为"内容"的个体对作为"形式"的社会结构具有自主性,但这种自主性不是二元对立意义上唯名论所认为的社会只是思维中的有名无实的抽象符号,而是个体互动中构成的整体性社会关系;作为"形式"的社会关系对作为"内容"的个人行为具有制约性,但这种制约性不是二元对立意义上唯实论所认为的社会结构决定个体行为,而是个人互动中社会化的形式对个人的制约性。

(二)吉登斯"结构化"理论

齐美尔表达了形式与内容之间的互构关系,采用"社会形式"调和社会唯名论和社会唯实论之争中社会整体和个体之间二元对立的关系。吉登斯的"结构化"理论同样完成了对社会整体和个体能动性之间二元对立关系的融合,采用结构二重性假设对二元对立的观点进行了新的分析和概括,实现了对当代西方历史观的重建。

塔尔科特·帕森斯(Talcott Parsons)以对19世纪和20世纪早期欧洲思想的阐释为基础,系统追溯了涂尔干、韦伯和帕累托的著作,认为社会理论里根深蒂固地存在两种对立的理论视角,并将其概括为客体主义(objectivism)和主体主义(subjectivism)。"客体主义和主体主义"与"唯名论和唯实论"的命名视角不同,前者以行动者为对象进行命名,关注行动者在社会行动中的主体地位或客体地位;后者以社会为对象进行命名,关注社会在社会行动中是徒有虚名的符号还是具有实在性的真实存在,但两套概念体系都反映了整体结构和个体行动者之间的二元对立关系。客体主义类似于社会唯实论,包括了结构主义和功能主义,强调结构的制约性作用,认为社会整体相对其个体组成部分而言,具有至高无上的地位,具有鲜明的机械决定论色彩,"二战"后曾成为主宰西方学术界的主流共识。主体主义类似于社会唯名论,强调主体的能动性作用,认为社会行动中具有首要地位的是个体的行动与意义,社会整体的作用没有意义,具有鲜明的唯意志论色彩,在当代学术界具有一定的影响①。

吉登斯认为主体主义和客体主义二元对立的根源在于人们错误的结构观念。大多数社会学者,尤其是功能主义学者,通常视结构为某种模式化了的社会关系或社会现象,认为结构类似于有机体的骨骼或建筑的框架,结构外在于人的行动,成了不依赖于其他力量而构成的主体所遭受的制约力量的来源。吉登斯认为社会结构是社会系统中束集(binding)在一起的一些"结构化"特征,这些"结构化"的束集框架了时空向度中千差万别的社会实践,使其呈现出某种相似性特征,并赋予这种相似性特征以"系统性"的形式。吉登斯所谓的结构是社会系统作为被再生产出来的社会实践,本身不具有结构性制约,只是在再生产出来的社会实践中体现着"结构性特征"(structural properties)。

吉登斯用结构二重性假设对二元对立的观点进行了新的分析和概括,破除和消解了"正统共识"的二元对立观点,实现了对当代西方历史观的重建。结构二重性假设是吉登斯"结构化"理论的方法论基础,反思了马克思所指出的"人们创造历史,但不是在他们选定的条件下创造",把个体行动和社会结构视为人类社会实践活动的两个不同面相,用人类社会实践活动统一了行动与结构之间抽象的二元对立关系。正如他所言,"结构化"理论的基本诉求是对主体的去中心化,但并不意味着主体将消逝在符号的虚空之中,恰恰相反,无论是主体的构建,还是社会客体的构建,都扎根于紧密渗入时空向度序列中的社会实践。结构不是实在性的存在,而是具有社会系统的属性,是社会生产体系里反复涉及的规则与资源,根植于时空向度的人类社会实践活动之中。吉登斯强调了实践在规则和资源运作中的作用,离开实践,规则和资源就成了不能自我运作的抽象体,只有在实践中,结构才能获得某种使动性和生成性②。行动者和结构的关系不再被看作是固定且外在的对立关系,而是统一于社会实践的、共生互动且内在的双重建构性关系。

二、过程性框架

齐美尔的形式社会学理论和吉登斯的"结构化"社会理论都化解了二元对

---

① 李红专.当代西方社会历史观的重建:吉登斯结构化理论述评[J].教学与研究,2004(4):55-62.

② 周志山,许大平.基于实践活动的使动性和制约性:吉登斯结构二重性学说述议[J].浙江师范大学学报,2002(5):65-69.

立的社会学观点,都回应了涂尔干和韦伯等学者的社会学观点,在一定意义上也都肯定了结构对个体行动的制约性。齐美尔的"形式"不同于"正统共识"的结构之处在于在社会整体和个体行动者之间引入了个体社会化中的互动或相互作用,吉登斯的"结构"不同于"正统共识"的结构之处是在社会整体和个体行动者之间引入了时空向度序列性中的社会实践。二者都完成了对恒定的形式和内容、结构和行动的统一,使得形式对内容的制约性或结构对行动的制约性成为动态的制约过程。阿什德和斯诺在《媒介逻辑》一书中将这种动态的制约性关系称为"过程性框架",认为作为"形式"的媒介技术"过程性框架"了作为"内容"的媒介内容。

1. 框架概念的"定位"过程属性

框架(frame)研究根植于多个领域和学科,社会学研究中一般公认美国社会学家欧文·戈夫曼(Erving Goffman)首次提出了框架理论。戈夫曼在1974年出版的《框架分析:经验组织论》一书中系统地阐释了框架理论,认为框架是人们用来认识和解释社会生活经验的一种基础的认知结构,能够引导人们感知和重现现实。框架是人们将社会生活经验转变成主观认知时所遵循的一套规则。依据这套规则,人们能够在混乱无序的社会事件中寻得简单有序的确定性认知。人们对事物的理解和分析是以大脑中的已有观念和既有价值倾向为基础,在人们的无意识之中发挥作用,而这种已有观念和既有价值倾向则是通过人与人之间的交往建立起来的。杜骏飞认为戈夫曼作为符号互动论的代表性人物之一,他提出的框架概念其实与其前期提出的拟剧理论的思想逻辑息息相关,社会成员都致力于在众多的观众前塑造形象,都依据习得的经验来对情境进行定义并采取行动,框架实际上来自内化了的社会规范,是一种自我化的情境定义[1]。

戈夫曼极其精细而又不失力度地展示了社会生活的持续定位中固有的形象塑造以及身体动作的反思性控制,这种日常接触中的形象塑造和反思性控制类似于吉登斯所谓的时空向度上的序列性。吉登斯在《社会的构成:结构化理论纲要》一书中表达了与戈夫曼框架定位思想相似的观念,认为"人们在日常社会接触中,存在一种对身体的定位过程,这是社会生活里的一项关键因素"。人们可以联系日常接触在时空向度上的序列性来理解定位过程,具有转瞬即逝特

---

[1] 杜骏飞. 框架效应[J]. 新闻与传播研究,2017,24(7):113-126.

性的日常接触体现了日常生活绵延的时间意识,体现了所有"结构化"过程的偶然性。

2. 框架概念的"结构化"属性

不仅日常接触中"身体的定位过程"类似于吉登斯所谓的时空向度上的序列性,框架理论在方法论意义上也类似于"结构化"理论。戈夫曼框架概念的特色在于他在结构和能动性这对矛盾关系之间维持了动态张力,框架不是"正统共识"意义上的结构,而是类似于齐美尔的形式和吉登斯的结构,是动态过程中具有结构二重性的结构。

戈夫曼在《框架分析》一书中同时分析了框架的两种含义,一种是心理学研究中所界定的框架,认为框架是心灵的内在结构;另一种是社会学研究中所界定的框架,认为框架是建构话语所使用的策略。一方面,框架是相对固定的,对人们的日常行为具有制约性,人们倾向于针对特定情境,选择已有心理框架模式做出认知判断、采取具体行动,整体框架制约了个体行为。另一方面,框架是被动态塑造以及重塑的,个体行动者能给自己的社会经验赋予意义并因意义的赋予而重塑框架体系。吉登斯认为"框架是规则的聚合,它有助于构成并调节活动,并分别将它们归入某一特定种类,受制于一系列限定的制约"①,框架所具有的制约性并不能脱离或外在于日常生活接触而独自存在,而是蕴含在日常接触本身之中。戈夫曼对框架的界定与吉登斯对框架的界定具有很大的相似性,都体现了框架概念的"结构化"属性。

3. 过程性框架

"过程性框架"强调了"框架"概念所隐含的结构二重性意义。阿什德和斯诺强调媒介技术对媒介内容是一种"过程性框架"作用,媒介技术(形式)优先于媒介内容,但媒介技术和媒介内容二者紧密联系,不可分割。媒介技术对媒介内容的框架作用产生于二者之间的社会互动或社会实践之中,媒介技术对媒介内容的制约性是一种动态的制约过程。本书在媒介逻辑理论基础上展开讨论,为了保持连续性及强调框架的这种动态制约性特征,研究中继续使用"过程性框架"一词,认为互联网技术"过程性框架"了互联网媒介内容。

---

① 安东尼·吉登斯. 社会的构成:结构化理论纲要[M]. 李康,李猛,译. 北京:中国人民大学出版社,2016:81.

第二节 螺旋式上升:媒介技术形态的演进

依据媒介定律假设,本节梳理了媒介技术形态研究成果,认为从口语传播时代到电子传播时代,媒介的演进既不完全是达尔文主义的历史进化论,也不完全是历史重复论,而是呈现出基于媒介技术属性的螺旋式上升发展规律。

一、媒介定律

1977年6月,麦克卢汉发表了媒介定律假设;1988年,《媒介定律》一书以麦克卢汉父子的名义正式出版。放大、过时、再现和逆转是其对媒介四定律或四效应的简单概括。麦克卢汉研究了媒介或技术的影响,提出了一套媒介演化规律,对一切媒介的冲击和发展提出了四个问题:①每种媒介或技术都提升或放大人类或社会的什么功能?②每种媒介或技术都遮蔽另一种媒介或技术,使这种媒介过时,而这种过时的媒介在新的媒介到来之前曾被用来完成哪种具有突出地位的功能?③新的媒介或技术在完成其功能时,再现了以前的某种旧的形式,把哪种旧的或过时的东西重新拉回或放大到了舞台的中央?④每种新的媒介或技术,当其推进到足够的程度,潜力登峰造极时,其也即将走完生命历程,逆转成为别的什么形式?

媒介定律中既包含了达尔文主义的历史进化论观点,也包含了历史重复论观点。四定律中的"放大""过时""逆转"都体现了递进式的发展观,认为媒介的演化是一种推陈出新、从低级形式到高级形式的进化过程。媒介定律中的"再现"则体现了历史重复观,认为媒介的发展必然引入以往的一种形式。保罗·莱文森深得麦克卢汉精粹,一方面在媒介进化论基础上提出了"补救性媒介"理论和"人性化趋势"假说,认为人类的理性和控制力在补救性媒介中占上风,人们借助发明媒介来拓展传播,使之超越耳闻目睹的生物极限,文字的发明使得词语跨越了时空。媒介用以弥补初始延伸中已经失去的部分,照片弥补了文字失去的直观形象,电话、电报等弥补了文字延伸中失去的声音。整体的媒介演化进程都可以看成是补救措施,因为互联网改进了书籍、报纸、广播、电视等媒介,它可以被看成是补救性媒介。莱文森的补救性媒介理论在麦克卢汉的媒介四定律基础上提出了具有鲜明进化论色彩的媒介三阶段说,即玩具、镜子和艺术。另一方面,1978年在费尔莱·迪金森举办的媒介四定律研讨会上,莱文森指出媒介演进中存在实实在在的前进运动,媒介循环往复的展开过程不是一个封闭的圆圈,而是一种螺旋式的演进过程。虽然本身依然是在强调媒介演化的递进关系,但同时也承认了媒介循环往复的展开过程。

学者们多从递进式发展观展开对媒介演化的讨论。罗杰·菲德勒认为传播媒介的形态变化,通常是受众需求、竞争压力、技术革新、社会变迁等复杂因素相互作用引起的[①]。媒介形态演化遵循六个基本原则:共同演进与共同生存原则、形态变化原则、增值原则、生存原则、机遇与挑战原则及机遇和需要原则。一切传播媒介及媒介企业为了在不断改变的环境中生存都被迫适应和进化;旧媒介不会灭亡,它们会在一个不断扩大的复杂自适应系统中共同相处和演进,并长年累月地在不同程度上影响其他每一种媒介形式;新媒介不会自发孤立地出现,它从原有旧媒介演化而来,同时还会包含原有媒介的主要特征。李曦珍等从媒介是人的延伸的研究视角分析了人类传播活动的时空辩证关系、三种传播形式和媒介形态的演变历程,研究带有鲜明的媒介技术进化论观点,论述了三种媒介形式中控制力量的延续与深化[②]。杨保军认为媒介形态的演化整体上向着"人性化"方向发展,是社会复杂程度简化的关系过程。媒介形态演化具有叠化演进、补充与扬弃、加速演进等形式,受到来自政治经济、社会变迁、技术革命等因素的共同影响,是一种实在的前进运动,后一种媒介往往能补充前一种媒介的功能,使媒介生态结构有序且丰富多彩。

麦克卢汉的后视镜理论、地球村概念以及三个时代的划分均包含了媒介四定律中的"再现"观念。后视镜理论指人们透过后视镜看现在,倒退着步入未来。当人们面对全新的情景时,总是依赖以往的那个环境作为参照,引导视线转向过去的东西,"后视镜"成为媒介演化及其影响的基本运作原则。"后视镜"强调视线向后,以旧媒介作为参照解锁新媒介的影响。麦克卢汉关注的主要是过去如何走到现在,而不是现在如何进入未来,强调现在只是过去所造成

---

① 罗杰·菲德勒. 媒介形态变化:认识新媒介[M]. 明安香,译. 北京:华夏出版社,2000:24.

② 李曦珍,楚雪,胡辰. 传播之"路"上的媒介技术进化与媒介形态演变[J]. 新闻与传播研究,2012,19(1):23-33,108-109.

的结果,因而麦克卢汉也被认为是一个非未来主义者①。在媒介的三个时代划分方面,麦克卢汉依据占主导地位的传播媒介,把人类历史划分为三个时代,即口语传播时代、书面传播时代和电子传播时代。口语传播时代从人类会说话起到大约5000年前文字滥觞为止。书面传播时代从5000年前文字的发明到电能的开发、电报等电子传播手段的使用为止,尤其特指1450年,德国人古登堡发明了现代印刷术,印刷媒介进入人类生活以来,涵盖书籍、报纸、杂志等主导性媒介。电子传播时代从电报的问世到当前的时代,通过电子技术对信号进行编解码并以电磁波或电子脉冲为媒介进行远距离传播,涵盖电报、电话、广播、电视等主导性媒介。19世纪40年代,莫尔斯发明电报,开启了电子传播的时代。20世纪20年代,无线电的问世与应用,以及电视的发明,将人类带入跨空间传播的广播媒体时代。虽然学界还有不尽相同的媒介时代划分及命名,如李曦珍等从传播技术的演进将人类媒介划分为道路传播时代、纸路传播时代和电路传播时代;赵勇把媒介形态区分为口头媒介、印刷媒介、电子媒介和数字媒介②;罗杰·菲德勒则区分了网络媒介和传统电子媒介,将媒介形态分为口语传播媒介、印刷传播媒介、电子传播媒介和计算机网络媒介。总体而言,麦克卢汉对人类传播史三个时代的划分得到了媒介环境学派学者的普遍认可。在互联网普及前,麦克卢汉具有洞见性地提出在新型电子技术下,人们相互之间的密切依赖,会把世界重新塑造成一个地球村的形象。地球村概念很快和其提出的"媒介即讯息"一样,成为麦克卢汉最具有代表性的格言警语。后视镜理论、三个时代的划分、地球村概念的提出都是通过过去看未来,都具有后视特点,都反映了麦克卢汉的循环往复式的媒介发展观。

二、再现与演进:从口语传播时代到电子传播时代

麦克卢汉从媒介技术史观出发,认为人类历史的三个传播时代使人类社会部落化、非部落化和重新部落化,以及"地球村"的出现。麦克卢汉的部落概念

---

① 刘玲华. 理解"反环境":麦克卢汉媒介观的一个新链接[J]. 首都师范大学学报(社会科学版),2015(6):44-52.

② 赵勇. 不同媒介形态中的大众文化[J]. 辽宁大学学报(哲学社会科学版),2011,39(4):21-27.

可以分为两层含义,一方面,书面文化时代产生非部落化社会历史模式,电子传播和口语传播时代都产生了部落化社会历史模式,电子传播时代是对口语传播时代的再现;另一方面,口语传播时代和电子传播时代之间的"部落化"与"重新部落化"之间是一种递进关系,电子传播时代的"重新部落化"是包含了书面传播时代"非部落化"属性的重新部落化,电子传播时代是对口语传播时代的再现,同时也是对书面传播时代的延续。

(一)电子传播时代对口语传播时代的再现回归

1. 广播电视再现了口语传播时代的形象思维

口语传播时代通过声音、表情或动作符号传达信息,属于形象性符号思维模式;书面传播时代采用表音字母或象形文字传达信息,属于抽象性符号思维模式;电子传播时代的电话、广播再现了口语传播时代的声音符号信息传达,电影、电视再现了口语传播时代的表情或动作符号信息传达。三个时代的变迁是形象性信息传播到抽象性信息传播,再到形象性信息传播的回归过程。报纸、期刊、书籍等内容传播过程中传播者首先需要对声音、形象、动作信息进行编码,编码后的信息在传者和受者共有的信息环境中传播,传者和受者共享的知识结构提供了信息传达的可能性,受者在接收到抽象性文本信息后需要完成对词语或符号的译码,赋予文本内容具有个体认知属性的意义,因而文本对人的影响力往往是在激发人的想象力和促进人的抽象性和分析性思考能力的基础上得以产生的,受者接收到的声音、形象、动作是经文本传递的传者编码和受者解码共同完成的意义。

电子媒介是"听觉"偏向的媒介,媒介内容不再是一些抽象的符号,而是诉诸感官的形象符号。电子传播技术提供了信息的可听、可视特性,使人类回到了地球村的虚拟在场传播环境中。"地球村"概念最直接和明显的内涵是电子技术造成时空压缩,整个人类如同生活在一个村庄或城市,然而这种地球村庄或地球城市是虚拟在场的村庄或城市。书面传播是对人类现实空间限制的克服,电子传播不仅是对空间限制的超越,也是对空间的再构,是吉登斯所谓的"脱域"①,

---

① 吉登斯在《现代性的后果》一书中提出的概念,指社会关系从彼此互动的地域性关联中,从通过对不确定的时间的无限穿越而被重构的关联中脱离出来。

卡斯特所谓的"流动空间"①,电子传媒延伸了人的眼睛可见空间,延伸了人的耳朵可听空间,延伸了人的信息可达空间,空间成为媒介所塑造的脱离了地方空间限制的以人的官能为度量标准的人类活动空间。电子传播所塑造的这种人类活动空间解放了人类信息传播过程中空间带来的限制性,但声音视像的传播同时也剥离了传播中的编解码过程,以及附着在编解码过程中的想象力、抽象性以及分析思考能力。相对于书刊的单一感知,电子时代媒介的语法则不同,电视是整体感知,作用于人们的身体而非思维体系,采用形象性思维模式表达情感性内容,以人们难以察觉的方式进入意识领域,进而影响人们的认知、行为模式②。

2. 广播电视再现了口语传播时代的即时传播

电子媒介所塑造的同时在场属性特征,再现了口语传播时代的即时传播模式。口语传播时代传受双方受到时间和空间的双重限制,书面传播打破了这种时空限制,读者可以在任何时间、任何地点与文字信息进行交流,电子传播同样打破了传受双方之间的空间限制,但广播电视在特定的时间段播放,受众仅能在媒介设定的时间范围内观看表演或收听节目,电子媒介的这种时间限制性塑造了传受双方的同时在场属性,也再现了即时传播模式。广播电视节目传播中,某一场景或某一镜头具有固定的时长,不会因为受众的熟悉而减少播放时间,也不会因为受众相关知识欠缺而延长播放时长,受众需要即刻完成对所听到或看到内容的意义解读。广播电视的这种即时传播特征,背弃了信息交流过程中的深度解码过程,受众无法根据自有知识储备及技能发展基础,自由地调节花费在某一集或某一场景上的时间,也无法完成对某一集或某一场景的深度解码,使广播电视媒介不适宜传播具有深度的内容,成为一种被轻松感知而不是被理性认知的媒介。

在电子媒介所塑造的人类活动空间中,技术赋予了即时性传播功能,使人类重新回归部落化社会的传播模式。这种再现的即时性传播模式,既是对时空的再构,也是对书面媒介所开创的延时接受、延时满足的否定。没有延时的广

---

① 纽曼尔·卡斯特在《网络社会的崛起》一书中提出的概念,相对于地方空间(space of place),受启于物理学超炫理论提出的超空间假设,意旨从空间维度来认识电子传媒对都市和社会的深层影响。

② 余志为. 论新媒介时代的"媒介控制"[J]. 编辑之友,2015(9):52-55.

播电视媒介不但限制了自主性时间,限制了传播的深度,不利于思想的传播,同时还提供了一种即时满足的媒介环境,具有浅显化、娱乐化的媒介内容特征。

(二)电子传播时代对书面传播时代的递进演化

1. 广播电视延续了书面媒体的线性叙述

相对于口语传播时代的即兴表述,文字具有可携带性、便利、简单和可靠性等特点,既开创了跨越时空的信息传播模式,也开创了线性叙述方式。文字传播中信息按特定秩序进行组织,信息元素之间呈现线性结构关系,随之而来的信息接受过程中也需要完成线性阅读。广播电视不仅延续了这种线性叙述方式,而且扩展了线性方式,报纸、杂志虽然有组织地对内容进行线性叙述,但是读者还可以依据个人喜好安排一张报纸或一本杂志的阅读顺序。读者在信息接受过程中并非消极地观看,而是在有秩序的内容中主动地寻找信息。广播电视不但有组织地进行线性叙述,而且按照固定次序呈现内容情节,受众只能在电台、电视台分配好的时间里接触新闻或栏目。每一档新闻或每一条栏目以一种不变的场景顺序呈现故事情节,只有在特定时间才能收看特定节目,依照编辑的编排,按顺序观看每一个镜头、每一帧画面。

书面传播开创了线性叙事模式,以广播电视为代表的电子传播虽然延续了这种线性叙事模式,且强化了受众的线性接受模式和信息发送者的单向控制性传播,但是弱化了信息接受者的自主性空间。

2. 广播电视延续了书面媒体的结构性控制

广播电视是从非语言视听传播演进而来的,如人类早期的洞穴壁画、艺术舞蹈、唱歌、吟诵等,同时也延续了书面传播时代的大众传播特征。与开创大众传播的报刊一样,在历史进程中互动最小,是最易受结构性力量控制的媒介。①口语传播中传受双方之间是双向交互的,从文字传播时代到广播电视时代,大众传播的信息总是从发送者单向地流向接收者,尽管接收者也能通过信件、民调系统、权力组织提供信息反馈,但总体而言,传播呈现单向流动模式。②口语传播中信息由发送者直接到达接收者,文字传播借助纸张中介,广播电视借助电波中介,信息的传播权力掌握在占有媒介资源的精英手中。口语传播中没有第三方力量为内容交互指定方向或规划范围,文字传播中作者或者编辑为他们的受众完成信息的证实、过滤、建构,在这个过程中也呈现着结构性力量。报刊所有的内容信息几乎都是通过社会精英,如记者、评论员、撰稿人、专家等人单向传播给大众;广播电视延续了报刊的这种结构性力量,所有内容信息通过演员、播音员、艺术家、音乐家、明星、专家等人传播,精英们控制着内容的生产和选择,制作人能够主动地控制传播过程,受众则被动地接受这种控制。

书面传播开启了中介性信息接受模式,以广播电视为代表的电子传播延续了这种中介性,且强化了附着于这种中介性上的控制性力量。相比于纸质媒介,广播电视媒介具有传播的迅捷性,同时也具有更强的排他性,资本和权力通过对媒介资源的占有实现着对专家、记者、艺术家等媒介精英的控制,并进而将媒介精英转化为受其驾驭的控制性力量。

(三)螺旋式上升的媒介演进:从口语传播到电子传播

媒介的演进既不完全是达尔文主义的历史进化论,也不完全是历史重复论,呈现出基于媒介技术属性的螺旋式上升发展规律。①书面媒介克服了口语传播时代的时空限制,促使了社会分层,培养了抽象性思维,也使认知性理性进入人类思维,促使了精英文化的诞生。电子媒介延续了书面媒介开创的跨时空传播特性,但并没有延续书面媒介开创的抽象性思维及社会分层,而是再现了口语传播时代的形象思维,降低了大众传播受众的接受门槛,让内容变得更加"好看"和"好听"。②书面媒介开启了延时传播模式,信息传播者需要对信息内容完成充分思考与资料整理,进行深度思考加工与打磨,信息接受者需要对信息内容进行自主阅读,加入自身的理解与想象。电子媒介延续了传播者的深度思考与创作,媒介创作者需要对媒介内容进行专业化制作,但并没有完全延续书面媒介开启的延时传播模式,而是再现了口语时代的即时传播,受众在电视上看到的是稍纵即逝的动感画面,需要在特定时间完成对电子媒介信息的即时解码。③书面媒介开创了线性叙事模式及线性思维方式,具有单一而严密的逻辑结构,传播者的线性结构性叙事,能够达成立体化的信息展示,也能够达成一种信息控制,受众需要接受传播者的思维模式,跟随传播者的思维过程。电子媒介延续了书面媒介开创的线性叙事模式,按照特定的结构完成媒介表述,却没有延续书面媒介的深刻性与逻辑性,电子媒介的场景切换和情绪诉求表达模式,与书面媒介所形成的理性与深度形成了鲜明的对比。④书面媒介借助传播介质,开创了权力与资本借助媒介对传播的控制,信息的生产者、把关人是媒介精英,精英必须借助媒介渠道中介才能完成信息传播,媒介内容是结构性力量控制下的选择性关注与呈现。电子媒介延续了书面媒介的传播控制,同样依赖于中介且渠道更为有限,受众利用媒介进行信息传播的可接近性更差,媒介信息的获得更深刻地依附于媒介精英,但电子媒介并没能有效地延续书面媒介的社会服务功能,相比于书面媒介的环境监测功能、社会协调功能,电子媒介更加凸显了娱乐休闲功能。

第三节 媒介逻辑理论及其应用

媒介逻辑理论的学术思想直接来源于媒介技术研究理论和形式社会学理论,认为社会领域形成的特定社会事实实质上是受媒介自身的整体性规则规制的,媒介研究学者所要关注的核心命题,在于如何阐释媒介自身的这种整体性规则。学者们依据媒介逻辑理论诠释了媒介对新闻生产和社会互动的规制作用,并基于媒介逻辑理论阐释了媒介化社会的发展规律。

一、媒介逻辑理论来源

(一)媒介技术研究来源

媒介技术研究中一直以来都有着"形式"与"内容"的二分研究传统。传统经验研究学派、批判研究学派等视媒介为一种无偏向的中介性工具,研究媒介内容对媒介受众所产生的传播效果,强调媒介内容对社会变迁的影响,或绕过传播内容及传播媒介本身,关注政治经济及意识形态对社会的控制[1]。

自麦克卢汉以来,传播学媒介研究学派不满足于仅把大众媒介看作内容传播的工具,也不满足于认为媒介受制于强大的经济和意识形态旨趣,唯它们之命是从,认为我们塑造了工具,此后工具又塑造了我们,媒介形态固有的属性和功能特征具有形塑社会的能力。媒介即讯息这句格言体现了麦克卢汉对媒介形塑能力的主张,在其看来,媒介形式比媒介内容更加重要,"媒介的内容好比一片滋味鲜美的肉,破门而入的窃贼用它来涣散思想看门狗的注意力"[2],人们

---

[1] 杨保军,张成良. 论新兴媒介形态演进规律[J]. 编辑之友,2016(8):5-11.
[2] 马歇尔·麦克卢汉. 理解媒介:论人的延伸[M]. 何道宽,译. 北京:商务印书馆,2000:46.

只注意到媒介内容而忽视了媒介形式,就如同人们抗拒不了肉的诱惑而忽视了窃贼的闯入一样。在传播学媒介研究学者看来,媒介形式决定了媒介内容,媒介即讯息,而内容扮演了从属的角色。相比于媒介形式,媒介内容甚至显得无足轻重,"任何一种媒介的内容和讯息的重要性,实际上和原子弹弹壳上镌刻的文字一样"①。

(二)形式社会学来源

麦克卢汉只探索不解释的写作方式受到了经典传播研究学者的诟病。齐美尔的形式社会学可以在理论上对麦克卢汉的格言形成解释。齐美尔关注了社会化的交往形式,借用康德追问"自然界是何以可能的",探索社会所以可能的先验性条件,追问"社会是如何可能的"②。齐美尔认为,"社会就是相互联系起来的一群人的称呼而已"③,社会是由存在多重相互关系的个体之间形成的复杂网络,"形式"内化于人类活动之中,人类活动呈现了"内容"与"形式"的社会化过程,社会科学研究通过考察社会本身先验性存在的条件反映社会综合体,通过各种现实要素结合为社会的综合体。齐美尔从微观到宏观研究了人类活动构成的社会内容,认为社会历史中呈现的"形式"是宏观的社会动力机制,社会研究不能将社会看作静态的预先存在去探讨维系结构的客观条件,社会连带的个体之间是相互影响、相互互动的,社会研究需要进一步指出结构性力量本身存在的综合性条件。

阿什德和斯诺两位学者以齐美尔的形式社会学理论为指导进行了媒介研究,视媒介技术为齐美尔意义上的"形式",媒介内容及媒介化社会中个体的社会行动为齐美尔意义上的"内容","形式"对"内容"产生一种制约性作用,媒介的这种制约性作用是一种"过程性框架"。社会通过媒介的这种"过程性框架"发生互动和呈现自身,表明社会互动遵从了媒介逻辑。不同于传播学经验学派研究媒介内容对社会的影响,也不同于传播学批判研究学派从政治经济视角研

---

① 埃里克·麦克卢汉.麦克卢汉精粹[M].何道宽,译.南京:南京大学出版社,2000:238.

② 戴宇辰.走向媒介中心的社会本体论:对欧洲"媒介化学派"的一个批判性考察[J].新闻与传播研究,2016,23(5):47-57,127.

③ 齐美尔.社会学:关于社会化形式的研究[M].林荣远,译.北京:华夏出版社,2002:135.

究社会结构对媒介内容的制约性作用。媒介逻辑强调媒介本身具有依据其"形式"特征结构化媒介现实的框架作用,每种媒介形态其具有特定的媒介格式,媒介依据其特定的媒介格式界定内容范围、组织内容结构、呈现内容材料、展示内容风格等①。媒介既不是简单的内容传输工具,也不是任由权力、资本拿捏塑性的木偶,具有其独立性与优先性,是确认媒介文化和新闻生产标准的一个重要窗口,是描述和解读社会发展变化的重要思考路径②。

二、媒介逻辑理论的研究应用

(一)新闻生产媒介逻辑

媒介技术提供的可能性条件下,新闻讯息在政治权力和市场机制的共同作用下按照一定的指导逻辑被组织与传递。媒介技术与权力及市场不是相互平行的,社会活动是在多种逻辑形式作用下的综合运动,技术、社会、文化与资本化生产关系的综合,共同构成了我们这个时代的社会母体③。政治逻辑是富有强制性的权力逻辑,是统治阶级社会控制的意向和手段,以是否有利于掌握意识形态话语权和壮大主流思想舆论为根本标准。资本逻辑或市场逻辑是以追求市场利润为目的的行为,是媒介资源配置的重要手段。媒介技术受权力和市场的组织和利用,政治逻辑和资本逻辑主导下的大众媒介产生不同的偏向,导向不同的国家结构,独裁政府控制下的新闻讯息即为政治宣传,完全反映统治者的意志而与受众的喜好无关,资本逻辑支配下的新闻讯息则反映最有购买力的受众的价值和问题。

新闻生产媒介逻辑是媒介技术在媒介内容形成过程中对含政治、经济、社会文化在内的结构性力量的选择性呈现与放大。阿什德和斯诺研究了1976年美国总统选举期间的电视新闻节目国家询问报(the National Enquirer)、人物杂志(People Magazine),以及国家讽刺(the National Lampoon),发现娱乐是电子媒

---

① 侯东阳,高佳. 媒介化理论及研究路径、适用性[J]. 新闻与传播研究,2018,25(5):27-45,126.

② 孙少晶. 媒介化社会:概念解析、理论发展和研究议题[M]//马凌,蒋蕾. 媒介化社会与当代中国. 上海:复旦大学出版社,2011.

③ 道格拉斯·凯尔纳,斯蒂文·贝斯特. 后现代理论:批判性的质疑[M]. 张志斌,译. 北京:中央编译出版社,2002:381.

介的主导特征,也是美国文化的显著特征,媒介选择性地放大了美国的娱乐文化。尼诺·兰德勒①(Nino Landerer)在阿什德和斯诺提出的概念基础上,扩展了媒介逻辑的外延,将媒介逻辑划分为"规范逻辑"(normative)和"市场逻辑"(market logic)两大部分。"规范逻辑"沿袭了阿什德和斯诺的媒介逻辑,指媒介技术及媒介专业主义对媒介内容的影响,偏重于在文化维度阐释媒介机构的内容生产标准;市场逻辑指媒介资本对媒介内容的影响,同样可以在媒介技术提供的可能性基础上影响媒介机构的内容生产标准,同"规范逻辑"一样也是媒介逻辑的一个重要组成部分。国内学者虽没有在媒介逻辑理论基础上进行深入挖掘,却有着相似的研究结论。荆学民认为媒介逻辑是媒介在技术,以及政治、经济、文化等方面进行社会化表征的总和,是社会公众在政治传播中对统治阶级控制的反抗和自主性力量的发挥,是媒介的政治属性、技术属性、经济属性和文化属性的定位与运用,国家和社会作为宏观层面上的行动者,依据"政治逻辑"进行政治传播活动,同时还依据"资本逻辑"在市场经济背景下进行政治传播。林如鹏等[2]从政治逻辑、技术逻辑与市场逻辑三方面分析了新媒体融合发展思路,认为从政治逻辑来看传统媒体和新媒体的融合发展是做好意识形态工作,壮大主流舆论的紧迫任务;从技术逻辑来看需要创造出更加符合互联网技术特征的融合型新闻媒体;从市场逻辑来看需要将市场作为重要的资源配置手段,创造出具有市场生命力的媒介产品。基于媒介逻辑理论,郑亚楠、郑雯、虞鑫、孙彦然等学者从典型报道、社会抗争、"事实核查新闻"、新媒体事件等视角实证研究了媒介逻辑在新闻传播中的现状。

此外,随着新媒介技术的发展,媒介形式、议题、表达内容等都发生了巨大的转变,一些学者也就新媒介技术对媒介内容的影响阐述了新媒介技术的媒介逻辑。范迪克和托马斯波尔[3](Van Dijck & Tomas Poell)认为社交媒介逻辑(social media logic)为社交媒介平台在处理信息、新闻和交流时所遵循的原则及对社交信息的导引。余文斌、林如鹏等学者从宏观上讨论了新媒体社会中的政

---

① Landerer, Nino. Rethinking the Logics: A Conceptual Framework for the Mediatization of Politics[J]. Communication Theory, 2013,23(3):239-258.

② 林如鹏,汤景泰. 政治逻辑、技术逻辑与市场逻辑:论习近平的媒体融合发展思想[J]. 新闻与传播研究,2016,23(11):5-15,126.

③ Van Dijck J, Poell T. Understanding Social Media Logic[J]. Media and Communication, 2023,1(1):2-14.

治传播,认为公民新闻延续了公平新闻和另类媒介的论述,技术逻辑再次被置于中心位置,推动媒体融合发展需要依循政治逻辑做好意识形态工作战略要求,依循技术逻辑创造真正体现互联网特质的融合型新闻产品,依循资本逻辑将市场作为重要的资源配置手段。

媒介逻辑对政治逻辑和市场逻辑既存在博弈也存在献媚。社会控制和大众媒介通过共有的媒介逻辑形成了一种重要的交织状态,使新闻媒介的市场取向融合进国家的专制控制之中。新闻价值、新闻专业主义行业规则的推行,社会舆论聚集平台的形成,大众媒介不再单纯地宣传政治、维护权力,也自觉地肩负起了公共性角色。与此同时,随着媒介崛起并占据了政治经济原有的控制力量,成为第四权力,一方面,权力和资本开始通过构建象征权力和制造仿真弱化媒介功能,瓦解媒介逻辑的效力,"所指的霸权和能指的诈骗不仅使政治权利的重组显得合情合理,还使政治获得了瓦解和弱化媒介功能和逻辑的可能"[①]。另一方面,媒介逻辑在碰到政治的强硬和经济的诱惑时,往往就柔软地"献媚"了。一个时代的规划和管理不可能只和技术的工具问题相关,传媒技术给人们传播和处理信息提供了"时代性"特征,媒介文化所固有的批判功能在政治利益压迫与威胁下也会全面退却。

(二)社会互动媒介逻辑

媒介逻辑的影响并不局限于新闻生产,它既是媒介内容生产标准的一个重要窗口,也是结构化社会的力量,镶嵌于媒介互动及整个社会传播互动体系之中[②]。阿什德和斯诺的媒介逻辑研究,寻求研究媒介的一种范式转变,启发了后续学者开始关注媒介对现实的创构性影响,从媒介的传播案例研究转向媒介对社会文化和社会结构的转变研究。

媒介逻辑不仅影响了媒介内容,也影响了行动者的行为模式。媒介逻辑在社会互动中的独立影响成为学界研究的重点,学者们开始从符号互动论的角度研究社会建构过程。互联网媒介的"形式",形塑了互联网媒介环境下的媒介内

---

① 荆学民,祖昊. 政治传播中政治、媒介、资本的三种逻辑及其博弈[J]. 社会科学战线,2016(9):151-157.

② Hjarvard S. The Mediatization of Society: A Theory of the Media as Agents of Social and Cultural Change[J]. Nordicom Review, 2008,29(2):328-354.

容以及媒介受众的日常活动,使得受众将这种制度化的媒介规则内化为自身日常的行为规则,最终使得媒介逻辑成为媒介化社会的社会行为规范[①]。媒介技术通过提供新的传播方式为人们提供了改造世界新的可能性,人类通过自主的媒介应用也在媒介所提供的可能性中凸显着媒介建构世界的特定面相。任何事物都处在被中介的关系之中,中介性是媒介的传统属性。"元中介"强调了媒介在各种关系中发挥中介作用的同时可以对这些关系产生深刻的影响。弗里德里希最先使用了"元中介"这个概念,认为媒介逻辑可以作为描述和解释政治、经济、文化变化的基石,在社会互动中扮演重要的决定性角色。阿什德分别从媒介逻辑与社会互动、媒介逻辑与政治传播、媒介逻辑与社会恐惧心理等方面研究了媒介逻辑对个体行为的影响。林铁、姜华、蒋琳等学者讨论了知识分子的媒介社会生存,认为公共性是大众媒介和知识分子共有的品质和属性,然而在媒介技术机制下,知识分子自主性屈从于媒介逻辑,成为媒介逻辑链条上的一部分,迷失了公共性,新媒介中发生的激化事件,知识分子从语言暴力走向现实暴力的过程,暴露了知识分子的这种媒介化生存之路。夏文蓉、李奇志分别从不同的角度论述了文学与媒介的关系,认为在文学被建构的过程中,当代文化呈现出媒介化特征,并对社会结构产生深远影响。

媒介逻辑成为社会机构的行动策略。阿什德和斯诺发现,美国社会的新闻、政治、宗教、体育机构已经适应了电子媒介的娱乐特征,并将这种媒介逻辑作为自己机构的策略,使其成为美国文化的一部分,受众长期浸染于电子媒介的媒介格式中,使电子媒介的娱乐、广告、流行文化逻辑理所当然地成为传播的标准模式。马佐莱尼和舒尔茨[②](Mazzoleni & Schulz)认为随着媒介技术的发展,大众媒介不再仅仅是政治传播的工具和信息渠道,民主国家的政治传播中必须面对媒介的种种限制并不得不顺应媒介逻辑,如为了适应媒介逻辑,政治传播偏向于使用短句而不是长句表达。尼克·库尔德里[③](Nick Couldry)借用

[①] 郑雯,黄荣贵."媒介逻辑"如何影响中国的抗争:基于40个拆迁案例的模糊集定性比较分析[J]. 国际新闻界,2016,38(4):47-66.

[②] Mazzoleni G, Schulz W. "Mediatization" of Politics: A Challenge for Democracy[J]. Political Communication, 1999,16(3):247-261.

[③] Couldry, Nick. Listening Beyond the Echoes: Media, Ethics and Agency in an Uncertain World[M]. Popular Communication the International Journal of Media and Culture, 2006,6(4): 263-266.

布尔迪尔的场域（Field of action）概念，考察了媒介是否能引起特定行动场域的开启或关闭，强调媒介研究不应该拘泥于以往的媒介简单的中介性角色，意图揭示媒介本身可以能动性地培育出全新的社会行动场域。场域是行动者参与社会活动的主要场所，按照特定的逻辑要求组建，为参与成员标出了待选项，但没给定最终选项，选项的结果既是选择者的意志，也是选题的框架要求和限制：一方面强调行动者的能动性，其能够以具体的思想、行为能动性参与到社会文化建构过程中去，而不是无动于衷、无能为力地任由社会文化摆布；另一方面强调行动者在社会活动中的能动性作用是有限的，其受到超个体的既定的、外在的客观因素的制约。媒介逻辑是某种"结构化"的东西，体现着客观的层面，但又不是结构主义者的结构，是一种互动过程中的动态结构，赋予社会一种可能性构型，吸引个体行动者的融入，促使场域内的内容发生综合性变化，进而改变场域结构，并通过这种改变了的场域结构重新"结构化"场域内容，实现布尔迪厄所讲的场域"给予本身以可能性结构"，在政治、文化等领域发挥着较高的影响力[①]。

(三) 媒介化社会发展

肯特（Kent Asp）最先将媒介逻辑概念与媒介化社会研究关联起来，认为研究媒介在社会中的角色，必须考察媒介本身在媒介社会化生产过程中的整体性规则，媒介化正是媒介逻辑对媒介社会作用的结果。阿什德认为媒介化社会的媒介逻辑是一种社会控制力量，阐述媒介作为一种独立的力量通过对道德越轨情景、道德重建、道德解释和道德预防的概念界定来控制象征秩序。媒介逻辑的扩展、替代、融合、接纳将最终使得媒介化社会的到来。媒介化社会是社会媒介化的结果，社会秩序经由传播建立起来，社会将复制性地展示媒介逻辑。

哈瓦德[②]（Stig Hjarvard）强调媒介化是指社会发展进程中，社会文化中的核心要素采取了媒介的形式。舒尔茨[③]（Winfried Schulz）从社会情景视角考察了

---

① Rödder S, Schäfer M S. Repercussion and Resistance: An empirical study on the interrelation between science and mass media[J]. Communication, 2010, 35: 249-267.

② Hjarvard S. The Mediatization of Society: A Theory of the Media as Agents of Social and Cultural Change[J]. Nordicom Review, 2008, 29(2): 328-354.

③ Schulz W. Reconstructing Mediatization as an Analytical Concept[J]. European Journal of Communication, 2004, 19(1): 88-90.

媒介,将媒介化对人类传播行为的影响划分为四个阶段:扩展阶段,媒介的引入在时空两方面扩展了人类的交流活动;替代阶段,伴随媒介在社会生活中的发展应用,媒介开始替代人们的一些面对面的交流;融合阶段,媒介在社会生活中的进一步发展,媒介交流和面对面交流开始融为一体,不同层面的规则开始共生;接纳阶段,媒介规则取得共识,行动者开始在社会活动中有意识地接受媒介规则,在人际交流中遵循媒介的形式。孙少晶同样认为媒介化社会发展经历了四个阶段:第一阶段是信息传播过程中,媒介中介功能的发挥;第二阶段是媒介在信息传播过程中独立性、专业性的发展;第三阶段是媒介在信息传播过程中成为支配性的信息沟通渠道,媒介在社会互动中的优先性地位开始凸显;第四阶段是媒介逻辑内化为稳定的社会规则,媒介化社会的最终形成。

本章小结

媒介逻辑是关于"形式"与"内容"关系的研究,是媒介技术在媒介内容的形成过程中对政治经济等结构性力量的选择性呈现或放大,强调媒介技术能够影响媒介内容,同时也强调媒介技术对媒介内容的影响作用,不是功能结构主义者意义上的影响作用,而是一种动态互动过程中的制约性影响作用,并将这种制约性作用称为"过程性框架"。

每种特定的媒介形态都有其独特的媒介格式,每种媒介形态因其独特的媒介格式而产生特定的媒介逻辑。媒介格式是对媒介技术属性的归纳与提炼,特定媒介能够通过对社会发展可能性的"裁剪",实现媒介本身作用下社会的制度化变化,所依据的规则正是这种媒介的媒介格式。广播电视的主导性媒介格式是娱乐格式,广播电视媒介的娱乐格式规制了电子媒介时代大众传播的标准模式,规制了电子媒介时代的喜剧、脱口秀、真人秀、广告、流行文化等,使其呈现出电子媒介的娱乐逻辑,也规制了基于电子媒介的社会行为,使电子媒介时代的新闻、政治、体育、宗教等机构同样遵循电子媒介的娱乐逻辑,并将娱乐逻辑作为自己机构的行为策略。

媒介"形式"包含了媒介形态、技术属性以及时代特征等,媒介"内容"包含了组织结构、呈现风格、焦点问题、传播语法等。参照阿什德和斯诺的界定,本章将口语传播、书面媒介以及传统电子媒介作为不同的媒介"形式",基于对媒介研究文献的回顾与梳理,得出媒介呈现出基于媒介技术特征的螺旋上升式演进规律。互联网媒介是传统电子媒介之后的一种新型的媒介"形式",延续着媒介的演进规律,有着其独特的媒介格式。基于此,研究提出:互联网媒介具有什么样的媒介格式,能够产生什么样的媒介逻辑?

第二章 民众化偏向:互联网的数字交互技术研究

数字交互技术区分了传统电子媒介和互联网媒介,是互联网媒介的标志性技术,决定了网络媒介的技术结构。本章以互联网的数字交互技术为研究对象,分析数字交互技术的媒介框架,讨论数字交互技术所具有的媒介机制,用以解释互联网媒介所具有的偏向性。

第一节 传播的偏向

本节梳理了传播的偏向理论和互联网媒介的传播偏向研究,基于对已有成果的分析,认为以媒介逻辑理论为依据,基于互联网的技术属性特征探讨互联网媒介的偏向性具有一定的研究价值。

一、传播的偏向理论及其发展

以雅斯贝尔斯为代表的传统技术哲学观认为技术是达成自身目标的手段,技术是没有偏向的工具,技术的实质是人的行动,是人在使用技术,技术则无法产生对人的控制[1]。海德格尔对此提出了异议,其认为技术绝不仅是工具,而是更本体论层面人和物之间的关系的体现,传统技术是对被"遮蔽"了的认识的"解蔽",现代技术是物的展望,是对世界的"座架"[2]。海德格尔提出了技术的偏向性观念,哈罗德·伊尼斯(Harold Innis)则最先提出了媒介技术的偏向性观

---

[1] 胡翼青.重新发现传播学[N].社会科学报,2016-02-25(005).
[2] 吴志远,杜骏飞.海德格尔技术哲学对新媒介研究的现实意义[J].当代传播,2016(6):78-80.

念,其在《传播的偏向》一书中指出了媒介技术的特征所引发的一些倾向及其制度化发展,并将这种制度化的倾向称为偏向。"偏向"一词含义广泛,社会学研究中常常将"偏向"一词与社会心理机制紧密联系,统计学中"偏向"一词指某种系统性的误差,媒介研究中学者们则从媒介技术特征、内容呈现角度等方面定义了偏向①。丹尼斯·麦奎尔(Dennis McGuire)扩展了伊尼斯的倾向性概念,认为媒介具有自身独特的技术特征,由媒介自身技术特征所决定的偏向性就是媒介传播的偏向。麦奎尔从媒介技术层面将媒介的传播倾向分为五种类型:第一种对照了麦克卢汉人的延伸学说,关注媒介的感官倾向性;第二种是信息的形式与表现的倾向性,关注媒介的信息代码形式倾向性;第三种是信息内容特征的倾向性,关注媒介的写实性、开放性等内容特征;第四种是媒介使用情景的倾向性,关注媒介在什么样的情景下被普遍使用的倾向性;第五种是媒介传授关系的倾向性,关注媒介是单向传播还是双向交互。媒介环境学派的传播偏向研究,目的并不是基于媒介技术特征阐释技术传播的倾向,而是从媒介技术传播倾向来阐释媒介在社会文化层面的影响倾向②。研究者遵循了相同的学术路径:从技术层面的媒介倾向出发,进而探讨社会文化层面的媒介倾向。

伊尼斯《传播的偏向》一书开启了媒介传播偏向的研究,以伊尼斯、麦克卢汉、波兹曼、梅罗维茨等为代表的北美媒介环境学派学者从不同视角展开了论述。伊尼斯从媒介技术的时空倾向视角出发,进而讨论媒介的这种传播偏向与帝国的统治与扩张。媒介技术或倚重于时间或倚重于空间,如黏土、石头等是具有时间偏向性的媒体,而莎草纸、纸张等是具有空间偏向性的媒介。伊尼斯按照传播形态和性质将世界文明分为埃及文明、中国纸笔时期文明、电影时期文明、广播时期文明等十个分期。石刻文字、泥板文字、象形文字、羊皮纸、书籍等笨重而耐久,属于时间偏向的媒介,固守传统,强调连续性,突出社会的黏合力,谨守神圣的信仰和道德传统,有利于宗教的传承和帝国的持久稳定。拼音文字、莎草纸、电报、广播等,轻便但难以保存,属于空间偏向的媒介,强调地域的扩张性以及中央对边缘的控制,个人主义盛行,社区生活瓦解甚至衰亡,有利

---

① 马锋.现代风险报道生产偏向研究[D].上海:复旦大学,2008.
② 范明献.网络媒介的文化解放价值:一种基于媒介传播偏向的研究[J].新闻与传播研究,2010,17(1):34-39,110.

于帝国的扩张,但常常难以持久稳定①。大规模的政治组织必须自足在空间和时间两个方面,避免过分地倚重于时间或空间。

麦克卢汉从媒介或笨重耐久或轻巧便捷的物理特征出发,基于媒介对人的感知官能延伸的隐喻视角,论述了电子媒介时代"地球村"的形成,人类社会的重新部落化。麦克卢汉继承了伊尼斯所开启的传播偏向研究,在《传播的偏向》序言中写道"我乐意把自己的《古登堡星汉璀璨》看成是伊尼斯观点的注脚"。麦克卢汉同时也指出了伊尼斯研究中有时出现的一些混乱:伊尼斯认为眼睛具有空间约束力和耳朵具有时间约束力,声称广播媒介诉诸人的耳朵,而不是人的眼睛,同时认为广播强调的是集中化。伊尼斯的混乱之处在于没有贯彻他的研究方法,跳转于时空隐喻和感官隐喻之间,把眼睛和视觉文化中的一切集中化力量都套给了广播。因而在麦克卢汉的研究中,他将研究视角从伊尼斯所强调的时空偏向视角,转向伊尼斯分析广播媒介时所提及的视觉偏向或听觉偏向,从媒介是人体官能的延伸视角,修正了伊尼斯基于媒介的时空视角分析中所产生的不足,认为自己找到了新型的电子文化模式。基于媒介的听觉偏向或视觉偏向,麦克卢汉认为口语传播时代具有听觉偏向,文字传播时代具有视觉偏向,电子传播时代使人类重新进入听觉时代。

麦克卢汉继承了伊尼斯的媒介思想,基于媒介技术传播倾向视角阐释媒介在社会文化层面的影响,同时使用视听隐喻修补了伊尼斯时空隐喻研究中的一些不足。媒介研究后续学者同样延续了伊尼斯、麦克卢汉所开创的研究思路,但在媒介技术传播倾向方面,不再拘泥于某一种隐喻视角。波兹曼在《技术垄断》研究中,不再以某一种隐喻展开研究,而是多视角考虑,从技术工具与人类的关系特征出发,基于技术放大一种感官、技能或能力,使之超过其他感官、技能或能力的倾向的视角,论述技术给一种事物赋予更高的倾向,用一种方式而不是另一种方式建构世界,进而影响了不同时代的意识形态偏向。波兹曼用技术和媒介的演化,将人类发展分为三个时代及三个文化阶段,分别为工具使用时代,即工具使用文化阶段;技术统治时代,即技术统治文化阶段;技术垄断时代,即技术垄断文化阶段。17世纪前,世界处于工具使用时代,工具使用文化中的工具服务于人类的物质文化需求,任何一种工具都不会侵害它们进入的文化

---

① 毛峰. 文明传播的偏向与当代文明的危机:伊尼斯传播哲学中的历史智慧[J]. 史学理论研究,2005(2):80-86,160-161.

的尊严和完整性。技术统治文化阶段开始于中世纪的欧洲,时钟、印刷机、望远镜都产生工具和文化的新型关系,成为最具有代表性的工具。技术统治文化阶段,技术和人的关系开始颠倒,一切都必须给工具的发展让路,工具在思想世界里扮演着核心的角色。"但技术统治文化并没有完全摧毁社会的传统和符号世界的传统,它仅仅把社会传统和符号世界置于从属地位,使之蒙羞"[1]。波兹曼将福特发明装配线、生物进化论胜利、泰勒《科学管理原理》的问世,作为技术垄断文化兴起的标志。技术垄断文化阶段,信息和人的意旨之间的纽带已经被切断了,信息的失控使世界更加难以把握,人们常常沦为被操纵的数字客体,在泛滥成灾的垃圾信息里苦苦挣扎。

与波兹曼相同,梅罗维茨、阿什德和斯诺等人的传播偏向研究不再拘泥于某一种技术隐喻。梅罗维茨、阿什德等媒介研究学者将研究视野聚焦在电子媒介对人类社会的影响方面。梅罗维茨在《消失的地域》研究中,从电子媒介的"接触代码"[2]"物理特征"[3]"参与条件"[4]等技术特征出发,基于电子媒介技术对舞台场景的组合倾向的视角,以印刷媒介场景为对比对象,论述了电子媒介融合了印刷媒介时代不同的公共场景,模糊了私人空间和公共空间的界限,打破了环境"位置"和社会"位置"之间固定的区隔与关联,消解了群体的社会身份、社会化过程中不同阶段的属性特征以及社会层级中的不同角色。梅罗维茨认为,"电子媒介影响社会行为的原理并不是什么神秘的感官平衡,而是人们表演的社会场景的重新组合,以及所带来的人们对'恰当行为'认识的变化"。阿什德和斯诺在《媒介逻辑》一书中提出媒介逻辑概念,从广播电视媒介固有的信息组织格式、内容呈现风格、聚焦点、传播语法等技术特征出发,研究广播电视媒介的倾向性,发现娱乐格式是广播电视媒介的主导性媒介格式,电子媒介表现出明显的娱乐偏向,电子媒介的娱乐偏向影响了媒介内容以及人们的行为标准。传播偏向研究谱系如表 2-1 所示。

---

[1] 尼尔·波兹曼. 技术垄断[M]. 何道宽,译. 北京:北京大学出版社,2007:26.

[2] 指在一种媒介中对信息进行编码和解码的技能和学识,在很大程度上决定了谁使用该媒介发送信息以及谁能够获取该媒介所携带的信息(梅罗维茨,2002:68)。

[3] 指媒介与其特定的内容形成了一种独立的有形物体,媒介的物理特征决定了媒介内容的生产、运输、存储、接受(梅罗维茨,2002:75)。

[4] 指一种媒介形态比另一种媒介形态需要更多的付出和参与(梅罗维茨,2002:78)。

表 2-1 媒介偏向理论及其发展

人物	技术形态	技术特征	媒介技术倾向	媒介社会文化倾向
伊尼斯	石头、雕塑等	笨重而耐久	技术的时间、空间隐喻倾向	固守传统,强调连续性
	莎草纸、纸张等	轻便但难以保存		强调扩张,难以持久
麦克卢汉	口语	形象性思维模式	技术的视觉、听觉隐喻倾向	部落化
	书面媒介	抽象性思维模式		脱部落化
	电子媒介	形象性思维模式		再部落化
波兹曼	长矛、饮具、水磨等	工具服务于人	技术对感官、技能或能力的选择性放大倾向	技术使用文化
	时钟、印刷机、望远镜等	技术和人的关系开始颠倒		技术统治文化
	装配线、进化论、工业管理等	技术和人的关系完全颠倒		技术垄断文化
梅罗维茨	电子媒介	电子媒介的接触代码、物理特征、参与条件等	电子技术的场景组合倾向	群体身份、社会化阶段、社会等级的消失对"恰当行为"认识的变化
阿什德&斯诺	电子媒介	媒介固有的信息组织格式、内容呈现风格、聚焦点、传播语法	媒介技术的过程性框架倾向	社会机构适应了电子媒介的娱乐特征,电子媒介的娱乐文化成为社会的标准模式

二、网络媒介的传播偏向

学者们普遍认为传统电子媒介具有明显的娱乐偏向。波兹曼对比分析了印刷机统治下的美国和电视媒介时代的美国,认为印刷机统治的那个时代叫阐释年代,偏爱富有逻辑的复杂思维,高度的理性和秩序。随着电子技术的发展与普及,印刷术退至了大众文化的边缘,电视占据了文化的中心,电视开始将大众文化转变成娱乐业的广阔舞台,将其统治下的社会带入娱乐时代。与此同时,公共化话语的严肃性、明确性和价值都出现了危险的退步,语无伦次和无聊琐碎成为电视公共对话的主流形式,娱乐成为电视文化不变的声音。梅罗维茨同样对比了印刷时代和电子时代的差别,认为电子媒介重新组合了印刷时代建构的社会舞台,使人类进入一种"无地域"的文化,再现了一些类似于游牧部落猎人的行为规范。阿什德同样认同电子媒介的娱乐特征,认为媒介社会非常清晰地展示了新闻与政治组织已然沉浸于电子媒介的娱乐格式,娱乐格式主导了美国的新闻生产和流行文化。对电子媒介而言,这种娱乐格式确定无疑;对电子时代的印刷媒介而言,这种娱乐格式同样适用。

近年来,学者们就网络媒介的传播偏向展开了热烈的讨论。安东尼·吉登斯从媒介的时空视角出发,提出了"撕裂时空"概念;赵山言基于"撕裂时空"概念研究了人与媒介的互动过程,认为互联网媒介环境下的时空隐喻关系发生了变化①;曼纽尔·卡斯特(Manuel Castells)认为互联网打破了以往的时空障碍与限制,不仅实现了对在地空间的共享与再造,也实现了对现实空间的拓展与生产②,网络时代的社会正在经历一种结构性的转化,一种新的时空形态正在浮现,这种新的时空形态就是其所提出的"流动空间"(Space Flow)和"无时间之时间"(Timeless Time)。伊尼斯的时空隐喻视角以外,麦克卢汉的官能延伸视角,波兹曼的技术选择性放大视角,梅罗维茨的场景组合视角以及阿什德的技术过程性框架视角,在网络媒介时代都有一定的发展与应用。例如,洛根认为互联网传播的协议和意识不是书面文化那种形式化的模式,而是像口语那样的传播模式,并将互联网交流称为第三种口语即数字口语。阿什德提出社会化媒体时代,无休止广泛交互的媒介依然遵循着电子媒介的娱乐、广告、流行文化标准。

国内学者也对互联网传播偏向展开了广泛讨论。孙健依据新媒体的时间空间特征分析了新媒体时代的传播偏向,发现新媒体时代传播偏向较以往发生了变化,新媒体时代时间与空间存在博弈,总体呈现一种失衡状态③。黄清依据伊尼斯的时间空间理论论述了网络媒体的草根偏向和传统媒体的精英偏向④。

---

① 李沁. 泛在时代的"传播的偏向"及其文明特征[J]. 国际新闻界,2015(5):6-22.
② 刘涛,杨有庆. 社会化媒体与空间的社会化生产:卡斯特"流动空间思想"的当代阐释[J]. 文艺理论与批评,2014(2):73-78.
③ 孙健. 新媒体时代的传播偏向探析[J]. 编辑之友,2016(5):70-72,83.
④ 黄清. 传播偏向理论及其应用:网络的草根偏向与传统媒体的精英偏向[J]. 东南传播,2011(4):12-14.

李沁依据网络媒介的时间空间特征提出泛在时代沉浸传播的偏向是"人"。范明献梳理了传播偏向理论的学术谱系,基于媒介技术特征影响传播的倾向这一本质内涵,论述了伊尼斯的媒介时空偏向、麦克卢汉的媒介感官偏向,以及麦奎尔所总结的媒介的五种传播倾向类型之间的承继关系,探析了网络媒介的文化特征。杜骏飞更是认为"新媒介即人",意指新媒体时代信息和人的合二为一[①]。

从研究现状可以看出,网络时代媒介偏向研究中,学者们普遍将互联网的偏向指向了普通民众,但研究视角多受制于时空隐喻的视角。虽然范明献论述了传播偏向的实质为技术对传播倾向的影响,并总结了不同学者之间的承继关系,但并没有从网络媒介技术对传播倾向的影响展开直接论述,而是以山寨文化为例,探讨了网络媒介的文化解放价值。

第二节 数字交互技术及其媒介框架

本节依据洛根对麦克卢汉的评判,将数字交互技术视为网络电子媒介区别于传统电子媒介的关键技术,阐释了互联网媒介的螺旋上升式演化规律,分析了数字交互技术所包含的四种媒介框架。

一、互联网的数字交互技术

洛根评判麦克卢汉关于媒介的三个时代的划分时,指出麦克卢汉没有区分传统电子媒介时代和以数字交互为主要特征的网络媒介时代,正如洛根所指出的,数字交互技术是网络电子媒介区别于传统电子媒介的关键技术。网络媒介和传统广播电视媒介同样通过电磁波传播,同样借助于电子科技的发展,同属于电子传播媒介,但二者之间又具有明显的区别。从媒介物理属性来讲,虽然同是电子信号,但传统广播、电视、电报、电话等电子媒介诞生在模拟电子信号时代,而网络媒介则诞生在数字信号时代,具有天生的"数字"属性。从传播特征来讲,传统电子媒介延续了印刷媒介的线性叙事、单向传播特征,属于星状广播式传播路径,而网络媒介强调即时交互式双向传播,是以每个传播节点为单

---

① 杜骏飞. 新媒介即人[J]. 新闻与写作,2017(9):71.

元,同时也为组织原则的网状传播路径。

  互联网的数字交互技术延续了传统电子媒介的听觉传播偏向,延续了传统电子媒介的即时传播特征,延续了传统电子媒介的浅显信息模式。①书面媒介克服了时空限制,使得远距离跨时间传播成为可能,传统电子媒介延续了书面媒介所开创的跨时空传播,通过媒介视像信息的传播,创造了虚拟的人类社会活动空间,数字化媒介延续了传统电子媒介的这种跨时空传播特征,且数字信息的零成本特征使得媒介所创造的虚拟的人类社会活动空间更加具有可接近性及全面接触性,延续了传统电子媒介以来的听觉传播偏向。②数字交互媒介的即时传达特征,不仅延续了广播电视媒介的即时传播特征,限制了自主性时间,甚至在某种程度上消灭了自主性时间,随时随地,不分昼夜,不分领域,信息皆可传达,媒介随时处于待机状态,人类也随时处于待命状态,人类被媒介捆绑于社会结构之中。③数字信号来源于模拟信号,数字信号是模拟信号的离散抽样,以数字化为特征的网络传播传承了数字信号的离散特征,网络信息的传播往往不是线性连续的信息,而是一个个信息包络,碎片化的信息自成体系地进入传播渠道,这种碎片化叙事模式有利于即时的互动,但也会造成议而不果,或反复在没有深度的区域低效传播,打破了信息的系统性和完整性,延续了传统电子媒介以来的浅显信息模式。

  互联网的数字交互技术深化了传统电子媒介对大众传播的祛魅性。文字传播带来了社会分离,大众被分为读书人和非读书人,印刷媒介时代的读书人因文字的社会分离功能具有天生的信息霸权,大众传播具有极强的精英色彩,大众媒介信息传播者具有家国天下的自然使命。传统电子媒介时代,广播电视开始解构大众传播中的信息霸权,解除了印刷媒介对受众的限制,使得媒介信息接受不再为读书人所专属,普通大众也能成为大众传播受众,但大众传播的信息发布权依然为精英分子所独占,大众传播渠道的有限性依然完成着社会分离功能。网络传播时代,数字交互技术进一步解构了大众传播中的信息霸权,大众传播渠道的无限扩展性和可接近性终结了纸质媒介以来的大众传播魅惑性,使普通民众能够同时成为大众传播的受众及大众传播信息的发布者。简言之,印刷媒介时代传播者受体制约束、受知识限制,受众同样也受知识限制,开创了大众传播的魅惑性;电视媒介时代传播者依然受体制约束、受知识限制,但受众的知识限制性已被打破,开启了电子媒介对大众传播的祛魅;网络媒介时代,不但受众的知识限制性被打破,传播者的体制限制性、知识限制性同样也被打破,终结了书面媒介以来的大众传播魅惑性。

互联网的数字交互技术决定了网络媒介和传统电子媒介的异同。关于电视和网络的异同,波兹曼和莱文森之间具有不同的观点,在波兹曼看来,电脑是美化了的电视,其和电视一样,同样是不合逻辑的,对理性的文化素养及教育会产生破坏性的影响。莱文森与波兹曼的观点完全相反,其认为苏格拉底对"聪明文字"的渴望在网络文本中实现了,所谓"聪明文字"强调的正是文字的对话性而不是严肃沉默的文字,电脑不像电视,而是像书,是一本具有互动性的书,电视是单向传播图像和声音的媒介,而对网络文本可以提出问题,用对话来塑造文本[①]。不难看出,波兹曼关注到网络媒介的电子媒介属性,认为网络媒介中传受互动是对传统电子媒介传受关系的延续,认为数字信号和模拟信号一样,打破了时空限制,创造了虚拟空间,塑造了富媒体传播环境,网络传播环境中传受双方的交互是浅层的感官刺激互动,缺乏深层的心灵互动,限制了媒介互动中的理性深度。莱文森关注到网络媒介的双向传播属性,认为网络媒介打破了自书面媒介以来的单向传播模式,增强了信息互动中的即时反馈,网络媒介的交互性功能机制使得碎片化信息得到及时反馈,使得网络传播再现了口语媒介时代的双向交互传播模式,改变了单向传播模式中以作者或制作人为中心,受众被动接受信息内容的传播模式,甚至开始建立以受者为中心的传播组织原则,受众可以基于网络搜索引擎自主选择信息内容、根据所需定制信息内容甚至创作信息内容。

二、数字交互技术的媒介框架

媒介技术通过其结构属性凸显或遮蔽着某项媒介功能,网络媒介能够延续或阻隔传统电子媒介的某种特征,取决于网络媒介延续或背离了传统电子媒介的某项媒介框架。互联网的数字交互技术作为网络媒介的标志性技术,包含了碎片化传播、非线性传播、即时互动传播以及开放性传播等媒介框架。

1. 碎片化传播

数字信号是对连续性模拟信号的离散化抽样,以数字交互技术为特征的互联网技术传承了数字信号的离散特征,表现为互联网时代信息传播的碎片化模式和非线性模式。连续或离散概念来源于物理学,连续信号是在整个时间范围

---

① 保罗·莱文森. 莱文森精粹[M]. 何道宽,译. 北京:中国人民大学出版社,2007:252.

内都有数值的信号,模拟信号是典型的连续性信号,整个信号范围内振幅和相位都是连续的电信号即模拟电信号。离散信号与连续信号相对,不同于连续信号具有连续的属性,离散信号在连续信号基础上采样而来,形成了一个离散的信号序列,每一个离散的数值都对应于信号的一个抽样,经过量化处理后的信号抽样则可得到数字信号。数字信号因其抗干扰能力强,信噪比高,便于保存传输等特点在信息技术发展中得到普遍采用。

如果将连续性类比于信息的体系性与完整性,那么数字信号的离散性可类比于信息的跳跃性与碎片化。"碎片化传播通常指信息来源的多元化、观察视角的分散化、信息文本的零散性和信息要素的不完整性"[①]。如同数字信号一样,碎片化传播是一种离散性的信息传播体系。互联网的数字信号是对连续性、完整性的电子信号的抽样,互联网所传播的碎片化内容同样也是对系统性、完整性内容的节选呈现;互联网的数字信号以其抽样率保证信号的完整性、以其二进制脉冲特征保证信号传输的鲁棒性,碎片化传播则以信息的发送频次以及信息发送主体的多样性保证信息体系的全面性,以信息的短平快特征保证核心观点的直指人心。尽管彭兰等学者认为媒介中的"完整"并不一定比"碎片"更接近理性,相比于网络传播的碎片化,大众媒体的"完整"报道也未必更能反映事实的面貌。然而,碎片化传播体系不利于公众的深入思考、难以提高人们的认知水平,这些特征被视为碎片化传播的主导性技术属性,已经得到了深入讨论且取得了广泛共识。

2. 非线性传播

线性和非线性概念来源于数学,线性指变量之间按比例、成直线的关系,一般可表示为一元一次方程,即函数的一阶导数为常数。非线性指变量之间不按比例、不成直线的关系,数学上可表示为自变量的非一次方曲线,即函数的一阶倒数不为常数。传媒领域对此概念的引用过程中赋予了概念很大的变化,着重从一元一次函数的时序性方面立意,强调媒介内容的顺序性编排和受众的顺序性接受,体现在两个方面:一是指时空上的线性顺序,二是指内容上的次序性顺序[②]。时空顺序方面,如媒体对时间的建构,晚上七点钟新闻联播,新闻联播后焦点访谈,八点开始电视连续剧,而后晚间新闻等,对时间赋予了不同的节目类

---

① 彭兰. 碎片化社会背景下的碎片化传播及其价值实现[J]. 今传媒,2011(10):9-11.
② 陈力丹. 互联网的非线性传播及对其的批判思维[J]. 新闻记者,2017(10):46-53.

型属性,又如报纸的第一版是要闻,第二版是国内新闻,然后国际新闻、社会新闻、生活娱乐等,对空间赋予了不同的信息类型属性。次序性顺序方面,如媒体单位普遍使用的"非线性"编辑概念,强调的是编辑过程中对原有顺序规则的打破,编辑想要使用第 y 个镜头不必先播放完第 x 个镜头,第 y 个镜头播放完后也不必然会跳转至紧随其后的第 z 个镜头,而是可以在各个镜头之间随意播放。

数字媒体技术的引入,打破了电视媒介的线性传播体系。模拟信号时代的广播电视媒介具有明显的线性传播特征。虽然模拟信号时代也有通过录像带播放器完成对节目的录制与回放,快进与快退等也能打破电子信息的时序,但因为其并没有大面积普及且不能快速完成信息跳转,也并不妨碍人们将模拟信号体系视为线性信息。数字信号从一开始就有打破线性限制的特点,数字磁带(如 DV 磁带、DVCAM 磁带、DVCPRO 磁带等)发明初期,虽然记录介质和模拟信号时代一样采用磁记录,采用非线性设备编辑时还要首先完成对数字磁信号的采集,但发展之初的数字磁带就可以通过数字打点技术完成信息的非线性搜索与编辑等。数字光盘、磁盘、固态存储设备等数字技术的发展,IPTV,视频点播平台,视频播放网站(优酷、爱奇艺等),微博,微信等社交平台的短视频播放功能,所有这些数字技术的应用,从功能上来讲,可以使用户在任何时间以任何顺序观看任何想要的镜头内容。数字媒体技术同样也打破了传统媒体的焦点位置、焦点时段秩序,传统电子媒介时代,重要媒体、黄金时段能够凸显信息的重要性,边缘化的信息几乎完全被忽视,网络数字技术打破了这种线性逻辑秩序,一个自媒体普通用户发布的一句不起眼的话也有可能在数字非线性媒体体系中被推向焦点。数字媒体技术似乎成了线性时序体系的掘墓人,很多人相信,等到时机成熟,线性媒体就会消失,作为最具有线性传播体系特征的电视,虽然也在适应数字非线性传播体系,形成着新的电视产业格局[①],但关于电视将要死亡的忧虑依然笼罩在整个电视行业[②]。

3. 即时互动传播

互联网交互技术打破了以往所有中介传播的延时性限制,是互联网技术最主要的传播特征,交互技术的引入,促使大众传播首次进入即时互动传播模式,促使大众传播体系成为开放的媒介系统。静止是相对的,运动才是永恒的,在

[①] 张国涛. 互联网电视发展前景探析[J]. 新媒体与社会,2015(1):68—71.
[②] 尹鸿. 电视前景瞻望[J]. 当代电视,2013(12):1.

信息传播中，单向传播也是相对的，单向传播永远伴随着延时的交互，因而概念界定中笔者将单向传播限定为延时单向传播，意指即时性的单向传播、延时性的信息反馈。即时互动传播则区别于延时单向传播，包含了即时的信息接受（信息解码）和即时的信息交互两个方面。延时单向传播是含纸质媒介和传统电子媒介在内的传统大众传播媒体的普遍特征，信息反馈机制主要通过读者来信、观众热线等形式体现，反馈的内容及形式完全受制于媒介自身，媒介完全掌握自主性权力。通过邮件过滤、热线筛选等手段选择性回复、讨论、呈现受众反馈，受众仅是媒介信息内容的接受者，无法参与甚至也无法影响到媒介内容生产，因而传统媒介环境下受众的媒介接近权成为新闻传播学术研究中讨论的重要问题。

网络交互技术促使大众媒介进入即时互动传播体系，产生新的交互框架。①即时解码影响了网络媒介信息的编码体系。广播电视信息转瞬即逝，受众必须完成瞬间解码，媒介必须采用通俗易懂的编码。互联网媒介时代，人们利用手机等移动终端接收海量的网络媒介内容，分配到每篇文章的时间极其有限，也极少拉出以往没能完成解码的文章。虽然网络信息不会转瞬即逝，但是互联网的这种传播特征决定了同电视一样，人们必须完成即时解码，决定了网络媒介信息需要像电视媒介一样采用通俗易懂的编码。②即时交互影响了网络媒介的信息内容。一方面，网络即时互动技术改变了对媒介内容的界定，人们阅读网络新闻时也在阅读其跟帖评论等信息，网络媒介内容同时包括了新闻报道及媒介互动中受众对事实的挖掘以及受众的即时评判等内容。另一方面，延时反馈具有资源稀缺性和观念过滤性特点。由于资源的稀缺性，每一份调查能够得到更认真的对待，更理性地反映现实关切而不是后现代式的情绪宣泄。由于观念过滤性特点，每一个生活领域中的民谣、调查报告能够更有利于凸显反复酝酿后的共识，反映当地民众的集体观念。传统媒体中，媒介信息发布时间具有规律性，媒介记者拥有时间进入新闻现场，展开深入报道，客观系统地呈现舆论事件的全貌。网络媒介时代，公众僭越了本该记者担当的事实核查责任，进行着碎片化报道并发表观点、宣泄情绪，舆论场上信息鱼龙混杂，信息资源极其丰富但同时又更缺乏有用信息，信息的快速传达成为媒介信息发布的第一要务，当调查记者还在赶往新闻现场时，媒介已经凭借各种途径的信息完成了对资源的编排与重组，引导了网络舆论。

4. 开放性传播

封闭性传播系统具有结构性限制，由区分出的群体在区隔的场景中强化系统的内部特征而排斥系统外的声音,开放性传播系统则允许各个群体无阻隔地生产、传播和消费各种不同的媒介内容。纸质媒介是一个封闭的传播系统,文字区分了知识阶层和非知识阶层,限制了非知识阶层的媒介接触,更适宜读者在一个相对封闭的空间中独自浏览,跟随作者的思维体系和作者产生深入对话。电视打破了知识对受众群体的限制,具有基本视听能力者都可以成为电视受众,一个学龄前儿童和一个知识精英长时间观看电视后所获知识几乎是没有区别的,看电视也不需要像看报纸一样跟随作者的思路进入一个排他性的场景之中,更适宜一家人围坐在一起,一边观赏一边评论。电视的这种亲民性和观看环境特性都决定了其比报纸具有更大的开放性,是一个开放性的传播系统。

同电视媒体一样,网络也是一个开放性的交互传播系统。①受众群体方面,网络具有天生的亲民性和开放性,网络以其文字、图片、音频、视频混合呈现的多媒体特征,和电视一样适宜于具有基本视听能力的各阶层受众接收。相比于精英阶层,网络内容甚至更有利于普通大众,据CNNIC第51次《中国互联网络发展状况统计报告》,截至2022年12月,我国网民规模达到10.67亿,互联网普及率达到了75.6%,移动网络终端连接总数达35.28亿户。②交互场景方面,网络媒介接触中少了一家人围坐在一起的喧嚣,更像是阅读纸质媒介一样,在一个相对封闭的私人空间中浏览媒介内容。与阅读纸质媒介不同的是,纸质媒介形成的相对封闭的阅读环境中,传受双方相互激发,相似观点不断强化,甚至产生大众媒介的回音室效应,而网络媒介阅读环境中,读者不再跟随作者的思路体系,而只是在寻找作者的观点,读者也不再只是阅读作者的媒介文本,还在阅读媒介文本下面的跟帖评论及通过超链接阅读其他相关内容。这样的一个阅读场景更像是一个虚拟的电视会客厅,大家依然是围坐在一起观看节目,发表评论,所不同的只是以前人们在会客厅中所说的话现在说在了网络上,以前人们仅对亲戚、朋友、同事、同学说的话现在说给了全世界,以前私人领域中的情绪现在成为公共领域中的情绪。

第三节 民众化偏向:数字交互技术的传播偏向

本节在以往学者研究的基础上,界定了"民众化偏向"的表现特征,基于互联网的数字交互技术的媒介框架,研究了互联网的数字交互技术的媒介机制,提出互联网的数字交互技术导致了互联网社会"媒介舞台的消失"和"媒介公众的'浅薄'",互联网的数字交互技术使得互联网媒介呈现出民众化偏向特征。

一、民众化偏向

"民众化"概念由格雷姆·特纳(Grame Turner)在《普通人与媒介:民众化转向》一书中提出,指"日益明显的'普通人'通过名人文化、真人电视、自制网页、谈话类广播等方法,把他们自己转变成媒介的内容"[①]。

首先,数字化技术提供了广泛和多样的参与机会,使普通民众能够进入媒介,媒介内容从戏剧模式转向"真人"模式。普通人的参与,成为所有媒介活动的基调,用户自制内容的增长,刺激人们预测草根将接管媒介空间。与此同时,在媒介表演日益明显地由普通民众担当的同时,媒介应服务于公益的传统责任则似乎已经被淡忘。其次,为了捕获公众的注意,媒介已放弃了第四等级的原则,新闻标准下降,新闻和时事节目持续转向娱乐和生活类节目,流行白话、民粹主义、政治极端主义等内容趋于喧嚣。受众成为新闻内容生产的诉求中心,信息转变为娱乐,媒介的社会、政治和文化功能日益贫乏,飞舞的意见成为内容的基本类型和吸引受众的工具。最后,普通民众扮演的角色几乎全是概念上的,尽管他们的参与作为这些技术使用的根本性特征得到喝彩,但是难有研究能够验证普通民众对这些技术的应用获得了来自参与的假想之益。普通人获得文化机会、创作机会和参与机会的观点,也都来自远离"普通人"的文化精英、政治精英、学术精英、媒介精英,普通民众依然由精英所代言。媒体对真人秀等节目的钟爱,具有利益驱使下的剥削性,网络大V的激情澎湃,至少不是单纯地为了建构社会共识,而是以对商业利益和媒介权力的占有而备受关注。当普通民众越来越多地参与到媒介之中时,当媒介剥离了自己作为公民的信息提供者的责任时,当媒介越来越视自己为商业组织,并去迎合普通民众的浅薄需求时,特纳认为民众化偏向的媒介时代生产着民主赤字而非民主红利。

本书沿用特纳等人的概念界定,用"民众化"指普通民众在互联网传播环境中扮演了媒介参与者角色,成为媒介内容的重要来源。因循特纳的论述,笔者

---

① 格雷姆·特纳.普通人与媒介:民众化转向[M].许静,译.北京:北京大学出版社,2011:3.

认为互联网时代的民众化偏向可包含三个方面的内容①:①普通人成为媒介的内容,人人得以于无处不在的大众传媒舞台表演,媒体的狂欢及媒体公共责任的淡忘,互联网媒介舞台趋于消失;②缺乏专注力和深度思考能力的普通民众,在网络媒介空间中进行着信息获取和公共表达,互联网媒介公众趋于"浅薄";③民众依然由精英代言,消失的媒介舞台完成着再结构化,网络媒介的演员趋于民众化,导演却依旧呈现出去民众化特征,民众化偏向的网络社会完成着控制的延续,民众成为媒介所控制的流量。

二、媒介舞台的消失

梅罗维茨在《消失的地域》一书中提出纸质媒介区隔了公开领域、私人领域等不同的场景,电子媒介技术消融了不同场景之间的区隔。精英身份、平民身份,男性身份、女性身份,成人身份、儿童身份,每种身份属于一个舞台,每个舞台都包含了区隔的场景,人们在每种场景下扮演着不同的角色,上演着不同的剧目。电视媒介的出现使得后台场景前台化,暴露了"政治精英"的"台前幕后"②,完成了精英身份的祛魅,但电子技术消融的只是精英舞台不同场景之间的区隔,舞台依然存在,媒体依然属于各类精英。互联网的数字交互技术延续了电子媒介的这种消融,消融了舞台的各个场景之间的区隔,同时,互联网的数字交互技术还消融了各类身份,消融了各类身份所对应的舞台。简而言之,互联网的数字交互技术不但消融了舞台中各个场景之间的区隔,同时也消融了不同舞台之间的区隔。

(一)身份的解构

数字交互技术的碎片化传播和开放性传播框架,解构了个体身份与舞台之间的必然联系。完整性传播体系中,舞台身份和个体属性特征之间具有统一连续性,精英的舞台身份往往高大伟岸,男性的舞台身份往往阳刚硬朗,成人的舞

---

① 民众化的前两方面内容具有新媒体赋权色彩,是对民众化偏向的一般性描述,在本章完成论证,第三个方面是对互联网社会的民众化偏向实质的反思,结合文章第三章内容完成论证。前两个方面内容更具有一般性,后续研究中没有特别说明时,"互联网的民众化偏向"仅指前两方面内容。

② "政治精英"是一种身份,对应于"戏剧理论"(《消失的地域》在戏剧理论基础上展开)中的舞台,"台前幕后"是特定身份的不同面相,对应于"戏剧理论"中的场景。

台身份往往成熟稳重。碎片化传播系统中,信息失去连贯性,传播信息的个体属性特征也失去了连贯性,从而分离了个体属性特征和舞台身份之间的关联。开放性传播环境中,网民能够进入各种舞台,能够拥有各类网络身份。网络空间中,以年龄为区分的成人和儿童失去了传统的价值,以生理特征为区分的男性和女性,以知识、权力、资本占有为区分的精英和平民也已失去了其本身的意义。网络空间中没有了童年与成年、男性与女性、精英与平民,有的只是一串串 ID 代码所代表的网民。这种体系中个体属性特征被解构了,舞台身份是当下即时的,精英甚至会成为网络空间中的相对弱势群体[①]。

  互联网解构了结构化于各个身份的角色特征。身份是被结构化了的角色,什么是英雄、什么是平民,什么是男性身份、什么是女性身份,都与所处时代紧密相关。"楚王好细腰,宫中多饿死",而唐人则讲究"丰肥浓丽、热烈放姿",母系氏族社会的男性身份和女性身份也全然不同于今日的男性身份和女性身份。文字产生之前,没有知识阶层,也没有非知识阶层,也即没有以知识的掌握为区分的舞台,大众媒介产生之前,没有媒体,也没有受众,更没有以不对等的传受关系为区分的舞台。当波兹曼在感叹"消失的童年"时,这个世界也在叹息消失的成年,感叹大多数成年人,心理水平是婴儿,人们集体停留在婴儿期。当梅罗维茨在感叹男性气质和女性气质的融合之时,这个世界似乎已经对此司空见惯,男性的女性化或女性的男性化已不能博得民众的眼球,早已演化到了男性的妖娆化。以妩媚妖娆姿态自曝于网络的男网红们的出现,一方面反映了扮演者求异以吸引眼球的动机;另一方面也间接证明了男性简单的女性化已不足为奇,已无法刺激人们的视觉与认知观念,男性是什么样、女性是什么样已没有那么鲜明的区分。传统社会中,女人需要从男人那里寻求安全保护,高大勇猛是男性必备气质。当今社会,和平发展已成为普遍共识,科技的发展,体力劳动的极大解放,物质的极大丰富,男性已不再扮演传统农耕文明时的主要劳动力角色,也越来越少地扮演以武力保护妻儿的角色,传统社会赋予男性的血性阳刚角色也在一步步淡化。中华人民共和国成立初的影视剧中,民众喜欢的是解放军;20 世纪末的影视剧中,民众喜欢的是武侠英雄或者古惑仔;如今的影视剧中,民众喜欢的是"小鲜肉",即使是英勇,也是缺乏英勇气质的、视觉化、消费化

---

  ① 张涛甫. 试论当代中国的舆论表达主体[J]. 中国地质大学学报(社会科学版),2010(3):6-10.

了的英勇,如寒毒缠身、英俊帅气的梅长苏,白净帅气拥有特异功能的都教授。在权责对等的时代,互联网技术使得对身份的想象具有了不确定性,男性气质与女性气质确实在融合,但互为消费对象了的当代社会中,何谓男性气质、何谓女性气质也随着时代的变迁而被打破或重新界定。

新媒体环境下的精英身份是临时的,而普通人的身份却是永恒的。李普曼对公共舆论问题的解决寄希望于内部人,内部人具有共享的群体经历,他们是政治精英阶层、文化精英阶层,内部人具有特定的群体地点,他们身处于教堂、宫殿、学校等组织结构之中。他们是高高在上、伟岸完美的形象,形成着精英媒介场域。新媒介环境中,精英的后台区域进一步暴露,网络媒介将精英抽象的形象还原为活生生的人的形象,精英也会使用方言或讲不标准的普通话,也会咕咕哝哝或大声喊叫,也会脸色苍白或胃肠胀气,也会一夜之间被赶下神坛。

去身份化的网络媒介内容。纸媒时代的媒介内容聚焦在政治、军事等国计民生类的议题上,普通人很难以个体的身份出现在媒介上。自传统电子媒介以来,媒介就以真人秀节目、民生新闻等形式为普通人创造了广泛和多样的参与机会,网络媒介时代的博客、BBS、在线用户内容制作、微博、微信公众号等更是延续与强化了民众的媒介参与。公民新闻的发展,媒体新闻的材料很多来源于民众的信息发布,普通民众能够扮演媒介工作者的身份,媒介在某种意义上也在扮演媒介受众的角色。现实中,卑微的小职员可以在网络中是一个大英雄,高高在上的政治精英在网络中也许处于弱势地位。网络空间中,英雄不必与高大魁梧的形象相联系,现实中其可能只是一个夸夸其谈的键盘侠;现实中振臂一挥,应者云集的精英,在网络社会中也可能被淹没在声讨的洪流之中。

(二)媒介舞台的消失

数字交互技术的碎片化和开放性传播框架以及即时互动传播框架下的媒体内容,解构了媒介舞台本身。舞台的划分始于中产阶级和贵族,制造了区隔,使得角色和舞台相联系;同时也规制了专业化标准,使得舞台代表一种专业化精神。①网络媒介消融了舞台和角色之间的联系。物理场景不再与"共享而特殊的经历"①相关联,讨论重大决策不必正襟危坐于庄严肃穆的议事大厅,躺在沙发上也能够同步见证重大的国家仪式。公共舞台内容进入了人们的客厅、卧

---

① 强调电子媒介改变了不同地点本身所暗含的意义(梅罗维茨,2002:138)。

室,成为饭后嬉笑怒骂的谈资,新冠疫情以来,在家办公、网课、线上会议、云端讲座更是打破了空间与舞台的必然联系。与此同时,即时性开放性传播框架下,民众私人的"后区"内容甚至深"后区"内容也会以各种形式广播于大众传播领域,民众的家庭生活、隐私信息成为公共平台上的传播热点,互联网开放性传播框架解构了公共与私人,也解构了媒介舞台。②舞台除了是一种角色象征外,同时也是一种专业精神。新闻专业主义推崇职业化教育和程式化操作,倡导新闻报道的客观性、公正性和中立性,强调媒体的社会责任①。互联网数字交互技术使新闻专业主义成为媒介精英的乌托邦,开放性传播框架推翻了记者的职业化教育,碎片化传播框架打破了媒体的程式化操作,即时性传播框架忽视了新闻报道的客观、公正与中立,共同消解了媒体的社会责任,解构了舞台的专业属性。

去场域化的网络媒介内容。布尔迪厄认为场域为位置间客观关系的一个网络或一个形构,是由社会成员按照特定的逻辑要求共同建设的,是社会个体参与社会活动的主要场所,是集中的符号竞争和个人策略的场所,是一种被赋予特殊引力的合理构型,其引力使对象和个体充分地融入,给予本身以可能性的结构②。社会的分化过程即为场域的自主化过程,场域的自主化程度影响了场域类型的多样化,高自主化形成"限定的生产场域",低自主化形成"大规模的生产场域"。媒介划分出的区域即为场域理论中所讲的位置,塑造了场域之间的角色,印刷媒介之前,没有将不同的阶级、性别、年龄或活动,严格地隔离进不同的房间和地点,印刷媒介时代,专门化应用产生了对区隔的要求,电子媒介以来,这种区域划分又被重新定义,SOHO才是时尚,甚至跨界才是主流。互联网媒介生产场域是扩大了的社会场域,有更多的社会力量和世俗力量的渗透,模糊了公共领域和私人领域的边界,背离了传统媒介时代媒介作为文化公共场域的角色。融合的场景中,私人议题已经公共化,明星八卦、网络直播将传统的"后区"内容推向了前台,并使这种"后区"内容成为大众媒介中的热点,成为公共领域及私人领域共同的议题,民众也早已习惯了这种融合的信息系统,吃饭、

---

① 王晴川. 自媒体时代对新闻专业主义的建构和反思[J]. 上海大学学报(社会科学版),2012(6):128-138.

② 李全生. 布尔迪厄场域理论简析[J]. 烟台大学学报(哲学社会科学版),2002(2):146-150.

喝水、逛街、健身等内容都会被主动广播发布。布尔迪厄认为一个场域越是自主的,这个场域的生产者越仅面向本场域内群体生产而不为场域外的其他消费者生产,并据此认为科学场域是自主性最强的场域。然而,互联网媒介同样模糊了限定性最强的科学场域的边界,杨振宁提出了杨-米尔斯规范场理论、杨-巴克斯特方程,在他获得诺贝尔物理学奖60多年来,有7个诺贝尔奖与其提出的杨-米尔斯规范场理论有关。同时代的物理学家霍金在中国大受欢迎与尊重,被网民誉为当代社会最伟大的物理学家,相比之下,取得了更大成果,为中国科技发展做出了伟大贡献,拉近了中国与世界科技前沿的杨振宁却被百般诋毁并叫嚣着让"滚出中国"。网络社会的民众投票有其民主正义之处,然而当民众投票僭越了场域边界之时,媒介已借民众之名达成了对场域自主性的逾越。

去场域化后的网络媒介内容。社会化场合的交叉社会化地点的弱化,共同经历和物质地点不再形成"共享而特殊的经历",作为人的后区却有着与生俱来的相似性。相似的人性、相似的后区构成了最普遍的共享经历,也构成了最普遍的群体基础。日本学者清水几太郎提出,"普遍的需求也就是超越人的阶级、职业、民族等社会属性的兴趣,无非就是与性爱、犯罪、暴力等相关的本能兴趣"①。梅罗维茨认为成人和儿童的角色会移向一个中区的全年龄角色,人们却发现网络时代的成人移向了儿童角色,成为巨婴。去场域化后的网络社会中,群体身份的形成往往基于群体的本能兴趣、个体相似的后区特征,群体在网络中融合时,不是向全角色的"中区"靠拢,而是精英群体向普通人群体的靠拢。网络群体"共享而特殊的经历"的淡化,群体心理发生了变化,一方面,去场域化的网络媒介中,原本附着于群体身份标签下的自我达成效应、认知失调感会大大减弱,导致群体的普遍弱势心态,甘愿沦为茫茫大众;另一方面,互联网中充斥着情绪与态度,却缺少冷静客观的分析,理性的思考往往会被简单粗暴的"观点"所压制,导致社会精英群体的相对弱势,精英话语的相对稀释。

梅罗维茨区分了公开舞台、私下舞台,男性舞台、女性舞台,成人舞台、儿童舞台,所区分的每一种舞台都是一个表演区,人们在不同的表演区扮演着不同的角色。传统电子技术下"地域的消失"②指不同区域、不同舞台、不同角色扮演之间区隔的消失。网络数字交互技术对场景的进一步融合,不只融合了梅罗

---

① 孙健. 新媒体时代的传播偏向探析[J]. 编辑之友,2016(5):70-72,83.
② 指梅罗维茨在《消失的地域》中所论述的观点。

维茨意义上的不同类型的舞台,使得私人领域和公共领域混合不清,还融合了纸媒时代所分离出来的舞台本身,融合了舞台的台上和台下,演员和观众。互联网传播关系中已经没有了台上与台下之分,没有了区域,没有了舞台,也没有了角色扮演。

三、媒介公众的"浅薄"

尼古拉斯·卡尔(Nicholas Carr)在《浅薄——你是互联网的奴隶还是主宰者》一书中提出互联网正在使人们的大脑变得浅薄。其所言的浅薄没有贬义,更多的是胡塞尔现象学意义上的回到事物本身。深刻与浅薄属于不同的思维方式,工业化时代是由浅入深的思维方式,强调透过现象看本质,而信息化时代是由深入浅的思维方式,强调通过本质看现象。互联网的数字交互技术改变了媒介公众的信息获取及认知形成习惯,塑造了浅薄化的媒介公众,不但牺牲了大众媒介的深度编解码体系,也使媒介舆论成为情绪主导下的意见表达。

(一)公众的浅薄化阅读

互联网媒介的碎片化、即时互动、非线性传播框架改变了公众的阅读习惯,将人们从传统单线程阅读转向网络多线程阅读,将人们从传统深度阅读转向网络浅薄化阅读。碎片化的信息会分散人们的注意力,网络读者往往是一目十行地搜索观点,而不是字斟句酌地捕获完整信息;即时性的信息交互、信息跳转会削弱人们的记忆力,网络读者经常不记得他们读过什么内容,没读过什么内容,不记得他们对哪条信息发表过什么评论或者是否参与过评论;非线性媒介系统发出各种杂音,扰乱了受众的正常思维,造成思维链条的短路,使人们的大脑变成了简单的信号处理器,既阻碍了人们进行深入思考,也阻碍了人们进行创造性思考。

互联网的数字交互技术鼓励着强力快速阅读,将媒介阅读从传统的单一线性信息解码过程发展到多线程非线性并行处理过程,将媒介受众置身于五花八门的信息海洋中而丧失了体系化阅读的耐心和能力。网络的数字交互技术培养了受众的跳跃式阅读模式。快速阅读是用户阅读网上内容的主要方式,在眼动仪跟踪研究中,尼尔森发现用户在网页上阅读不是一行行地浏览,而是形成一个跟字母 F 相似的浏览路径,前两三行阅读完后迅速跳转至屏幕中间内容,停留片刻后立刻下移至页面最下方。大多数人在浏览一页网站内容时只有 20

秒左右,随着网页字数的增加,人们阅读的时间也会增加,但对新信息的阅读比率却会极大减少。互联网的数字交互技术培养了受众的快速浏览模式,网络浏览中用户不再跟随作者的思路进入信息情境,而是一目十行地搜索着图片、标题、关键句、关键词、核心观点、主要诉求,网络受众追求着对信息内容的"秒懂",仅有极少数的读者会在网络阅读中投入持续不断的注意力。互联网的数字交互技术在将"知识"转化为"知道",博闻强识一直是学习知识能力的一个主要标志,但当前的社会中,这种博闻强识似乎已经失去其价值与神秘性。数字化存储技术的发展,整个世界的图书馆都能装在一台服务器中,所有社会的事件、知识都以数字化的形式存于云端,任何历史教科书上的故事,任何古诗词,人们都可以通过网络迅速拉出,而且比人们头脑中记忆得更详细、更准确。互联网改变着世界,人们也在注视着互联网带来的改变,经常会听到人们讨论互联网如此强大的存储搜索能力下,仅需"知道"特定的信息主题,即可通过网络获取有关其的全方位信息,这种情形下是否还需要记住详细的信息内容?面对基础教育中的背诵、默写要求,不少家长时常感叹,智能化信息发展如此迅速,让孩子们记那么多东西还有什么用!互联网已经改造了我们的信息接受模式,已经将"知识"改造为"知道",人们已经不再从阅读中获取"知识",而是在阅读中"知道"信息。我们每天通过网站、微博、微信、抖音等接受到的海量碎片化信息已经只是在我们的大脑中浅浅掠过,所有信息并不需要在我们的大脑中留下深刻的印迹。我们每年所关注的事件、所阅读的文档、所观看的短视频已经回忆不起基本信息,甚至无法形成任何记忆,我们投注精力阅读过的著作、文章也发生着类似的情况,不再次翻阅已经无法描述概况。

互联网的数字交互技术鼓励着浅薄化阅读,为人们提供了一个高速传递响应和回报的系统,牺牲了人们实现深度阅读所需要的条件。互联网的即时交互传播框架不仅阻隔了深度解码过程,使得网络阅读如同观看电视一样需要即刻完成对信息的理解,同时还使得互联网阅读进入一种多信息交错接收的状态,为受众提供一种三心二意、肤浅学习的环境。传统深度阅读状态下,人们处于单一的信息解码状态,得以过滤掉那些分散精力的刺激,保证大脑平静地发挥解决问题的功能,从而使深度阅读变成一种深思的形式。互联网阅读环境下,人们点击着鼠标、滚动着转轮、敲击着键盘、翻转着屏幕,完成着媒体多任务处理,阅读着文字、图片、音视频信息,还有加粗、画线、彩色、高亮、闪烁等符号呈现样式,完成思考的同时也调动着视觉、听觉、触觉等身体感官。数字交互技术下,受众在阅读的同时,还可以与云端的另一个读者展开即时讨论甚至争论,还可以通过搜索引擎快速查找相关的信息并由相关的信息一步步超链接转至完全无关的信息,还可能收到新的弹窗信息,如新的微信信息、新的手机短信、新的新闻推送、朋友圈新的状态更新、手机备忘提示等。数字交互环境下,读者无法集中精力仔细阅读媒介中的内容,随时会被五彩缤纷的交互信息打断思维。连贯思路越复杂,被打断所造成的损害也就越大,不但会削弱读者的记忆力,甚至会引发读者的紧张、焦虑等情绪。数字交互技术提供的这种多任务并行处理的信息环境损害着人们深入思考和创新思考的能力,深度思考形成的思路体系、创新观念等被打断后很难连续推进甚至无法再现,多线程处理的任务越多对信息的态度就越草率,思考和解决问题的能力也就越差。实证研究同样表明,互联网技术鼓励着浅薄的阅读、浅显的思考,数字交互技术会限制而不是提高人们获取信息的能力,人们对所读内容的理解程度会随着网络链接数量的增加而下降。人们全神贯注地盯着忽暗忽明的屏幕,搜寻着感兴趣的内容,享受着互联网带来的视觉盛宴,却被海量的信息内容所淹没,进入彻头彻尾的精力分散状态。

(二)公众的浅薄化思考与表达

1. 舆论是图式主导下的意见表达

图式是一个认知结构,反映了一个人对于某个观念或刺激范围的总体认知,包括概念的特性以及这些特性之间的关系。换言之,一个图式可与任何一个信息结构产生关联,是一种与某个特殊概念相关的观念的推测系统,是内在关联的命题的层级理论。人们能够成为某个领域的专家,原因在于在那个领域有着长足的积累,建立了图式体系。一个图式被激活,能使人们的注意力集中在环境的某些特征上,为人们形成结论奠定基础,帮助人们在记忆中完成信息分类,为人们回应公共事务信息形成结论奠定基础,使人们可以进行深入而丰富的思维活动。

研究者常用图式理论概念来探究舆论的成因与变化,来阐释表达出来的舆论。实际研究中,学者们经常将舆论和态度两个概念联系应用,将态度作为舆论的操作化测量指标,但两个概念之间有着不同的概念内涵。舆论侧重于认知,在本质上更具有推理性,强调深思熟虑后做出的理性决定,态度更多地指向情感,侧重反映本能的好感或反感,舆论更具有情景性,在某个特定的行为环境中与某个特殊的议题相对应,是把某个议题的态度内化为个人对现实的理解而形成的一种决定;态度则是受到普遍刺激而产生的综合的、固定的倾向,代表了一种结构性的预置,一种赞许或反对某事的固定的反应倾向①。

2. 数字交互技术使得由图式主导舆论转向由情绪主导舆论

工作记忆的超负荷运行制约着图式的生成。澳大利亚教育心理学家约翰·斯威勒(John Sweller)的研究解释了互联网如何影响人们的思维风格和思维深度,认为人们的大脑中存在着短期记忆和长期记忆两种迥然不同的记忆功能。短期记忆存放即时的感知、认知、情绪,长期记忆存放对世界的认识,不只是事实,还包含了复杂的图式体系。工作记忆负责将短期记忆转存为长期记忆进而生成概念性的图式,或者从长期记忆中提取由概念图式所产生的观念。工作记忆和长期记忆之间的传输通道形成了大脑当中的主要瓶颈,也决定了人们的智力深度。特定时刻流入大脑工作记忆区的信息称为人们的"认知负荷"。认知负荷超过大脑存储、处理信息的极限时,人们就不能把新信息转变为图式,也不能从图式中提取概念,理解能力只能停留在肤浅的层次。

数字交互技术阻隔了舆论图式的生成。传统阅读环境下,人们一心一意专注于书本阅读时,工作记忆是畅通的,读者将书本中的信息一点一滴地转入长期记忆,创建与图式之间的联系,同时能够从图式体系中提取出概念联系,形成基于图式的舆论观念。互联网阅读环境中,碎片化、非线性传播框架下的强力多线程阅读,大大增加了特定时刻流入大脑工作记忆区的"认知负荷"。面对海量的数字信息,碎片化的信息模块及信息切换,杂乱无章的媒介信息一起涌向工作记忆形成的瓶颈,就如同蜂拥而至的人群拥挤于狭窄的通道一样,不能顺利通过甚至形成封堵点,结果导致短期记忆和长期记忆无法联通,思考无法形成新的图式,无法基于长期记忆形成理性的认知,舆论观念无法产生自图式,公共表达停留在肤浅的表面。数字交互技术作用下,图式和舆论分离,舆论成为态度的表达,情绪主导了舆论,进而使得网络社会中的理性思辨往往被情感动员所压制,网络舆论中充满了群体极化、网络暴力、道德审判、民粹主义,舆论的主体俨然成为勒庞所称的乌合之众。

---

① 普赖斯. 传播概念·Public Opinion[M]. 邵志择,译. 上海:复旦大学出版社,2009:26.

本章小结

本章依据传播的偏向理论,梳理了媒介研究学者关于各类媒介偏向性的观点及研究视角,以互联网的数字交互技术为研究对象,基于对媒介技术特征的分析,诠释了互联网媒介的传播倾向性。

研究讨论了数字交互技术所产生的碎片化传播、非线性传播、即时互动传播和开放性传播媒介框架。数字交互技术的这四种媒介框架导致了互联网媒介环境中"媒介舞台的消失"和"媒介公众的'浅薄'"两种传播倾向性,这两种传播倾向性代表了民众化偏向的两个主要方面。据此,本章提出互联网媒介具有民众化偏向特征。

第三章 流量规则:互联网的媒介测量技术研究

互联网的流量测量技术在网络媒介发展中扮演了媒介测量的角色,是互联网特有的媒介测量技术,发挥着至关重要的作用。本章将互联网的媒介测量技术作为互联网的数字交互技术以外的另一个研究对象,探讨互联网的媒介测量技术所呈现出的技术规则。

数字交互技术和媒介测量技术作为互联网媒介技术的两个方面,本章不仅探讨了这两方面技术机制之间的互动关系,还探讨了二者共同作用下的互联网媒介最终所呈现出的媒介格式。

第一节 互联网媒介测量技术

本节将互联网媒介测量技术分为互联网时代传统的媒介测量技术和互联网的流量测量技术两种类型,基于对这两种测量类型的指标体系和价值意义的分析,认为互联网时代传统的媒介测量技术和流量测量技术的本质区别在于二者指导思想的不同。前者以产品为中心完成媒介测量,后者以受众为中心完成媒介测量。

一、媒介测量

媒介测量又称为受众测量,是对媒介受众规模和构成进行的评估,成为媒介传播效果的量化标准,深刻地嵌入媒介行业之中,推动着媒介产业的有效运转。

(一)媒介测量的方法及指标体系

1. 媒介测量方法演进

媒介测量技术始于报纸媒介时代。由于报纸便于测量,只需确定印刷了多少份报纸就可知道报纸具有多大的受众群体。媒介测量或受众测量虽伴随大众媒介一直存在,但只有到了电子媒介时代才被人们所普遍认识与接受。

发展初期,广播媒体通过听众来信的数量来估算受众人数,通过当地市场售卖的收音机数量来估算受众数量,并以此为依据发布收听率数据。这种不规范的测量方法产生了客观性问题,即广告商对媒体自行生成的受众数量报告产生了质疑。1927 年,美国广告商协会拒绝采纳广播公司自行发布的收听率报告,开始雇用第三方公司完成受众测量,这开启了媒介公信力媒介效果的第三方评估体系,使得媒介测量走向专业化发展方向[①]。

最早的第三方测量公司克劳斯商业调查公司采用电话簿随机抽样的方式打电话邀请受访者回忆晚上收听的广播节目。由于电话回忆法有准确性和代表性等问题,随后又发展出了"电话同步调查法"的受众测量方法,即调查受众接电话时所观看的节目及受访者的人口统计学特征。美国尼尔森(Nielsen)公司是全球最著名的调查品牌,发展之初的尼尔森公司在完善电话同步调查法的基础上完成了全美国电视网受众的调查。

"机器检测仪"媒介测量方法由尼尔森调查公司首先引进,其采用安装在电视机内的检测仪进行受众测量。这种测量方法通过检测电视的开机时间及播放频道反映受众的媒介使用状况,能够克服电话访谈中被访者主观性特征所引起的偏差,取得更加客观的媒介收听、收视数据,但其所完成的受众测量依然只能反映某个时间点某个接受终端播放了什么东西,并不能清晰地表明什么样的受众观看了所监测的节目。"人员测量仪"是一种远程监控系统,为家庭中每位成员分配一个观看键,可以将观看行为对应到家庭的具体成员,家庭成员按下属于自己的按钮,就可以将其媒介接收数据瞬间传至媒介调查公司,避免了电话调查的客观性问题和开机监测仪的播放与收视的不统一,却产生了调查对象能否主动记录,以及是否会有意无意地回避记录等问题。

2. 媒介测量指标体系

柯惠新等认为媒介测量主要从两个视角切入,一方面聚焦在受众的媒介接触行为,测量媒介信息的覆盖情况、对受众认知、行为影响情况,媒介受众对媒介的关注、使用情况等;另一方面聚焦在受众群体结构性特征,关注其人口统计学模式。媒介产业实际应用中,以广播电视、报刊为代表的传统媒介经过行业

---

① 马超. 电视受众测量:历史回溯与现实创新[J]. 声屏世界,2017(4):57-59.

过滤,形成了具有广泛认可的测量体系和运作机制,在二维平面上,测量大众媒介传播的"广度"和"深度"[①]。广度用以指媒介所能达到的范围,具体指标如报刊媒介的发行量,报刊媒介阅读人数占其覆盖总体人口的比率;广播媒介在一定时间段内的接触人数占其所覆盖总体人口的比例,单位时间平均有多少人收听;电视媒介在一定时间段内的收视人群占其所覆盖总体人口的比例,单位时间平均有多少人收看。深度用以指受众的媒介使用程度,如媒介受众对报刊的平均阅读时长,在统计时间段内对广播节目的平均收听时长,在统计时间段内对电视节目的平均收看时长。

廖圣清认为媒介测量在时间、空间、媒介三个维度展开,大多数关于媒介使用的实证研究都涉及时间维度,基于频率和时长测量,新媒体和媒介应用的出现,使得跨媒介、多模态、多任务的使用行为模式引起越来越多的研究者的关注,也使得受众媒介使用的空间行为越来越复杂[②]。廖圣清和柯惠新所区分的两种媒介测量体系有明显的区别,实质上却有着内在统一性。廖圣清等学者所提出的时间、媒介、空间测量体系中,将媒介形态单独列为一类研究指标,而柯惠新所区分的媒介接触行为指标中则同时包含了媒介形态指标和时间指标。与此同时,柯惠新的媒介接触行为指标和受众群体结构特征指标都基于廖圣清所区分出来的测量体系中的时间指标。

(二)媒介测量的作用

1. 市场信息机制

媒介测量为谁服务?在传统大众媒体时代,这个答案是清晰且确定的,媒介测量产生于广告投资的需要,服务于广告投资并成为衡量媒介产品商业价值的通用标准。受众测量结果为广告所支持的产品提供了市场依据,是传播媒介和广告商之间利益交换的砝码。正如盖特勒所言,媒介测量在广告投放中发挥着举足轻重的作用,测量方法的改变,会影响到测量结果,会影响到广告经费流向,会改变电视节目的市场价值,影响电视节目的市场结构,甚至会使整个产业

---

① 柯惠新,黄可. 从平面化(2D)到立体化(3D):对新媒体时代受众测量的思考[J]. 现代传播,2011(10):103-106.

② 廖圣清,黄文森,易红发,等. 媒介的碎片化使用:媒介使用概念与测量的再思考[J]. 新闻大学,2015(6):61-73.

文化发生改变[①]。如唱片行业测量方法的改变分化了音乐行业,使得乡村音乐等音乐类型在20世纪80年代变得更加重要,测量方法的改变同样也改变了电视和图书出版业等。

社会学家提出了"市场信息机制"(market information regimes)概念,这种机制是身处竞争领域中的生产者了解自己、消费者、竞争对手和供应商行为的首要信息来源[②]。媒介测量机构的产生是媒介和广告商相互博弈的结果,测量目的在于评判媒介产品,为媒介生产者和投资人提供市场依据,发挥媒介市场信息导向的作用。无论是报刊的发行量测量、广播的收听率测量,还是电视的收视率测量,其背后推动力量及服务对象都明确无误地是广告商、广告主,以及媒介组织等。市场信息机制无疑是媒介测量最主要的作用。

2. 用户信息机制

为受众提供媒介接触指导,帮助用户完成媒介信息选择的信息机制可称为"用户信息机制"。媒介测量发挥着信息导向作用,这种信息导向作用除了能够为广告主提供投资依据外,还能够为受众提供信息选择依据。传统大众传播时代,由于媒介资源的稀缺性,受众能够轻松地在已有的媒介资源中做出选择。媒介测量仅作为市场信息机制,为广告主提供市场指导。数字媒体技术的发展,网络媒介平台的开放性特征,造就了网络传播时代数字资源的海量性特征。如何在浩如烟海的媒介资源中找到感兴趣的信息资源也就变得十分困难,受众的媒介信息选择成了亟须解决的问题。媒介测量除了发挥传统的市场信息机制作用外,同时还发挥着用户信息机制作用。

二、互联网媒介测量技术

互联网媒介测量技术包含了两种不同的测量类型,一种是因循传统的媒介测量技术的媒介测量;另一种是基于互联网的流量测量技术的媒介测量。

1. 传统的媒介测量技术的延续

网络媒介的传播特征、传播方式发生着颠覆式的变化,网络媒介技术所给予的不断细分的媒介环境和不断增强的受众自主能力,对媒介测量都有着重要

---

① Gertner J. Our ratings, ourselves[J]. The New York Times Magazine,2005,10:34-67.
② Anand N, Peterson R A. When Market Information Constitutes Fields: Sensemaking of Markets in the Commercial Music Industry[J]. Organization Science, 2000,11(3):270-284.

的影响作用①。随着媒介环境的变化,原有的测量指标体系出现了不适用之处,学者们依据不同的分类方式,对原有媒介测量指标体系进行着调整与扩充。

一方面,传统基于深度和广度两方面进行的受众媒介接触行为测量,难以对新媒体时代的传播互动形成有效评测。其表现为:网络传播创造了多样的、复杂的信息流动模式,广度和深度的媒介测量在描摹新媒体多变的传播特征时产生了一定的局限性;传统测量指标没有对受众的信息反馈给予足够的重视,是单向的信息测量,对于强调双向互动的新媒体来说显得力不从心;传统的媒介测量指标未将媒介受众的能动性和差异性纳入测量体系,而新媒体环境下,受众完全具有可能是网络传播中的一个核心节点,有能力扩大媒介传播范围。基于以上分析,在以往广度、深度指标模型的基础上,柯惠新等学者提出了新媒体时代媒介测量的参与度指标,认为参与度指标正在成为网络媒体时代媒介测量的重点。参与度是一个可无限扩展的测量指标,涵盖了从态度、行为到心理的一系列子指标,但学界和业界目前并没有形成统一的测量定论②。美国广告研究基金会(ARF)于2006年发布了《参与:定义与解析白皮书》及《参与的测量》,提出了有关参与的25种不同的定义、20多种不同的测量方法,随后又在《参与与测量Ⅱ》中补充了15中测量方法。综述之,延续传统大众传播中的广度、深度模式,网络媒介测量中以网络媒介的浏览量反映媒介传播的广度,网络媒介的停留时间反映了媒介传播的深度,广度、深度之外同时还扩展了参与度维度,网络媒介的发帖量、回复量、转发量、搜索量从受众行为角度反映了网络媒介的媒介参与情况,针对新媒体的情感测量、表情测量从心理角度反映了网络媒介的媒介参与情况,媒介的卷入期待指数测量指标从态度角度反映了网络媒介的媒介参与情况。

另一方面,时间、媒介、空间测量体系中,基于时间的测量是传统媒介测量中最主要的测量维度,互联网时代,跨媒介测量和空间测量越来越受到更多的关注。跨媒介测量方面,网络传播打破了电视独大的传播格局,网络电视、电脑、平板、手机等屏幕既成为音视频媒体接收的新窗口,也成为文本媒体接收的新窗口,还成为融合媒体发展的新平台。基于广播电视时代的受众测量体系,

---

① 菲利普·M.南玻利:受众经济学[M].陈积银,译.北京:清华大学出版社,2007:97.
② 文卫华.从"媒介接触"到"受众参与":新媒体时代受众测量的新趋向[J].电视研究,2012(12):35-37.

寻找网络视频收视与电视收视的关联成为网络媒介时代受众测量的一个重要方面。业界和学界的用词比较多样,如跨媒介、跨平台、多屏、第二屏、跨平台等概念。

跨媒介受众测量主要由尼尔森、凯度(Kantar)、康姆斯科(ComScore)等跨国性的市场调查公司主导。尼尔森延续了其电视收视率调查的业务,在新媒体和跨屏传播时代,依然聚焦于节目在各个媒介终端的收视情况,采用电视媒介时代的测量仪测量方法,全面覆盖电视、电脑、手机、电视机顶盒等各类终端,通过融合指标评估电视节目、数组内容以及数字广告的用户到达率。凯度、康姆斯科等媒介测量公司,虽然和尼尔森的具体测量方法有一定区别,但总体而言在监测范围、内容、方法、数据整合等方面都大同小异。①

空间测量方面,随着手机等便携式媒介终端的发展、网络接入的便捷性等特点,受众媒介使用的空间行为变得越来越复杂。时间、空间、媒介各类指标的综合测量更加能够全面地反映社会化媒体环境中普遍存在的跨媒介、多任务使用乃至碎片化使用的现象和问题。越来越多的学者开始将媒介地点作为重要的测量指标,具体包含了家庭、工作场景、公交车、火车、餐厅、学校、社区组织、公共图书馆、网吧、私家车、私人会所等场所,如有学者将包含地点在内的9个变量纳入互联网连通性指数体系②,有学者将使用专业性和使用环境多样性纳入互联网使用熟练度指标体系③。

2. 互联网的流量测量技术

互联网时代的媒介测量中,一方面如前文所述,延续了广播电视媒介时代的传统媒介测量技术,深化了收听率、收视率测量的指标体系。另一方面,网络媒介具有天然的受众行为测量基因,网络使用中的点击量、搜索痕迹、地理位置、使用频次、使用偏好等数据就如同传统媒介测量中的"人员测量仪"一样,能够明确地记录每位用户的使用行为,且不用担心被调查主体是否会主动选择被

---

① 刘燕南,刘双,刘恬.国外跨屏受众测量的发展特征与思考[J].中国地质大学学报(社会科学版),2016,16(6):98-105.

② Jung J Y, Qiu J L, Kim Y C. Internet Connectedness and Inequality:Beyond the "Divide"[J]. Communication Research, 2001,28(4):507-535.

③ Peng T Q, Zhu J J H. Sophistication of Internet usage (SIU) and its attitudinal antecedents:An empirical study in Hong Kong[J]. Computers in Human Behavior, 2011, 27(1):421-431.

记录,也不用担心主体是否会有意无意地回避被记录。网络通过 Cookie 技术记录使用者的基本信息,通过在视频播放器和 App 中嵌入自主研发的 SDKs 文件获取数据,甚至通过 Mac 操作系统、Windows 操作系统、Android 操作系统等基础平台收集用户的个人数据。网络媒介中这种以用户的浏览量、转发量、点赞量等网络流量数据为原始数据,通过计算机算法得出统计结果,并应用于媒介传播效果评估的技术可被称为互联网的流量测量技术。

互联网的流量测量技术比传统的媒介测量技术的测量对象更广。媒介测量是媒介效果反馈的量化指标,在不同的媒介时代有着相同的作用,同时也具有明显的区别,纸质媒介测量中统计文本内容的用户抵达情况,传统电子媒介测量中统计音视频内容的用户抵达情况。互联网媒介作为一种融合媒体,同时包含了文本内容和音视频内容。互联网媒介的测量中理应同时测量含文本内容在内的各类网络媒介内容。传统媒介测量技术,以及建立在其基础上的互联网媒体视听率测量技术,并没有摆脱广播电视媒介时代的传统思路,重点关注的是专业媒体单位及其生产的音视频内容的传播效果。它是对传统电子时代媒介测量技术的延续,其媒介测量中不但没有检测互联网文本内容,也没能检测专业媒体内容以外的用户自制音视频内容。互联网的流量测量技术,不但测量网络媒介环境中所有音视频内容的传播效果,还测量互联网媒介环境中所有文本内容、图片内容和多媒体内容。相比于传统的媒介测量技术仅测量音视频内容的传播效果,互联网的流量测量技术完成了含音视频内容在内的各类媒体对象的传播效果测量。

互联网的流量测量技术比传统的媒介测量技术的服务对象更广。网络媒介时代,以尼尔森、凯度、康姆斯科等为代表的跨国性市场调查公司继续完成着媒介测量,评估着媒介内容在融合媒体环境中的传播效果,为广告主提供着投资的量化标准。与此同时,Yahoo、Google、百度等互联网公司也在基于互联网流量测量技术完成着媒介测量,所不同的是,传统媒介测量公司依然以媒介及其产品为中心完成媒介测量,服务于产品供应方、广告商以及媒介本身,将媒介测量作为一种市场信息机制,而这些迅速成长起来的互联网公司则以用户行为数据为数据来源,基于网络流量完成以用户为中心的媒介测量,服务于媒介机构及其产品之外,同时也服务于媒介受众,它不只是一种市场信息机制,同时也是一种用户信息机制。Google、百度、Facebook、微博、微信等互联网公司收集到的用户行为数据具有两种使用用途。对广告主和媒体本身来讲,是一种传播效果测量机制,是媒介广告标价及广告主投资的依据,扮演了市场信息机制;对媒介受众来讲,这些数据同样具有重要价值,能够帮助用户找到感兴趣的新闻和搜索结果,是一种信息评估测量机制,是用户选择关注的依据,扮演了用户信息机制。

3. 传统的媒介测量技术与互联网的流量测量技术的本质区别

传统的媒介测量技术和互联网的流量测量技术,二者之间本质的区别并不在于测量手段的差异,而在于指导思想的不同。传统的媒介测量技术以产品为中心,围绕产品测量其传播效果以及能够带来的广告效益,在"深度、广度"测量体系中增加了"参与度"指标测量,但测量的视角依然围绕媒介产品,测量受众对媒介产品的情感卷入、行为卷入状况等。在"时间、媒介、空间"测量体系中增强了"媒介"和"空间"指标,但跨媒介依然是广告商所关注的专业音视频媒介产品的跨媒介传播,跨场域依然是广告商所关注的专业音视频媒介产品在不同场所的被消费情况。互联网的流量测量技术以受众为中心,测量受众的注意力分布情况,测量对象方面不仅围绕着优质的音视频产品,而且也测量其他各类媒介产品。服务对象方面不仅为广告主提供市场指导,也为普通受众提供上网指导。

第二节 流量:互联网媒介市场的权利中心

本节梳理了流量概念的发展演化,分析了互联网的流量测量技术在媒介市场上的应用,总结了互联网注意力经济的"本质模式"和"流量模式",分析了互联网注意力幂律分布曲线,认为互联网的赋权或霸权二者之间具有内在统一性,共同指向了普通民众的流量价值。

一、流量概念的界定

流量(rate of flow 或 river discharge)概念最早用于指流动的物体(水)在单位时间内通过的数量。用来指液体的单位时间数量时,计量单位多变,可以是立方米每秒,也可以是千克每秒,即用来指单位时间内有多大体积的液体流过了封闭的管道或有效的截面,或单位时间内有多大质量的液体流过了封闭的管道或有效的截面。物理学中常用 Q 表示流量,用 S 表示液体流经的截面面积,v

表示液体的流速，V 表示液体体积，m 表示液体质量，t 表示液体流经时间，$Q=Sv$ 或 $Q=V/t$ 或 $Q=m/t$，即流量等于截面面积乘以液体流速或流量等于液体体积除以液体流经时间或流量等于液体质量除以液体流经时间。如河水流量，指单位时间内通过河流某一横截面的水量，多用立方米每秒表示。实际应用中，某一河流的流量常用一个月、一个季度或一年内流经河流某一横截面的水流量表示。

如果说水流量是流量概念的产生之源，那么车流量等交通流量则是流量概念的第一次延展，对应于英文的 traffic 或者 volume of flow，用来指单位时间内通过某一指定地点的车辆或行人数量，如交通流量、旅客流量、车辆流量、高峰流量、平均流量等概念。概念的第一次延展，与产生之初的概念相比，统计规定时间或单位时间的量的这一内涵没有改变，改变的是概念的外延，液体流量的统计中计量的是物体的体积或者质量，交通流量中计量的则是车、人等离散体的数量，即将流量概念从最先的单位时间内的体积或质量，扩展到单位时间内的体积、质量或个数。

数字化时代，网络流量进一步延展了流量概念的外延，出现了如带宽流量、手机流量、通信流量等信息技术名词，关注每秒钟流经网络设备的数据多少，流量的单位延展出 B/s、KB/s、MB/s、GB/s 等形式，即每秒钟有多少比特字节数据量流经网络设备，每秒钟有多少千比特字节数据流经网络设备，每秒钟有多少兆比特数据量流经网络设备，每秒钟有多少千兆比特数据量流经网络设备，流量概念在体积每秒、质量每秒的基础上扩展出字节每秒。与此同时，网络流量同样也延续了交通流量的概念，出现了访问流量、网站流量、链接流量等网络统计描述性概念，关注规定时间内有多少人浏览了网站、有多少人参与了讨论、有多少人完成了下载、有多少访问次数、有多长停留时间、有多少忠实用户、引用了多少次等。基于以上分析我们不难得出，网络流量概念有两种取向，一种类似于水流等物理学流量概念，是一种网络信息技术概念，是网络信息科技研究领域中的核心问题；另一种类似于车流量等交通流量概念，是一种社会信息统计概念，是社会科学研究领域的核心问题，对应于英文单词 traffic。

流量概念已经在网络社会和社会科学研究中得到了广泛应用与讨论。2016 年年底、2017 年年初开始，娱乐圈频频用"流量明星""流量艺人""流量小生""流量小花"等词来形容粉丝多、人气高、影响广、商业价值巨大的明星艺人。《咬文嚼字》杂志社自 2008 年起开始评选年度十大流行语，2017 年 12 月 12 日评选出的 2017 年十大网络流行语中,"流量"一词赫然在列,网络年度流行语的生成与热议,再一次扩展了网络时代流量概念的外延。不同于网络时代流量概念在信息科技领域的应用,是从单位体积量、质量到单位比特量的扩充,是物理学视角扩充。2016 年起流行的流量概念实则是从单位时间的数量这一社会视角对概念的扩充,"流量明星"等概念指能够带来流量的明星,即能够带来访问量、浏览量、点赞量等网络数据的明星,其表面上是将访问量、浏览量、点赞量、收藏量等比喻为流量,实质上是将访问量、浏览量、点赞量等网络数据背后的粉丝、受众、用户等比喻为流量,是将人口数量比喻为流量。换言之,网络社会中新兴的流量概念,是明星、网站、文章、节目等商业或公共服务机构在统计时间内所能够吸引到的人口数量。水流的词根是体积、质量,交通流的词根是车辆、人口,信息科技领域的网络流量词根是比特,新媒体环境中的网络流量词根则是受众或网络民众。流量概念不只在新媒体传播中得到应用,在传播学研究中也同样得到了广泛应用。最早的研究如休伯曼(Huberman)和阿达米克(Adamic)等学者将网站的访客数量界定为流量,研究了政治内容的流量分布情况[1]。马诺维奇将使用量数据比作网站流量,批判了媒介对某些并不能代表亿万人民的非典型网络使用行为,给予了不成比例的关注[2]。国内新闻传播学者自 2018 年起对网络流量投入了极大的关注,围绕媒介平台流量等产生了一批优秀的学术成果,提出了流量经济、流量拜物教、流量社会等概念。

综上所述,传播学研究中的网络流量是指以网络点击量为直接度量单位,通过浏览量、转发量、点赞量等反映出来的普通民众的网络行为数据量。流量既代表了互联网的媒介测量技术,也代表了互联网时代的普通民众(或网民、网络受众、普通人等)。用流量来指代互联网时代的普通民众时,包含了两层隐喻:第一层隐喻是互联网媒介市场中关注普通民众如同关注水流量、交通流量、比特量一样,视角聚焦在数量的多少方面,即在互联网的媒介测量技术下,普通民众的"人口数量"成为媒介关注的焦点;第二层隐喻是互联网媒介市场中关注普通民众如同关注水流量、交通流量、比特量一样,完成着复杂问题的简单化。

---

[1] Adamic L, Huberman B A. The Nature of Markets in the World Wide Web[J]. Computing in Economics and Finance, 1999,1(1).

[2] Lovink G, Niederer S. Video Vortex: Responses to YouTube[M]. Institute of Network Cultures, 2008.

在水的流量统计中,只关注水的质量或体积,水是去差异化的水;在比特流量的测量中,只关注数据的字节大小,比特是去信息价值属性的比特;在交通流量统计中,只关注单位时间内有多少辆车通过,车是去品牌、排量等具体属性的车,即在互联网的媒介测量技术下,普通民众的"共性特征"成为媒介关注的焦点。

二、互联网注意力经济的"流量模式"①

本小节总结了注意力经济的"本质模式"和"流量模式",认为注意力经济的"本质模式"遵循了传统的媒介测量技术的指导思想,注意力经济的"流量模式"遵循了流量测量技术的指导思想,当今时代的注意力经济是"流量模式"下以网络流量的价值开发为手段的免费分享型媒介经济。

(一)注意力经济理论

1.注意力观念的发展及概念的提出

注意力经济观念由来已久,加拿大传播政治经济学者达拉斯·斯麦兹早在1951年就提出大众传播媒介的主要产品是受众的人力(注意力),人们在享用媒介提供的"免费午餐"的过程中不仅仅消磨了时光,同时还创造了媒介价值②。斯麦兹感知到了注意力价值的存在,但并没有对注意力展开详细的讨论;媒介环境研究学者麦克卢汉也注意到了注意力的价值,发表了与斯麦兹相似的论断。麦克卢汉指出电视台实质上是在租用用户的感官在做生意,观众在观看电视的过程不知不觉中以观看的方式完成了对电视台的付费,认为受众对媒介内容的关注便是受众完成注意力付费的方式,媒介内容正是为达成这种付费而设计的诱饵,而媒体广告是作为无意识的药丸设计的③。

学界普遍认可赫伯特·西蒙首次提出的注意力经济理论思想,其于1971年明确指出消费信息的对象是信息消费者的注意力,信息丰裕的社会中会出现信息消费能力的不足,面对受众注意力的匮乏,受众的注意力将成为可贵

---

① 本部分的独立论述见:党明辉.注意力经济理论的再阐释:基于互联网"流量经济"现象的分析[J].中国网络传播研究,2018(1):38-49.
② 郭镇之.传播政治经济学理论泰斗达拉斯·斯麦兹[J].国际新闻界,2001(3):58-63.
③ 陈鹏.内容与渠道创新基础上的吸引力经济:传媒经济本质的另一种解读[J].新闻与传播研究,2014,21(4):42-52,126.

的资源,需要在过量可供选择的信息中合理配置受众的注意力资源。20世纪90年代,心理学家桑盖特第一次使用了注意力经济概念(the economy of attention);来汉姆在1994年发表的《注意力经济学》一文最早探讨了注意力经济问题;法兰克在1998年出版的《注意力经济》中,提出了"虚荣市场"概念,扩展了注意力经济概念体系,认为物质产品的丰富导致人们欲望中心的转移,荣誉和社会地位成为大众的普遍需求,其强度甚至超越了人们对物质财富的追求[1]。

1997年,高德哈伯在《注意力经济和网络》一文中系统地阐述了注意力经济理论,被认为是注意力经济研究的开山之作,促使了注意力经济概念迅速遍布世界各地,也为其赢得了"注意力经济学之父"的美誉。

2. 网络流量即互联网注意力

注意力经济理论产生于经济学家,且在经济研究中得到了普遍研究与讨论,但注意力经济观念的提出,注意力经济理论的应用都与传媒紧密相关。汤李梁认为注意力经济是传媒产业的两个经济本质之一[2]。斯密塞在20世纪50年代提出受众商品论,认为传媒第二次售卖的产品是凝结在版面或时段上的受众,将受众的注意力与媒介的价值链接在了一起,当二次售卖成为传媒产业的主流模式时,传媒经济的本质就顺理成章地成了注意力经济。麦克卢汉最早在20世纪60年代就表述了媒介经营的注意力经济观念,清晰地描述了受众、媒介和广告商三者之间的关系,认为受众通过对内容的关注实现对媒介的交费,一语道破了注意力经济理论的核心观念。

互联网从诞生之初就被冠以"注意力经济"标签,除了互联网流量之外,没有其他更好的注意力衡量标准。互联网时代的到来,注意力经济成为新媒体平台的主要商业形态的观念已经得到普遍认可。如何利用新媒体平台获取更多网络流量,吸引更多粉丝,把他们的注意力资源集中到企业的产品与服务体系中,是新媒体时代捕捉商机的重中之重。国内畅销书作者云度2016年出版了《注意力革命》,延续了注意力经济学者的理论视角,叙述了信息极度丰富的情

---

[1] 张雷.经济和传媒联姻:西方注意力经济学派及其理论贡献[J].当代传播,2008(1):22-25.

[2] 汤李梁.传媒经济本质的双重内涵:"影响力经济"再反思[J].国际新闻界,2006(10):43-46.

况下,注意力的紧缺性以及注意力的货币价值,认为信息富裕性以外,新媒体时代的碎片化传播特征也极大地分散了用户的注意力,信息一旦不能在第一时间吸引消费者的注意力,就会被海量的同类信息所淹没,因而网络流量的价值更加凸显,为获取网络流量,抓住注意力资源,企业需要深入新媒体社交平台展开营销活动。美国学者詹姆斯·韦伯斯特(James G.Webster)2016年出版了《注意力市场:如何吸引数字时代的受众》,从传播受众视角论述了注意力市场下,数字技术如何影响媒介文化及媒介受众。他的注意力概念直接来自诺贝尔奖得主西蒙的观点,认为信息的富裕造成注意力的匮乏,人们需要在丰富的信息源中有效配置注意力,信息经济中真正稀缺的商品永远是人们的注意力,网络流量是社会变革的先决条件,是真正的财富之源。韦伯斯特认为工业模式盛行之时,忽略人们如何消费信息算不上什么问题,但在今天这个世界,掌握受众的信息消费方式以及信息的传播过程已经变得十分重要,其将经济学中讨论的注意力经济理论放入大众传媒的视阈下,将媒介经济、媒介理论以及媒介批判理论有机地融入互联网的注意力市场,用网站的访问量、链接数等流量数据测量了媒介受众的注意力流动以及媒介的注意力测量及控制等。

(二)注意力经济的"本质模式":以产品为中心的商业型经济

互联网自诞生之初就被冠以注意力经济标签,高德哈伯认为网络时代是注意力经济时代,网络时代稀缺的不是信息,而是注意力,注意力经济是网络的自然经济。张雷认为注意力是网络信息社会的核心资源,网络信息社会是基于意义生产的注意力经济社会。然而,发展之初的互联网产业,获得了巨大的网络流量,却没有出现注意力经济理论所预言的产业价值,似乎出现了注意力经济所无法解释的媒介现象。

1.影响力经济

21世纪最初的几年,当时中国几大门户网站确实凝聚了众多的人气,新浪、搜狐、网易等网络企业,造就了一大批网络经济巨人,产生了很高的网络流量,却长期无法盈利,出现了注意力经济无法解释的现象。曹鹏最先对此现象做出了解释,将矛头直接指向注意力经济,认为互联网企业大多依据注意力经济理论建立起来,因为注意力经济概念的误导,互联网企业没有找到真正的盈利模式,注意力经济在媒介经济学领域是不成立的,注意力是个传播学概念,而不是经济学概念①。喻国明认为媒介的盈利模式必须建立在影响力经济这一新概念的基础上,注意力的获得只是跑马圈地式的数量扩张,并不能产生实际的价值,在资源有限、规模有限、市场份额有限的情况下,媒介价值的实现需要聚焦在优势客户上,并对其产生影响力:选择最具社会行动能力的人群作为自己主打的目标受众;选择一个社会或一个领域最为关键的地区或方面集中覆盖;为那些社会弄潮儿提供他们最为需要的信息资源、知识经验和智慧支持。影响力经济观点细化了注意力经济价值实现模式,区分了注意力对象的"信息流"和信息流背后价值的直接实现对象"影响力",二者的区分对待使很多问题迎刃而解,解释了当时媒介传播环境中的现实问题②。卜彦芳认为注意力和影响力二者之间是对立统一的,注意力经济是影响力经济的前提和基础,传媒只有在吸引了注意力的基础上才能产生影响力,影响力是注意力经济的目的与提升,传媒吸引受众注意力的最终目的和最终价值实现是对其产生影响,做出决策③。影响力经济概念很快引起了学者们的普遍关注与认可,也得到了广泛讨论,汤李梁认为传媒经济的本质是影响力经济,几乎已经成为学界、业界的共识,在此立论前提下,汤李梁认为以"影响力"取代"注意力"的初衷在于想要说明只有带来销售收入的注意力才具有经济价值,然而用"影响力"表述依然不够严谨,有些影响力和注意力一样可能无法产生效益,甚至会产生逆向影响力问题。汤李梁虽然指出了影响力经济概念的不足,并提出了自己对传媒经济本质内涵的解释,但其解释路径、思维模式依然延续了影响力经济概念的路径,强调注意力与影响力、注意力品质、有效注意力资源的区分,影响力与有效影响力、逆向影响力的区分。

喻国明教授从注意力中区分出影响力,是对有效注意力资源及注意力品质的追求,认为影响力是注意力经济的本质,沿着这一思路,学者们又产生了新的疑惑,注意力的价值从影响力而来,那么影响力的价值又从何而来呢?媒介何以能够产生影响力呢?吴信训、陈积银等学者提出了"舆论经济"概念,认为媒体的影响力来源于其作为社会舆论利器所特有的影响舆论、形成舆论,甚至制造舆论的内在力量,媒介的这种舆论力量能够快速而广泛地左右社会人群的行

---

① 曹鹏."注意力经济"何以破产:媒介赢利模式剖析[J]. 传媒,2001(12):42-43.
② 喻国明.影响力经济:对传媒产业本质的一种诠释[J]. 现代传播,2003(1):1-3.
③ 卜彦芳. 传媒经济学:理论与案例[M]. 北京:中国国际广播出版社,2008:9.

动决策,产生社会媒介影响力,因而传媒产业在本质上是运用舆论力量来产生影响力进而实现媒介经济效益的。影响力经济概念的提出区分了注意力和影响力,认为有注意力不一定就有影响力,影响力是注意力经济发挥效能的本质。舆论经济概念的提出又区分了媒介影响力和媒介舆论,认为将注意力经济视为影响力经济,外延依然过于宽泛,媒介影响力来源于媒介舆论,舆论经济才是注意力经济的本质。

2.关于注意力经济本质的讨论

传媒产业经营两种资源,一种是注意力资源,另一种是版权资源,后续学者在传媒产品和传媒稀缺性两种研究进路进一步展开了关于注意力经济本质的探索。谭天从传媒产品的意义入手,认为意义是媒介产品的本质和价值所在,提出意义经济概念,并认为意义经济是传媒经济的本质。意义经济概念认为媒介产品的传播过程中能够使受众产生生产、流通和消费行为,受众的生产、流通和消费行为能够实现媒介产品的商业价值,也就实现了媒介产品的意义消费、意义影响、意义服务三种组成部分的意义经济[①]。陈鹏则沿着影响力经济开创的研究理路,继续在注意力资源稀缺性进路展开论述,系统梳理了信息传播各个时期的传媒经济本质,认为信息匮乏时期,信息本身是稀缺性资源,传媒经济的本质是信息经济;20世纪后半叶,信息生产能力提升,信息爆炸模式初现,在供需两旺的情况下,信息渠道成了稀缺性资源,限制了信息的传播,传媒经济的本质则是渠道经济;网络媒介技术的发展,打破了传统媒介时代的渠道紧缺特征,信息爆炸供给了海量的传播内容,但人们的时间、精力有限,在此信息供给充裕的情况下,注意力则成为稀缺性资源,传媒经济的本质则是注意力经济;当人们的注意力中,影响力成为稀缺性资源,媒介经济本质则成为影响力经济;当众多的影响力因素中,特殊内在的舆论力量成为稀缺性资源,媒介经济的本质则成为舆论经济;当舆论意义的产生成为稀缺性资源时,意义经济则成为媒介经济的本质内涵。陈鹏在此逻辑下继续推演,认为创新力是意义的来源,吸引力是舆论汇集的方式,创新力、吸引力是凝聚注意力资源、产生影响力效果的基础,因而媒介的竞争从根本上讲应该是创新力和竞争力经济。

3.互联网注意力经济的"本质模式"

为了解释互联网发展初期注意力经济理论所不能解释的传播现象,喻国明

---

① 谭天.传媒经济的本质是意义经济[J].国际新闻界,2010,32(7):72—76.

教授提出了注意力经济理论下的影响力经济概念,开启了关于注意力经济本质的讨论,也设置了注意力经济理论的价值模式。无论是后续学者提出的舆论经济、意义经济,还是创新力和竞争力经济,无一例外地都延续了影响力经济所设定的价值模式。喻国明认为传媒产业的价值实现是一种递进过程,媒介首先需要吸引受众的注意力资源,然后需要构筑受众对传媒的情感认同和行为忠诚度,最终通过锁定具有社会行动能力的人群,占据优质市场,达成产品销售。这种价值实现模式以媒介产品及产品对优质客户资源所产生的实际效能为关注重心,以广告模式为货币价值的实现方式。

当具有经济价值的东西用以交换时,便意味着商业型经济的存在。传媒产业通过两种形式获取利润,第一种形式和其他商业产品相同,直接出售媒介产品和服务,杂志的直接售卖、报纸的订阅费、有线电视的收视费、电影的入场券等都是对媒介产品的直接售卖,第二种形式体现了媒介产品与其他商品的差异性,媒体可以实现二次售卖,除了向受众售卖产品外,媒体还可以向广告商售卖用户的注意力。互联网注意力经济的"本质模式",无论是追求产品的影响力、舆论力,还是创新力和竞争力,都以直接售卖或二次售卖为目的,都是以媒介产品为中心的商业型经济模式。对互联网注意力经济本质的探寻,是在寻求产品效能的来源,是在围绕产品寻求优质客户资源,是在从普通网络流量中寻找能够产生实际效能的优质流量。简而言之,互联网注意力经济的"本质模式",解释了互联网发展初期网络流量无法产生经济效益的状况,是以产品为中心,以优质客户资源的获取为手段的商业型经济模式。

(三)注意力经济的"流量模式":以受众为中心的免费分享型经济

互联网注意力经济的"本质模式"一步步地溯本求源,解释了21世纪最初几年的媒介经济现象,但与此同时也一步步地缩小了注意力经济的应用范围。当下网络环境中,流量明星、流量大V、网红经济、粉丝经济等媒介现象层出不穷,明星、大V、网红,以卖丑秀萌等各种方式争夺注意力,其所得到的注意力并不一定具有学者们所讨论的影响力、舆论力、意义、创新力与吸引力,但依然获得了高额的利润回报。互联网注意力经济的"本质模式",似乎于当下媒介环境中又失去了其解释价值,互联网注意力经济的"流量模式"则进入了人们的视野。

1. 分享型经济

商业型经济并非主导人类交换活动的唯一体系,与商业型经济不同,分享型经济不存在金钱交易,人们免费分享或生产东西。分享经济概念最早可溯源到20世纪70年代由菲尔森等人提出的"协作消费"概念,从其内涵意蕴中已初见"分享经济"概念的雏形。20世纪80年代,美国经济学家威兹曼发布《分享经济》一书,正式提出"分享经济"这一概念①。2011年12月,萨拉·霍罗维茨(Sara Horowitz)发表了《分享型经济是一场静悄悄的革命》,使得分享经济概念得以广泛传播。

分享型经济概念的内涵和外延是一个不断发展变化的过程。提出之初的分享经济理论,主要是为了应对资本主义国家经济滞胀背景下的劳资纠纷问题,提出由工人和资本家分享企业利润,建立工人工资和企业经营状况相关联的分配制度。21世纪,互联网技术的迅猛发展,为分享经济理论注入了新的内涵,不同于传统的劳资纠纷解决模式,新型分享经济模式更多关注处于消费环节的各个主体之间的关系,针对怎样充分地利用已有资源,在信息产业、服务产业,以及制造业等领域得到了广泛应用。张传洲总结了现代分享经济的四种主要模式:一是基于网络平台的商品再分配模式,完成社会商品的再交换;二是对劳务、技术、时间等非有形资源的分享模式,本质上是一种协同生活方式;三是分享高价值固定资产的产品服务模式,完成对闲置资产的再利用、再投入;四是基于社交媒体的分享经济模式,利用社交媒体创造的人际关系链,通过信息的便利性实现价值。第一、第三种模式直接完成产品和货币的交换,依然具有强烈的商业型经济模式属性;第二、第四种模式并没有货币直接进入交易市场,是一种更完整意义上的分享型经济模式。第二种模式形式上虽然没有商品与货币的直接交换,但分享者可以通过网络分享得到名声、威望等无形资产;第四种模式的交换体系则是社会资本和物质资本的共有系统,是对社会资本的提现或社会资本对物质资本的补充。

现代分享型经济中的第二、第四种模式打破了通过产品的直接交换获取利润的方式,在其利润实现过程中,更多地强调以不同产品之间的交叉补贴作为获取利润的途径。为了和其他类型的分享型经济加以区分,我们又可将这种交叉补贴型经济模式称为免费分享型经济。免费分享的动机多种多样且不透明,克里斯·安德森(Chris Anderson)为交叉补贴的世界提出了四种免费分享模式:

---

① 张传洲. 分享经济的现实演进及其发展逻辑[J]. 技术经济与管理研究,2016(6):98-102.

第一种是直接交叉补贴模式,即通过付费产品补贴免费产品,常见的形式如买一赠一等;第二种是三方市场模式,在这种市场系统中,第三方为前两方之间的商品交换付费;第三种是免费加收费模式,将产品分为不同质量服务等级,实现从免费到高额收费的不同标准,免费培养市场,高额收费获取利润;第四种是非货币市场模式,传播的动机多种多样,包括利他主义、关注度的提升、声誉的获得、满足感的获得等,市场模式也多种多样,如盗版模式、劳动交换模式等。

2. 互联网媒介经济适用于免费分享型经济模式

免费媒体的提倡者安德森直言交叉补贴的模式正是其免费分享知识产品的盈利模式,互联网媒介经济的产业特征也决定了互联网媒介适用于免费分享型经济模式。互联网媒介产业既是规模经济又是范围经济①,作为规模经济的媒介产业,与商业型经济模式下所追求的市场占有率具有一致性,追求媒介内容的大范围传播,客观上为免费分享型经济所依赖的交叉补贴模式提供了市场基础;作为范围经济的媒介具有多种产品,客观上为免费分享型经济所依赖的交叉补贴模式提供了多元价值实现形式。

规模经济产生于边际成本低于平均成本的产业,当企业生产单位产品的成本随着企业生产产品规模的扩大而不断减少时,则认为产品的边际成本在降低,企业生产具有了规模经济效益。企业应用规模经济原理通过扩大生产规模和降低生产成本形成规模和成本之间的良性结构。媒介产品生产出来后,规模化发行、播出,有助于降低产品平均成本,具有规模经济特征。喻国明认为规模经济是传媒产业成长期的普遍特征,当传媒企业每多生产一个媒介产品的成本随着生产规模的扩大而降低时,传媒企业就产生了规模经济效益。胡正荣认为传媒产业形成规模经济可以投资做需要大资金的项目,实现资源的有效利用;可以有效控制产品成本,完成大力度宣传推广;有助于媒体产业的细化与专业化建设。传统媒介内容的批量生产产生印刷发行费、频道占有费等,相比之下,网络媒介建立在比特经济的基础上,产品的所有成本都凝结在第一份媒介内容。进入网络空间中的媒介内容,批量的转发、浏览不产生额外费用,边际成本几乎为零,互联网媒介具有更加明显的规

---

① 喻国明.从规模经济到范围经济:现阶段传媒竞争战略的新趋势[J].当代传播,2007(6):1.

模经济特征①。

范围经济是另一种降低企业运营成本的方式,不同于商业型经济体系中的产业链、产业集群概念,强调不同企业之间的协作共生,范围经济更多地强调某个企业的多种经营更符合互联网媒体经济实际,也更符合传统大众媒体的融合媒体发展实际路径。当一家企业同时生产经营两种或多种产品,产生的总成本低于不同企业分别经营不同产品的成本总和时,则认为这家企业获得范围经济效益。企业通过多项业务协调发展的方式应用范围经济,降低总生产成本,建立产品类型和成本之间的良性结构。胡正荣认为传媒产业的范围经济模式可以通过多元化形式降低成本,有利于媒介企业的不同产品共同分担企业成本;有利于媒介企业通过对产品的交叉开发和交叉推广,从多元化渠道获得企业收益;有利于在不同产品上重复品牌形象和讯息,突出品牌名称。喻国明认为传媒产业的范围经济指媒介企业发展多项业务、多种经营,改变传统的以产品为中心的思路,以媒介客户为中心,以提高对客户个体的占有率为目标的经济模式。互联网媒介的融合发展过程中,媒介企业嵌入客户的生活之中,充分发掘客户工作、生活、学习、娱乐中的消费需求及客户的关联需求,建构契合客户需求的完整的产品和服务供应价值链,建立具有明显的范围经济特征的互联网媒介经济模式。

3. 互联网注意力经济的"流量模式"

当下互联网媒介环境中,即使没有"本质模式"中的影响力、舆论力、意义、创新力与竞争力的互联网流量,依然能够产生高额的媒介利润,互联网注意力经济的"本质模式"无法对这种媒介现象做出解释。为了解释当前传播环境下的这种媒介现象,笔者提出互联网注意力经济的"流量模式",认为互联网媒介经济适用于商业型经济,"本质模式"是商业型经济模式下的价值实现途径;互联网媒介经济同时也适用于免费分享型经济,"流量模式"则是免费分享型经济模式下的价值实现途径。

互联网注意力经济的"本质模式"和"流量模式"都以争夺网络流量为前提。互联网技术的发展,以超过以往任何一个新兴媒体的普及速度扮演了消费者入口的角色,削弱了传统大众媒体的渠道优势,分流了传统大众媒体的入口

---

① 胡正荣. 结构·组织·供应链·制度安排:上 对当前西方媒介产业的经济学分析[J]. 现代传播,2003(5):77—82.

价值,成为聚集注意力的最主要渠道。注意力经济的"本质模式"和"流量模式"都需要先取得关注,获得网络流量。注意力经济理论下,媒体已成为赤裸裸的注意力掠夺者,以注意力争夺为导向的融合化发展成为含传统大众媒体在内的所有媒体的共识,媒体试图通过全媒体平台产生多样化的注意力入口,提高消费者的导入能力,赢得广告商的青睐,产生经济效益①。

"本质模式"和"流量模式"都以争夺网络流量为前提。对"本质模式"而言,流量只是获取优质客户资源的一个途径;对"流量模式"而言,流量本身就是价值来源。"本质模式"下,网络媒介经济是商业型经济,媒介围绕产品的收听率、收视率,提高网络流量,并以网络流量为基础,从扩大的流量中寻求优质客户资源,锁定具有社会行动能力的人群,占据优质市场,通过媒介广告达成收益。"流量模式"下,网络媒介经济是免费分享型经济,媒介以产品作为获取流量的途径,围绕无差别的流量本身,寻求流量在不同产品之间的交叉补贴价值,延伸媒介产业链,通过线上线下整合推动产业向外扩张,提升流量变现能力,挖掘用户每次点击的流量价值,广告盈利模式外,还通过虚拟产品增值服务、口碑营销、搜索营销等多种交叉补贴形式盈利。换言之,"流量模式"不是以寻找优质客户资源为目的,而是挖掘无差异的流量的商业价值,将普通流量转化为免费分享型经济中的优质客户。在这种模式下,无差别的网络流量本身就反映了交叉互补世界中的整体价值,流量的多少就代表了商业价值的多少。

综上,为了解释当下互联网媒介环境下网络流量所产生的巨大经济效益,相对于商业型经济下的"本质模式",笔者提出了互联网注意力经济的"流量模式",认为"流量模式"是以受众为中心,以网络流量的价值开发为手段的免费分享型经济模式。

三、基于流量的互联网赋权:对互联网注意力幂律分布曲线的分析②

基于对互联网注意力幂律分布曲线的研究,学者们得出了完全相反的两种

---

① 赵曙光.消失的入口价值:从注意力竞争到产业链竞争[J].新闻与传播研究,2014, 21(6):114-125,128.

② 本部分的独立论述见:党明辉."流量"准则:算法机制下的新媒体赋权——基于两种对立观点形成过程的分析[J].中国网络传播研究,2018(2):222-235.

研究结论,一方发现互联网幂律分布曲线更加平缓,并据此认为互联网媒介产生了新媒体赋权,另一方发现互联网幂律分布曲线更加陡峭,并据此认为互联网媒介产生了比以往更加深刻的霸权统治。以下内容分析了这两种差异的来源,提出互联网媒介的赋权或霸权二者之间具有内在统一性,共同指向了普通民众的流量价值,互联网赋予了普通民众作为网络流量的权利而非完整的民主权利,资本借由互联网的这种赋权达成了对普通民众更加隐蔽也更深刻的霸权统治。

(一)互联网注意力分布具有幂律分布特征

正态分布又称常态分布,18世纪早期,德国数学家高斯应用正态分布分析了天文数据,得到了科学界的广泛关注,所以科学界又常常将正态分布称为高斯分布。正态分布平均值同时也是频数最多的值,画出来的形状类似于一座钟,因而也称为钟形曲线。

正态分布是整个社会科学抽样统计理论建立的基础,广泛地应用于基础统计、社会科学研究等各个领域。如果变量 x 遵守正态分布,则 x 被称为正态随机变量,其密度函数的数学表达式为

$$f(x) = \frac{1}{\sqrt{2\pi}\sigma}\exp\left(-\frac{(x-\mu)^2}{2\sigma^2}\right)$$

社会生活中的很多现象符合正态分布规律,因而建立在正态分布假设基础上的抽样调查、回归检验等研究方法得以适用。比如人的身高、体重等,人的身高在 70~270cm,大部分成年人的身高在 150~200cm,平均身高在 165cm,平均身高也是出现频率最高的。假设需要描述全世界人口身高的分布,则可以通过随机抽样的方式完成采样,因为平均值也是频率最高的值,因而随机抽样的结果能够代表总量的实际状况。再比如学生考试成绩、篮球比赛结果、人口智商水平、节目收视状况等很多自然现状都符合或接近钟形曲线。

然而,现实并不完全符合正态分布,如社会财富的分布,少数的人占有社会的主要财富。再如工作学习中的投入产出比、影视产品的获利过程,往往是大量的学习过程中的一少部分能力决定了一个人在职业生涯中的高度,大部分影视作品中的少部分作品能够获得绝大多数的利润。传统的零售市场、电影市场、电视市场等都表现出一种不平衡分布,契合了二八定律所强调的特征,也契合了社会科学研究中的另外一种分布规律,即幂律分布。相对于正态分布,幂

律分布揭示了不平衡现象,成为不平等关系的简称。

1932年,乔治·齐普夫(George Zipf)研究了英文单词在日常使用中出现的频率,发现有少数词汇经常被使用,而大多数词汇却很少被用到。齐普夫对这种现象进行了量化分析,发现了这种现象有规律可循,这种关系完全可以预测。把单词出现的频率按由大到小的顺序排列,用1除以每个词在所有词汇中的应用率排名的常数次幂,所得到的结果与这个词出现的频率呈现正比关系。假设常数次幂是1的情况下,排序第二的常用词汇的应用频率大约是第一个词的1/2,第三个词是第一个词的1/3,第四个词是第一个词的1/4;假设常数次幂是3的情况下,第二个词的应用频率仅为第一个词的1/8,第三个词的应用频率则为第一个词的1/27。齐普夫将这种关系总结为:$P(r) \sim r^{-\alpha}$,这种分布即为齐普夫定律。

齐普夫之前,意大利经济学家维尔弗雷多·帕累托(Vilfredo Pareto)也有过相似发现。1897年,帕累托研究了19世纪英格兰的财富和收入结构,发现大多数财富都落在了少数人手中,经过统计分析,帕累托发现含英格兰在内的世界大多数国家和地区都有着类似的财富分布比例,大约20%的人口掌握了80%的财富,占人口绝对多数的群体却只占有了社会总财富的绝对少数。因此提出了著名的二八定律,又称为帕累托定律:"个人收入X不小于某个特定值x的概率与x的常数次幂存在简单的反比关系:$P[X \geq k] \sim x^{-k}$。"

Zipf定律与Pareto定律都是简单的幂函数,统称为幂律分布(power law)。其通式可写成$y = c \cdot x^{-r}$,其中x,y是正的随机变量,c,r均为大于零的常数。这种分布的共性是不均衡性,平均数并不是最多的数,极少量事物得到了极大的凸显,而绝大多数事物却趋于被淹没。对幂律函数等式两边取对数可以发现$\ln y$与$\ln x$之间满足线性关系。双对数坐标下,幂律曲线可以转化为一条斜率为幂指数的负数的直线。实际检验中可以通过对两个随机变量取对数,通过一元线性回归模型或最小二乘法线性回归检验二者之间的线形关系,检验y与x之间的幂律关系。

幂律曲线揭示了不公平分配理论,具有很强的生命力及广泛的应用领域。只要在不同事物中,存在某些事物优于其他事物,优势事物得到推广应用及劣势事物受到压抑控制,幂律曲线就会出现。安德森认为,只要消费市场存在,幂律曲线就会在3个条件成立的情况下出现:①有很多不同种类的事物,即事物具有多样性;②事物之间具有质量高低差异,存在不平等性;③网络传播具有差异放大效应,将质量的高低成倍放大。网络媒介市场中,媒介产品具有多样性、差异性和不平等性特征,网络传播本身具有成倍放大差别的特征,网络媒介传播符合幂律分布的所有条件,网站的链接结构和流量分布遵循着幂律定律,互联网时代的注意力分布具有幂律分布特征。

(二)赋权或霸权?互联网注意力幂律分布的对立观点

1.赋权或霸权:对互联网幂律分布的两种解读

二八定律、齐普夫定律以及 21 世纪由克里斯·安德森提出的长尾理论,其在数据规则上都检验了幂律分布特征。但对数据的解读及所关注的重点却截然相反,二八定理、齐普夫定律都将视角集中在重要因素、优势力量、优质市场、核心成员,关注少数在整体中的作用,即"少数法则"。在任何一组事物中,大约 20%的重要元素起到关键性作用,而剩余的 80%,虽然占据多数,却是次要的,人们常用这个法则解释不对称的投入产出比,往往是少量的产品、时间能够带来绝大多数的收益,能够完成大部分的工作。长尾理论则完全相反,将视角聚焦在了次要因素、劣势力量、利基市场①、普通成员的重要价值方面,强调尾部多数(80%部分)能够形成长长的尾巴,这条长尾巴同样能够对整体产生重要的作用。安德森认为,在长尾市场中,不管实际销量有多大,谁也不能肯定排在后面的 80%的产品能够跃迁到前 20%之列,谁也不能肯定 80%非热门产品不能带来客观的利润,并且认为互联网技术为人们提供了开发长尾价值的客观条件,人们可以有效地挖掘长尾的价值,处于尾部的利基产品一旦能够集合起来,就可以创造一个与优质市场相媲美的宏大市场。

二八定律和长尾理论代表了对幂律分布的两种解读,二八定律的核心理念在于强调少数法则,强调少数重要对象在整体中的决定性作用;长尾理论则与之相反,强调不重要对象在整体中依然能够起决定性作用,具有明显的平权色彩。互联网时代,马修·辛德曼(Matthew Hindman)和安德森等人都基于互联网用户行为数据检验了互联网注意力的幂律分布特征,但对幂律分布完成了截然相反的解读。辛德曼关注了互联网幂律分布的二八定律特征,强调少数对象在整体中的决定性作用,认为互联网社会的权利更加汇聚了,互联网媒介产生

---

① 菲利普·科特勒在《营销管理》中定义"利基"是更窄的某些群体,是一个需求没有被服务好的小市场。

了比以往更加深刻的霸权统治;安德森关注了互联网幂律分布的长尾理论特征,强调普通多数对象在整体中的重要作用,认为互联网社会的权利更加分散了,互联网媒介赋予了普通多数更加平等的权利。

2. 陡峭或平缓:两种解读的差异来源

(1)不被截断的尾部

同样发现了幂律分布的统计结果,为什么会形成截然相反的观点?安德森在提出长尾理论时对此做过解释,认为形成差异的主要原因在于,传统时代,幂律分布的尾部会被截断,传统的货架、电影屏幕等限制了尾部产品进入市场,使得传统社会的幂律分布表现出二八定律特征。互联网时代,幂律分布曲线中的长尾部分不再被截断,互联网技术提供了尾部产品得以存在的空间,使得互联网社会的幂律分布具有长长的尾巴,尾部能够产生完全可以媲美于头部的价值,呈现出长尾理论特征。

辛德曼对安德森的解释提出了质疑,他认为互联网的幂律分布中,尾部被进一步边缘化,根本无法产生影响价值,最小微的信息出口加总起来能够获得大多数的流量,这根本不符合实际,而且还和实际相差甚远,明确指出:"克里斯·安德森及其他人的问题在于,他们没搞清楚所考察的现象的规模;他们将长尾巴就当成了整个的一条狗。"[①]

(2)陡峭或平缓的变化趋势

究其原因,两种截然相反的观点不仅来源于尾部是否被截断,还来源于幂律分布曲线的幂指数变化趋势。只有在尾部不被截断,同时幂律分布曲线趋于平缓(幂指数越小)两个条件共同满足的条件下,才能够呈现出长尾理论所描述的特征,尾部的汇总才能得到媲美于头部的价值。在幂律分布曲线的幂指数越大、头部越加陡峭的情况下,信息内容越加汇聚,尾部的汇总则根本无法动摇头部的决定性作用。

安德森和辛德曼研究中得出的幂律分布曲线也验证了幂指数的这种特征。安德森研究了在线音乐下载市场等,发现大热门和冷门之间的差别并没有放大,长尾市场是一个比财富分布曲线更为平坦化的曲线,r 值是一个小于财富分布曲线 r 值的一个常量。假定财富分布曲线 r 值取 1,长尾分布曲线的 r 值则是

[①] 马修·辛德曼. 数字民主的迷思[M]. 唐杰,译. 北京:中国政法大学出版社,2016:176.

一个小于1的值。长尾理论中,①产品的消费种类具有了多样性,同一产品的不同类型都能找到其相应的受众,产品类型曲线更趋平坦,产生长尾分布特征①。②网络媒介营造了一种多样性选择环境,这种"丰饶世界"使网络受众的需求曲线更为平坦,网络媒介受众的产品需求具有长尾分布特征。辛德曼使用智慧点击竞争情报服务公司(Hitwise Competitive Inlelligence)收集的数据,分析了因特网流量,发现用户浏览模型和搜索引擎,都将用户送至已积聚了绝大多数链接的那些站点,网上资源甚至比帕累托发现的财富分布更为聚集化,在幂律函数 $y=c \cdot x^{(-r)}$ 中,链入链接会产生 r 约等于 2.1 的数值,链出链接会产生 r 约等于 2.7 的数值,互联网幂律分布曲线比财富分布曲线更加陡峭②。总的网络流量方面、新闻和媒体站点的网络流量方面以及政治性的网络流量方面与政治倡议群落的网络流量方面,都发现了中间等级缺失的现象,尾部小微的信息出口加总起来根本无法得到大多数的流量,信息比以往更加紧密地汇集于少数头部媒体。网络受众实际更加聚集在极少数顶级媒体那里,少数受欢迎的媒体能够获得总流量中的大部分,不太成功的媒体或个人则几乎不能获得任何关注。

简言之,长尾理论所描绘特征的出现,不但需要不被截断的尾部,同时还需要更趋平缓的互联网幂律分布。安德森和辛德曼都检验了互联网注意力的幂律分布特征,却得出截然相反的研究结论,其差异正源于安德森发现了更趋平缓的互联网幂律分布曲线,辛德曼却发现了更加陡峭的互联网幂律分布曲线。

3.不同的研究对象:陡峭和平缓的差异来源

安德森和辛德曼都以互联网受众行为数据为数据来源,发现了两种截然相反的幂指数变化趋势,原因主要在于二者的研究对象不同。

相反的变化趋势首先来自产品和产品机构之间的差异性。安德森分析了RealNetworks 公司的音乐下载情况,分析了电影市场的排片情况、乐高市场及面粉市场,证明了其所主张的长尾分布特征;辛德曼考察了网络流量的整体分布、新闻和媒体站点的访问量及政治性站点的访问量,证明了其所强调的网络聚集

---

① 安德森在《长尾理论》中主要论述了"比特"产品更趋平缓的长尾分布特征,在《创客》中主要论述了"原子"产品更趋平缓的长尾分布特征。

② Admic L A, Huberman B A. Power-Law Distribution of the World Wild Web. Science, 2000, 287(5461):12-13.

特征。正如学界所普遍争论的,二者得出了完全相反的结论,但仔细分析后不难发现,二者并没有在同一个层面上展开对话。安德森的视角聚集在具体的消费产品,而辛德曼的视角聚集在媒介组织机构层面。因而,二者所验证的结论并不产生直接冲突,互联网市场中具体产品的幂律分布具有了平缓分布特征,大量的非热门产品汇集在一起可以产生与优势产品同等的市场价值。与此同时,互联网市场中媒介组织机构的幂律分布却具有了更加陡峭的分布特征,媒介市场更加汇聚到极少数媒介机构。

相反的变化趋势还来自一般性消费产品和新闻产品之间的差异性。安德森研究的是一般性消费产品(以下简称为"消费产品"),而辛德曼、特纳等人研究的是新闻产品。消费产品直接交换具有经济价值的东西,是与货架紧密相联系的商品,具有空间制约性隐喻特征。新闻等媒介产品具有二重性,一重属性是与货架紧密相联系的商品;另一重属性是与意识形态、文化属性紧密相联系的注意力产品,具有时间制约性隐喻特征。对于具有空间隐喻的产品,空间的有限性是传统商品经济时代不能出现长尾理论特征的原因,互联网释放了货架,空间限制的突破创造了充裕,促使了互联网时代商品的长尾分布特征。安德森分析的音乐、电影、面粉、乐高等都是消费产品,虽然音乐、电影也属于媒体产品,具有一定的意识形态属性,但相比于新闻产品,其商品属性更为明显,且在安德森的分析中,将此二者视为与乐高、面粉一样的消费产品①,具有明显的空间制约性隐喻特征。由于空间的释放,货架的充裕,这种消费产品得以进入市场,促使消费产品幂律分布曲线趋于平缓,产生长尾理论特征。对于具有时间隐喻的产品,所需要的不是物质货架、物理空间,而是视角、导向、价值观以及人们的注意力。网络对空间限制的释放并不能创造出更具有多样性的事实,也不能创造出更具有多样性的基于事实的新闻。空间的解放与新闻产品视角、导向、价值观的丰富性及人的注意力的充裕性之间没有正向相关性。恰恰相反,空间的释放使得时间更加可贵,空间释放后的网络媒介倾向于提供一套相对单一的思维方式,窄化了新闻议程、新闻信息源以及媒介观点,大量的新闻产品聚焦于少量的内容及相似的报道视角,促使依赖于注意力的新闻产品呈现出陡峭分布的特征。

---

① CD 对货架的依赖性限制了音乐产品的市场,电影对电影院的依赖性限制了电影产品的市场。

(三)基于流量的赋权或霸权:互联网注意力幂律分布对立观点的统一性

1.产品与产品机构之间的对立分布特征统一于对网络流量的追逐

安德森将视角聚焦在具体产品,发现 RealNetworks 等公司使其所收集的某音乐产品、电影产品具有了长尾分布特征,却没注意到汇聚了海量音乐产品的 RealNetworks 等公司也使唱片经营公司和影片租赁公司产生了汇聚,互联网企业越来越汇聚于大型企业(如美国的 Google、Yahoo、Facebook、Twitter,中国的百度、腾讯、阿里、京东等)。辛德曼的视角恰恰在于此,研究发现,Google、Yahoo、微软经营着所有搜索引擎查询中的 95%①;一小簇站点获得网络流量中及其不成比例的巨大份额,773 000 个统计站点中排名前 50 个站点获得网络流量的 41%;一小群一流博主所获的政治博客流量,比其余公民所获的流量总量还要多;网络受众实际上更加集聚于 10~20 个顶级媒体那里。

安德森和辛德曼分别以产品和产品机构为研究对象,一方面揭示出互联网时代的产品具有了多样性,消费产品具有了长尾分布特征;另一方面揭示出特定的产品机构推动了产品长尾分布特征的出现,使产品机构即企业出现明显的陡峭分布特征。网络解放了货架,使各类产品能够得以进入市场,使各类产品能够在网络空间中找到其消费群体,使产品的分布曲线越来越趋于平缓。然而,互联网解放了货架限制,同时也使优势企业能够经营更多的产品(如安德森所研究的 RealNetworks 公司),并以其企业声望帮助各类产品更便捷地找到消费群体,帮助受众更便捷地获取差异性的消费产品。在以民众数量为共同追求目标的互联网时代的市场竞争中,为了获得更大范围的网络流量,优势企业不但占有了优质市场,而且还能够更有效地占领长尾市场,在此过程中,平缓的产品幂律分布特征反而促使了更趋陡峭的产品机构幂律分布特征。简言之,互联网解放了产品货架,释放了产品空间,使产品具有了长尾分布特征,也使优势产品机构能够更有效地抢占长尾市场,在以普通受众为共同追求的产品经济中,平缓的产品分布和陡峭的产品机构分布之间具有了内在统一性,共同指向了互联网注意力市场中的网络流量。

---

① Tancer B. Google Breaks 60 Percent: U.S July Search Volume Numbers, Hitwise Competitive Intelligence[EB/OL]. (2006-08). http://weblogs.hitwise.com/bill-tancer/2006/08/us_july_search_volume_numbers.htm.

2. 消费产品和新闻产品之间的对立分布特征统一于对网络流量的追逐

互联网社会的消费产品更加分散,产生了平缓的幂律分布特征,新闻产品却更加汇聚,产生了陡峭的幂律分布特征,看似矛盾的结果之间实则也具有内在统一性。我们从需求多样性—受众数量—消费产品销量/新闻内容模式,三个层级梳理前人论述的消费产品和新闻产品的供给模式。传统时代的消费产品受产品生产能力以及产品"货架"的限制,消费产品主要针对多数人的共性需求,相比于千差万别的个性化需求,共性需求是受众需求种类中的少数,却能占有人口数量中的多数,如图3-1所示(为了形成对比,我们以r值等于1的幂律曲线作为受众分布曲线)。主要针对共性需求的消费产品,获得了大多数受众,产生了更加汇聚的产品销量,传统时代消费产品供给模式呈现出陡峭的销量分布特征,如图3-2所示①。传统时代的新闻产品,经由意见领袖的两级传播到达最终受众,新闻产品的直接受众是媒介意见领袖,意见领袖具有个性化的信息需求,其希望从媒介得到具有深刻性、领先性、多样性和完备性的信息,相对于普通民众的共性需求,意见领袖的信息需求种类是受众信息需求种类中的多数,却占受众人口数量中的少数,如图3-3所示。主要针对意见领袖信息需求的媒介产品,供给多样性的媒介内容,产生了更加分散的新闻产品,精英化的新闻产品供给模式呈现出平缓的内容分布特征,如图3-4所示②。网络时代的消费产品同时还针对人的个性化需求,个性化需求相比于共性需求,是受众需求种类中的多数,占受众群体数量中的少数,如图3-5所示。互联网时代,产品生产能力的提升以及产品"货架"限制性被打破,使得共性需求以外的需求能够同时被开发,企业针对人的个性化需求,以互联网时代的利基市场为目标市场,产生了更加分散的消费产品分布,小众化的网络消费产品供给模式呈现出平缓的销量分布特征,如图3-6所示③。网络时代的新闻产品更多地面向于普通民众的共性信息需求④,相比于意见领袖的信息需

---

① r值大于1的幂律分布函数,即为传统二八模式理论所强调的模式,安德森在《长尾理论》中也对此进行了论述。

② r值小于1的幂律分布函数,学界并没有对此进行直接实证检验,但在媒介环境学派对传统纸质媒体的论述中多有讨论。

③ r值小于1的幂律分布函数,即为安德森《长尾理论》中所检验、论述的商品消费模式。

④ 本书认为,网络媒介以普通受众作为直接受众群体,以流量为原则进行内容生产,互联网媒介从两级传播模式转变为"网络传播"模式。详见第五章第一节"大众传播媒体遵循了流量逻辑"。

求,普通民众的共性信息需求是受众意见需求种类中的少数,却是受众群体数量中的多数,如图3-7所示。针对普通民众信息需求的媒介,供给狭窄的媒介内容,产生了更加汇聚的新闻产品,民众化的网络新闻产品供给模式呈现出陡峭的内容分布特征,如图3-8所示①。

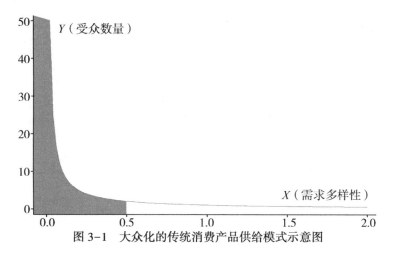

图3-1 大众化的传统消费产品供给模式示意图

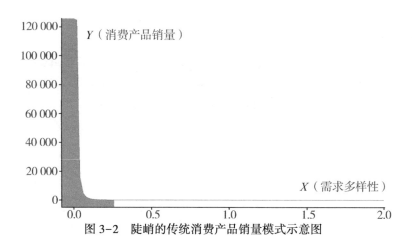

图3-2 陡峭的传统消费产品销量模式示意图

---

① r值大于1的幂律分布函数,即为辛德曼在《数字民主的迷思》及特纳在《民众化转向》中所检验、论述的互联网信息产品模式。

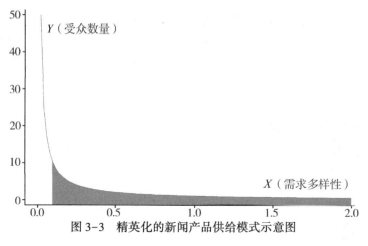

图 3-3 精英化的新闻产品供给模式示意图

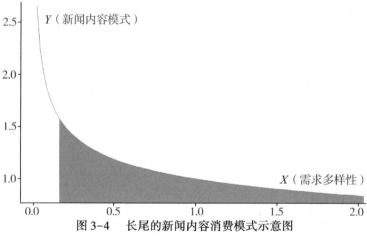

图 3-4 长尾的新闻内容消费模式示意图

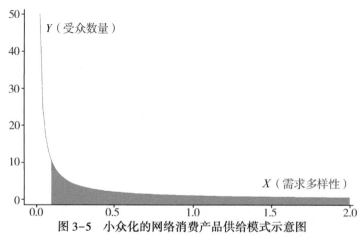

图 3-5 小众化的网络消费产品供给模式示意图

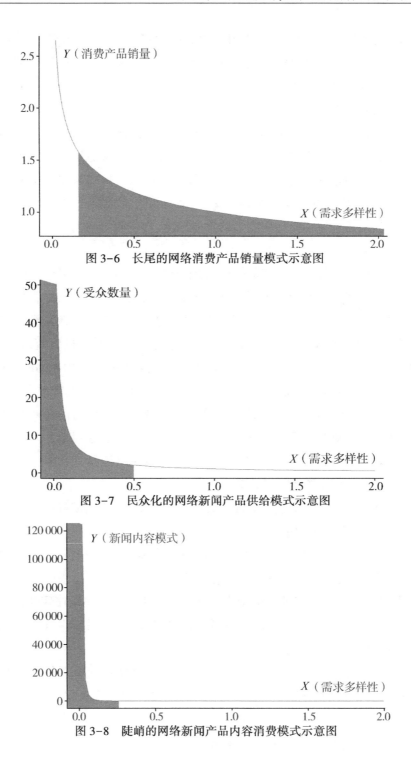

图 3-6　长尾的网络消费产品销量模式示意图

图 3-7　民众化的网络新闻产品供给模式示意图

图 3-8　陡峭的网络新闻产品内容消费模式示意图

基于对不同时代消费产品和新闻产品的幂律分布曲线的梳理可以得出，消费产品领域：传统媒体时代，企业针对人的共性需求生产能够适用于多数人的同质性产品；网络媒体时代，企业一方面继续针对人的共性需求生产能够适用于多数人的同质性产品，另一方面互联网激发出了少数群体的商业价值，企业同时还可以针对人的个性化需求生产适用于少数人的异质性产品。新闻产品领域：传统媒体时代，媒介针对人的多样性需求生产能够适用于各类意见领袖的新闻产品；网络媒体时代，一方面不可否认依然有大量媒体以精英群体为目标受众，另一方面互联网激活了媒介受众，使得人人都是媒介的直接受众，也使得新闻产品需要直接面向尽可能多的普通民众，提供更加具有普遍适用性的新闻内容。

相比于传统时代的消费产品生产，为了争夺人口数量，扩大网络流量，互联网时代的消费产品生产中增加了个性化产品，使得网络媒介时代的消费产品多样性曲线更加平缓。相比于传统时代的新闻产品生产，在受众数量即为市场价值、媒介影响力的传播环境下①，媒介为了争夺人口数量，扩大网络流量，互联网时代的新闻产品生产中添加了能够满足人的共性需求的新闻内容，并因这种内容数量上的绝对多数，使得针对精英群体的媒介内容处于被淹没的状态，使得网络媒介时代的新闻产品多样性曲线趋于陡峭分布。平缓的消费产品幂律分布曲线和陡峭的新闻产品幂律分布曲线之间具有了内在统一性，在对普通受众数量的争夺中，共同指向了互联网注意力市场中的网络流量。

3.基于流量的互联网赋权或霸权

互联网自诞生之初就被人们视为最民主的发明，互联网赋权成为学界关注的热点话题，讨论的角度也多种多样。从信息发布角度而言，互联网时代人人具有了媒介接近权；从媒介参与角度而言，普通大众能够参与到媒介讨论中，能够成为媒介的内容，互联网完成了新媒体赋权。然而，随着互联网媒体的深入发展，人们惊讶地发现，互联网时代似乎比以往任何时代的权利都更加汇聚，持不同观点的学者各自基于互联网用户行为数据检验了互联网注意力的幂律分布特征，却也佐证了截然相反的学术观点。

两种对立的观点主要来源于两方各自发现了互联网社会更趋陡峭的幂律分布特征或更趋平缓的幂律分布特征。陡峭的幂律分布产生权利的汇聚，少数

---

① 详见第五章第一节"流量逻辑的价值模式"。

对象在整体中起到决定性的作用,代表着互联网带来了更大的霸权,平缓的幂律分布产生权利的分散,不重要的对象依然能够具有重要影响力,代表着互联网赋予了普通民众更大的民主权利。陡峭或平缓的幂律分布来源于两方选择了不同的研究对象,差异实则来自产品与产品机构,以及消费产品与新闻产品之间的差异。

基于对两种截然相反的学术观点及其差异来源的分析,研究发现,互联网的赋权或霸权统治,二者之间具有内在一致性,能够统一于互联网的流量规则①,本质上都是以流量为中心诉求,都是对普通民众所具有的流量价值的追逐。互联网赋权是赋予普通民众作为网络流量的权利,互联网霸权是对流量化了的普通民众的独裁统治。

第三节　流量规则:互联网媒介测量技术的简单规则

本节提出互联网媒介测量系统的简单规则即流量规则,互联网注意力经济的"流量模式"是对流量规则的自适应。互联网注意力经济和互联网赋权共同遵循了流量规则,互联网的媒介测量技术产生了互联网社会的流量规则。

一、复杂系统及其简单规则

法国数学家曼德布罗特(Mandelbrot)提出"分形"一词,指在任何尺度上都有微细结构的几何形状,认为自然界到处都有分形,现实世界中许多事物都有自相似结构,海岸线、山脉、雪花、树,甚至宇宙都是分形的。

"从空中俯瞰下去,海岸线崎岖不平,有许多大大小小的海岛和半岛。如果你下去沿着海岸线游览,它似乎还是一样的崎岖不平,只是尺度更小。如果你站在沙滩上,或是以蜗牛的视角近距离观察岩石,相似的景象还是会一次又一次出现。海岸线在不同尺度上的相似性就是所谓的'自相似性'。"②

数学家为自然界中的分形设计了各种数学模型,其中一个很有名的例子是科赫曲线。科赫曲线通过不断应用一条规则得出理想化的海岸线等宏观构型:

---

① 互联网媒介市场所遵循的简单规则,详见本章第三节。
② 梅拉尼·米歇尔. 复杂[M]. 唐璐,译. 长沙:湖南科学技术出版社,2011:130.

从一条直线段开始,应用科赫曲线简单规则:"将每段线段等分成三段,如图3-9(order 0);中间一段替换为一个三角形的两条边,每一边都等于原线段的1/3。"因为只有一条线段,应用规则后如图3-9(order 1);对生成的图形再次应用科赫曲线规则,不断继续,迭代两次、三次和四次之后的情形如图3-9(order 3)至最后一张。最后一张图向左旋转90度斜着看像一条理想化了的阿拉斯加西海岸。

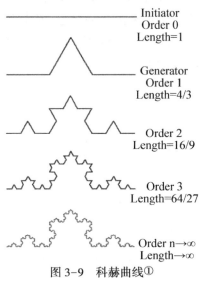

图3-9 科赫曲线①

上面例子中的阿拉斯加西海岸类比于复杂系统,科赫曲线的分形规则就是这个复杂系统的简单规则。20世纪,基础物理学和还原论对于解释极大和极小的事物取得了伟大的成就,但根本无法解释复杂行为如何从简单个体的大规模组合中出现,超越还原论的传统范式,对似乎无法还原的宏观现象展开研究的复杂系统理论开始形成。梅拉妮·米歇尔将复杂系统(Complexity)定义为,由大量组分组成的网络,通过简单运行规则产生复杂的信息处理和集体行为,不存在中央控制系统,能够通过学习和进化产生自适应性。复杂系统中的简单规则以难以预测的方式产生出复杂行为,这种系统的宏观行为的出现则称为涌现(Emergent)。涌现过程不同于还原论意义上的总成(Resultant),总成的整体特征是部分特征之和,整体行为等于各个部分行为的简单加总,整体的特征能够还原到各个部分,从各个部分的属性能够推导出整体的特征。整体涌现出来的

---

① 参考米歇尔(2014:133),图片来源于网络。

特征不是各个组成成分特征之和,与各个组成成分之间的特征完全不同,不能通过独立的考察各个组成成分的特征推导或预测出来[①]。任何一个简单的定义无法完整地描述复杂系统的涌现,为了对问题展开研究,研究者提供了一些标志,简单规则就是研究者提供的重要标志之一。复杂系统的涌现研究中发现,组成系统的元素及元素的属性规则往往是简单的,但元素能够以其自适应和学习能力,使系统涌现出各种各样综合的现象,简单规则能够产生让人惊讶的复杂系统,而且能够以不断变化的形式引起新的涌现现象[②]。

  类似于科赫曲线分形规则这样的简单规则作用下,"大量组分"涌现出的复杂系统,出现在昆虫、大脑、经济、网络等领域。蚂蚁受遗传天性寻找食物,能够对其他蚂蚁释放的化学信号做出条件反射,是已知的行为最简单的生物。然而,如果将上百万只蚂蚁放在一起,群体就会组成一个整体,虽然单只蚂蚁的行为是简单机械的,但作为整体的蚁群展现出了令人惊讶的复杂结构,使得蚂蚁成为个体如此简单、整体却如此复杂的生物。蚂蚁军团的整体行为体系就是复杂系统,单只蚂蚁的刺激反应就是复杂系统的简单规则,个体在简单规则下形成复杂系统的过程则是一种涌现过程。简单规则下涌现出的复杂系统同样出现在大脑、免疫系统、经济以及互联网等各个领域。认知科学家侯世达对蚂蚁和大脑进行了比较,二者都由相对简单的个体组成,个体之间都进行有限的通信,整体上却表现出复杂的系统行为。在大脑中,简单个体是神经元,神经元的活动以及神经元群的连接模式形成大脑的宏观活动,产生人的感知、情感、认知等整体意识。神经元可以处于激发状态或未激发状态,当神经元从其他神经元接收到足够强的信号时,它就会被激发。神经元的激发与否就是大脑复杂系统的简单规则,庞大的神经元激发网络则涌现出大脑的感知、思维、情感、意识等复杂系统活动。涌现研究出现在那些在规则和规律方面富有启发的系统,包括游戏、物质系统和科学理论定义的概念系统,也出现在时至今日依然没有什么规律可循的领域之中,如道德伦理系统、思维概念体系等方面。社会经济体系也是复杂系统,经济系统由个人或公司组成简单微观的个体购买和出售行为,虽然整体的市场行为复杂且无法预测,但能够涌现出股票的波动或物价的涨落

  [①] 金士尧,任传俊,黄红兵. 复杂系统涌现与基于整体论的多智能体分析[J]. 计算机工程与科学,2010,32(3):1-6,10.

  [②] 约翰·霍兰. 涌现:从混沌到有序[M]. 陈禹,译. 上海:上海科技出版社,2006:4,6.

等宏观经济特征。经济复杂系统的简单规则是理性人假设,微观上人的自利行为会使市场在宏观层面上趋于均衡,而均衡的市场则被认为是有效的市场。亚当·斯密(Adam smith)认为市场的这种自组织行为产生自无数买卖双方的微观行为,称其为"看不见的手"。互联网同样是具有自组织的复杂社会系统。网络中的每个个体都无法看到网络的全貌,只是简单地生产信息、制作页面,并将页面链接到其他页面。然而这些简单的互联网规则却在宏观上涌现出了一些出人意料的特征,互联网的信息传播、信息结构、信息增长方式、搜索引擎、网络链接结构等的协同演化,都展现出了互联网作为一个整体的"自适应"行为。

二、流量的融合性与实践性

]杜骏飞以传播的融合性和实践性特征替代传统模式中相区隔的 5W 元素,提出数字交往理论,认为互联网时代的信息传播过程是一个不可分割的统一体,整个传播过程中人(传者、受者),信息,渠道,效果并非彼此割裂的,而是共融共生的。互联网社会中的网络流量极好地阐释了数字交往的融合性和实践性。

(一)流量的融合性特征

1. 流量是用户、渠道、信息融合性发展的产物,其代表了真人,也代表了交往分身

流量受到追捧,甚至发展出"流量拜物教",其背后的机理也正在于流量即人口数量,其代表了人。流量之所以受到平台追捧,成为平台奖励博主、主播的报酬[1],正在于流量背后是一个个具有实际消费能力的人,媒介平台、博主等可以在注意力经济模式下挖掘流量的经济价值;流量之所以能够塑造舆论影响政治决策,具有天然的权力和正义性,也无外乎其代表了民意,流量形成的声浪反映了其背后广大群众的意见倾向,作为多数人意见的公共舆论也在实践层面体现为了拥有网络流量的意见。

交往人同等地包含了真人和非人,本质上是真人通过技术的多元扩展在

---

[1] 刘书亮,黄慎泽. 平台控制与算法迷局:流量池平台博主的困境[J]. 传媒,2022(13):90-93.

场,是人的多元化身①。流量是互联网注意力的量度,虚拟环境中交往分身的生命特征体现为对注意力的捕获状况,流量左右了数字交往社会中的交往分身。虚拟数字人的声音、动作、情绪、性格、表达都高度依赖于"中之人"(虚拟偶像背后的真人),虚拟人的受欢迎很大程度上取决于"中之人",甚至虚拟偶像的粉丝们也说不清楚,自己喜欢的是虚拟形象还是形象背后的"中之人"。尽管"中之人"是虚拟偶像的灵魂,"中之人"也认为"粉丝喜欢的是我这个人,而不是单纯的'皮'",但"中之人"和虚拟数字人这一对交往人的真身和化身关系中,作为社会身体的"皮"连接了流量,已有了"中之人"的具身性,离开"皮"的"灵魂"反而没有了"灵魂"的真实性。国内顶流虚拟偶像团体 A-SOUL 吸金能力不容小觑,但其背后的"中之人"却并不被粉丝认识,离开数字化身(虚拟形象)后,具有"灵魂"价值的真身不再能够代表交往分身,流量规制了元宇宙社会中的交往分身。

2. 流量是媒介特征的依据

(1)流量是全时性媒介的依据

网络平台打破了空间与时间的关联,重构了现实社会与虚拟空间的关系,具有全时性和虚拟化两个维度,而流量则是媒介全时性和虚拟化的尺度。时间和空间本质上是相关的,空间可以被定义为共时社会实践的物质支持②。网络媒介重新定义了时间与空间的关联,具有"全天候、全历史、全过程"三个维度。

"全天候"反映了新媒体的工作特征,打破了工作时间与休息时间的界限。但全天候并非全天中的任意时间或所有时间,而是全天中的特定时间,媒介会以流量为导向而选择最适宜的时间。新闻是时效性极强的文体,抢得先机的网络报道才能最大限度地抓取眼球,获得流量。然而,新闻除了时新性外还有时宜性,不仅要追求时效,更要注重实效③。"全天候"不仅表现为要在突发事件发生后第一时间完成报道,也表现为要依据新闻事件的时宜特征、舆情的发展趋势、情绪的演化规律等,寻找恰当的时机完成内容发布。如南方都市报记者

---

① 杜骏飞.数字交往论(2):元宇宙,分身与认识论[J].新闻界,2022(1):64-75.
② 纽曼·卡斯特.传播力[M].汤景泰,星辰,译.北京:社会科学文献出版社,2018:27.
③ 王海燕,范吉琛.数字新闻的时间可供性:一个研究框架的提出[J].国际新闻界,2021,43(9):116-135.

提前半年着手准备,打入"枪手"网络,收集新闻素材,但一直到当年高考第一科开考一个多小时后才精准发稿,迅速引爆舆论①。

"全历史"指在时间向度上无限跨越的特征,互联网技术提供了这种无限跨越的可能性,而无限跨越的操作性依据却来源于流量。互联网社会是善忘的,会因新的热点事件的出现而使已得到解决或尚未得到解决的媒介事件沉浸于历史的长河之中。互联网社会也是有记忆的,会因热点舆情事件而将与之关联的陈年往事重新拉回媒介舞台。如2018年长春疫苗造假案报道后不久,《中国经济日报》2010年报道的山西疫苗案也被多家媒体报道②。"全历史"的媒介生态来源于媒体的主动作为,因为热点事件具有"眼球经济"效应,媒介通过"贴标签"的形式关联了与之相关的主体、主题、情绪,并在媒介使命和流量效益的双重追求下重新报道关联事件。"全历史"的媒介生态也来源于算法体系,当受众聚焦于热点事件并不断尝试刷新信息时,这种用户需求会被算法识别,平台则在历史数据库中拉出相类似的内容,赋予过往事件新的生命。尽管互联网技术为所有事件提供了对等的"全历史"可能性,但只有流量加持的事件才能脱离事发当时的空间,进入另一个空间。因而,数字时间的"全历史"以流量为依据,流量是"全历史"的标度。

"全过程"指对媒介事件的持续性报道,流量在其中扮演着举足轻重的作用。数字传播开辟了持续性报道的可能性,但是否进行持续性报道以及如何进行持续性报道,则取决于事件是否还有热度、有流量。"犀利哥""流浪大师"等在网络爆红,媒体铺天盖地地参与后续报道,但当二者的流量价值耗尽后,随之也消失在了人们的视线中。重大公共舆情事件的"全过程"信息呈现,流量也起到了关键性的作用,媒体往往是在流量压力下或在对流量的追逐中完成着持续性跟踪报道。一旦有新的舆情热点事件,人们的视线就开始转移,媒体则跟随潮流涌向新的事件。更有甚者在流量驱使下"两边下注",一个号发表极端反对的观点,另一个号发表极端支持的观点,"分别消费两边的眼泪"③,使得媒介的"全过程"报道转换成媒介对流量的"全过程"收割。

---

① 王国华,邓海峰,王雅蕾,等. 网络热点事件中的舆情关联问题研究[J]. 情报杂志,2012,31(7):1-5.

② 陈凯. 浅析新闻发布中的时间延迟策略[J]. 新闻前哨,2021(8):67-68.

③ 曹林. 流量逆行中主流媒体评论突围之道[J]. 中国记者,2020(7):17-23.

(2)流量导引着媒介的虚拟化发展

从Web1.0到Web2.0,流量规制了技术的升级换代,牵引着虚拟化场域的发展趋势。Web2.0技术提供了交互功能,极大地激发了普通民众的媒介参与,也使流量成为Web2.0时代的媒介标签。首先,进入虚拟化场域中的普通受众不会满足于仅是驻足旁观,参与互动是其必然需求,与其说是Web2.0技术进一步释放了网络流量,毋宁说Web2.0技术是流量要求下互联网技术发展的必然结果。其次,媒介平台是Web2.0时代的最主要标志,而平台以聚拢流量为导向,也以对流量的聚拢能力为标签。最后,"可供性"是"有机体与环境之间的协调性",媒介的内容可供性来源于媒介技术与行动者"调协"产生的"环境"。不同的媒介平台聚拢了具有特定属性特征的人群,这些基础流量人群与媒介技术共同提供了人们开展行动的可能性,规制了技术平台的下一步发展。

从Web2.0到目前正在进入的Web3.0或元宇宙时代,流量牵引着媒介体系的发展趋势。Web3.0或元宇宙时代,媒介将进一步释放流量,也必然将以流量为指引完成演化发展。Web3.0的定义莫衷一是,但所有定义都指向了用户拥有和用户控制,延续了从传统媒介技术到网络媒介技术、从Web1.0到Web2.0的虚拟化演化路径,将进一步助推普通人参与互动的虚拟空间至交往人"行动"的虚拟现实空间。

3.流量作为媒介信息体系的纽带

杜骏飞将媒介与社会"共同演化"体系称为文明生态体系[1],在这个体系中作为齐美尔意义上"形式"的媒介与社会整体,"过程性框架"着作为"内容"的信息和个体活动。流量发挥了纽带作用,勾连了媒介-信息体系和社会-个体体系。

(1)媒介以流量为纽带完成社会的媒介化

流量不仅是一种经济资源,同时也是一种文化、社会或政治资源[2],互联网的媒介逻辑是一种以流量为导向的行为逻辑。作为中介的网络媒介以其流量逻辑取代社会逻辑,互联网媒介环境下,社会的媒介化更多地直接体现为社会的"流量化":政治、经济、文化以流量为依据完成内容生产,规范日常行为;以信息流量为准绳,重塑传播秩序。巨大的流量代表了一种强大的摧毁性力量,面

---

[1] 杜骏飞.数字交往论(3):从媒介化到共同演化[J].新闻界,2022(3):14-23,69.
[2] 郭小平,潘陈青.智能传播的"新社会能见度"控制:要素、机制及其风险[J].现代传播,2021,43(9):1-6.

对大规模人群形成的声浪,即使其诉求是非理性的甚至是错误的,相关部门也要真诚回应,而不能忽视或采用科学理性的话语回复,更不能回怼和批评教育,舆情流量压力下,管理部门往往不得不做出迎合性决策,甚至放弃原则,一退到底①。极端事件如2022年,一篇名为《我的县长父亲》的文章,女儿回忆了作为老革命的父亲的言行举止,此文获得征文一等奖后,由于网民的"望题生义"受到很大争议,相关方面在舆情压力下第一时间删除了文章,结果却导致了更大的争议。

(2)社会以流量为纽带完成媒介的社会化

媒介-社会的共同演化中,社会对媒介产生着适应性变化,媒介也应流量的需求对社会产生着适应性变化。社交媒体发展遵循了"技术—用户—流量—技术"的循环演化过程。第一阶段,社交媒体技术的引入,培养了用户的在线社交能力,使得用户适应了技术;第二阶段,大量适应技术的用户进入网络空间则形成了网络流量;第三阶段,网络用户产生新的需求并因其流量价值而备受追捧,进而促使社交媒体技术适应流量需求完成更新升级。不仅社交媒体,整个互联网技术的发展演化同样遵循了这样一条螺旋式上升路径。Web1.0技术改变了用户从线下公告板接收信息的方式,适应了电子公告板的用户,其网络浏览行为能够汇聚为巨大的流量。为了更有力地吸引用户,获取网络流量,媒介进而完成技术更新,从静态页面发展到具有参与功能的交互界面。Web2.0技术提供了在线参与媒介平台,技术规训了用户的公共生活习惯,平台成为自我展示的公共广场,进入广场的用户成为平台所拥有的流量,同时也成为平台本身的价值标准。为了获取流量价值适应流量需求,平台不断进行自我更新。社交媒体平台为用户推荐"我的日报"是媒介适应社会需求的表现,电商平台为买家推荐可能需要的产品,为卖家提供便捷的商品展示平台等同样也是媒介满足用户需要,适应社会需求的表现。架构中的Web3.0或元宇宙技术,其出发点是用户数据的自主权,是以立体化的场景满足社会需求,在这种新的超级经验体系中,所有机构的布局也必然应社会需求,以流量为导向发展演化。

(二)流量的实践性特征

流量是交往人的信息沟通实践,具有"精神交往"属性,但同时又天然地包

---

① 燕志华. 决策容易受到舆情绑架的四种情况分析. 网络舆情和危机公关[EB/OL]. https://mp.weixin.qq.com/s/Ojszmt0484BCQ3S4L326Ww,2022-09-27.

含人类从事生产活动的"物质交往"属性。用其衡量传播效果,能够反映出数字交往社会传播效果的物质性和泛在性特征。

1.流量的物质性

"communication"一词包含"交流""表达"和"交通""通信"两层属性。"交流"等人际间的信息传通属性对应于数字交往理论的"精神交往"层面,"交通"等商业贸易属性对应于数字交往理论的"物质交往"层面。类似于"communication","流量"概念也包含"交流"和"交通"两层属性。

流量天然地具有"交通"属性,其所发展出的"交流"属性来源于"交通"属性,并因"交通"属性而得以蓬勃发展。流量概念自产生之初就具有强烈的物质性特征,"水流量""车流量""带宽流量"直接指向物质生产,用以指代水的体积质量、车辆数量、信息比特量,具有"物质交往"层面的"交通"属性。产生于传播学领域的数据流量概念具有"精神交往"层面的"交流"属性,但同时也具有明确的物质性。流量用以指代互联网空间中的信息浏览、点赞、转发量等,越来越成为新闻生产的核心评判官。没有媒体不在乎流量,鲜有记者不看重浏览量[1],标志着"流量"一词完成了外延扩展,从"物质交往"领域进入了"精神交往"领域。"流量"一词自引入传媒领域,到传媒界将其奉为圭臬,其所折射出的人类交流特征固然重要,其所具有的物质性价值更是起到了举足轻重的作用。由于流量价值、流量经济等原因,"流量"概念进入传媒领域并煊赫一时,传播学领域具有"交流"属性的流量,其产生和发展都得益于其"物质交往"层面的"交通"属性。

随着媒体平台的发展,算法将在线生活中的各种元素转换为具有经济价值的数据。数据正在逐渐成为一种新型生产的要素,媒介可以通过赚取流量,进而攫取巨额利润。流量的"交流"和"交通"属性边界日渐模糊,"交流"属性表现出强烈的实践性,在学术研究和实际应用中,甚至直接用物质和行动的实践性指代传媒领域流量的"交流"属性。蓝江观察到了传媒流量所具有的"交通"属性特征,并据此提出劳动-工资、资本-利息、土地-地租三位一体的政治经济学模式,需要加上新的要素:数据-流量[2]。

---

[1] 刘战伟,李嫒嫒,刘蒙之.从"挣工分"到"挣流量":绩效制度下的市场、共谋与流量锦标赛[J].国际新闻界,2022,44(6):130-153.

[2] 蓝江.数据-流量、平台与数字生态:当代平台资本主义的政治经济学批判[J].国外理论动态,2022b(1):106-115.

"数据-流量"模式所揭示的生产模式本身就跨越了"精神交往"和"物质交往"两个层面。"数据-流量"模式是资本扩张的政治经济机制。当前生产中,流量具有注意力经济价值,数据本身成为攫取利润的重要资源。信息丰裕社会中出现信息消费能力的不足,受众的注意力成为可贵的资源,而网络流量则是衡量注意力的最好标准。注意力经济理论指导下,媒介平台以流量为中心,寻求流量在不同业务之间的交叉补贴,提升流量的变现能力,每个用户所贡献的流量"或服务于商品从而进行资本积累,或直接转化为资本的增值"[①]。"数据-流量"模式是生产控制机制。平台经济是控制社会的延续,平台代替了公司,博主、up 主实质上成为新的"员工",资本在弹性积累体制下更加隐蔽地完成着对用户精力情感、数字劳动的剥削,流量作为奖励"员工"的薪酬,成为新的生产控制机制。"数据-流量"模式以"精神交往"的形式实现着"物质交往"的实质。社交媒体平台中的数据以及通过算法在数据中提取到的流量,是网民的在线交流行为记录,是主体间思想、观念、意识的互动,是"精神交往"意义上各种信息的会通。然而,"数据-流量"模式的价值却在于其是一种生产实践模式,是社会增加物质财富的手段,这种本应丰富人类精神生活和文化积累的质的内容,在流量经济的操作下转化为生产模式,使得精神"交流"成为"物质交往"意义上的商业贸易、"交通"运输。

2.流量的泛在性

(1)流量涵盖多元主体,无所不包地指向各种社会实践

流量来源于交往人,交往人无差异地包含了真身、化身以及交往分身。已有研究表明,Twitter 中存在 9%~15%的社交机器人账号,产生了推特 35%的内容[②],Facebook 中有 5%~11%的社交机器人账户,成功渗透到 80%的社交网络。含微博、微信在内的社交媒体平台中,社交机器人账号比比皆是,已经形成了"人+社交机器人"共生的生态[③]。当前媒介场景下,流量不仅是真人的网络实践,也是社交机器人等多元行动者的网络行为实践,chatGPT 的横空出世,AI 将

---

① 曹晋,张艾晨. 网络流量与平台资本积累:基于西方马克思主义传统的考察[J]. 新闻大学,2022(1):72-85,123.

② Abokhodair N, Yoo D, Mcdonald D W. Dissecting a Social Botnet:Growth, Content and Influence in Twitter[C]. Proceedings of the 18th ACM conference on computer supported cooperative work and sooial computing, 2015:839-851.

③ 张洪忠,段泽宁,韩秀. 异类还是共生:社交媒体中的社交机器人研究路径探讨[J]. 新闻界,2019(2):10-17.

广泛地参与各个领域的信息生产。元宇宙所构思的未来场景中,流量的这种混合实践特征将愈发鲜明,流量跨越主体的内部活动,而抵达多元主体之间普遍行动的特征也会愈发鲜明。

(2)流量是内嵌多元行动的传播

流量作为交流行为数据,具有哈贝马斯意义上的主体间性,能够达成交往行动理论所谓的"交往-理解"以及在此基础上的共识行动。流量作为被充分挖掘的生产机制,其不仅包含"交往-理解",同时也包含"交往-理解"以外的实践。如前文所示,流量是一种资本增值机制,其具有商业实践性。流量同时还是一种政治资本,具有政治实践性。特朗普当选美国总统、英国脱欧都成功地应用了流量政治策略,显示出了流量的政治价值。

流量政治策略可分为两个阶段,第一阶段是流量意见的形成,第二阶段是流量意见对行政管理的压迫。流量意见的形成一得益于网络技术的群体聚集功能。网络技术既能够实现普通用户之间的广泛连接,又能够降低普通用户参与政治讨论的准入门槛,这种技术特性一方面为言论自由提供了基础和平台;另一方面也客观上导致了持有极端化、偏狭性观点的个体能够形成社会化聚集的群体,促使过去那种以隐性方式存在的意见形态明显地、海量地呈现出来,为民粹主义提供基础①。特朗普通过发表刺激性话语,迎合民粹主义情绪,调动集聚于网络空间中的具有相似观念的群体,即使这些群体在总体中占比不高,也会因足够大的网民基数而在网络社会中汇聚出一股巨大的流量,形成不容小觑的意见洪流。二是流量意见的形成既源于网络技术对真实交往人意见的聚集,也源于虚拟交往人对意见的推波助澜。英国脱欧公投期间,脱欧派采用了积极的社交媒体政策,通过智能媒体等抢占流量市场,以不到1%的抽样用户账号产生了近三分之一的社交媒体信息②。

流量意见对行政管理的压迫,一是体现在舆论压力方面。流量意见在实际操作层面往往被视为代表民意的网络舆论,民主政治理念下,没有政权不重视舆论,没有机构可以无视流量意见。面对流量呈现出的汹涌的民意,政治机构

---

① 马立明,万婧. 智能推送、政治极化与民粹主义:基于传播学的一种解释路径[J]. 理论与改革,2020(4):63-73.

② 欧亚,吉培坤. "后真相"与"假信息":特朗普执政以来美国公共外交的新动向[J]. 国际论坛,2019,21(6):112-124,159.

只能被动迎合，甚至被流量所捆绑。二是流量意见会引发沉默的螺旋效应，进而改变政治方向。诺伊曼认为公开且广泛传播的意见容易被人们当成优势意见，进而形成"优势意见的大声疾呼"和"劣势意见的沉默"。流量意见是被广大网民所能够观察到的意见，尽管其并不一定就是多数意见，但因其具有公开性和传播的广泛性，形成了"大声疾呼"的传播态势，会对受众形成认知心理压力或者被网暴的压力，导致反对意见的沉默，进而影响受众的决策行为。如抢占流量市场的特朗普和脱欧派群体，因其公开性和广泛性，以及极端群体所具有的排他性和攻击性，成功地将其所持有的意见设置为优势意见，并最终在总统选举和脱欧公投中获胜。

三、"流量模式"是对流量规则的自适应

霍兰的《涌现》以及米歇尔的《复杂》等复杂系统研究著作中都强调了复杂系统的自适应性，指出所有复杂系统都通过学习和进化过程进行自适应，寻求生存或成功的机会。

互联网注意力经济的"本质模式"（商业型媒介经济模式）以产品为中心，自适应了围绕产品及优质客户资源展开价值挖掘的传统的媒介测量技术，互联网注意力经济的"流量模式"（免费分享型经济模式）[①]以受众为中心，自适应了围绕网络流量及普通受众展开价值挖掘的流量测量技术。以流量为测量指标完成受众测量是对受众立体化属性的降维处理，降维后的受众如同水流一样只有体积或质量，而不去区分水的清澈度或矿物质含量；如同交通流量一样，只有多少辆车通过了测量区域，而不去区分通过的是什么品牌的车；如同比特流量一样，只有完成了多少比特量的数据通信而不去区分通信数据量背后的信息熵值。互联网流量规则暗含了这种降维处理，在流量规则中，流量即为无差异的受众，而不去区分目标受众和普通受众，不去区分优质客户资源和一般客户资源；流量即为价值来源，而不再强调其来自主要产品还是附属产品，来自收费内容还是免费内容。"流量模式"不以产品为中心，不以寻求优质客户资源为目的，而是以受众为中心，挖掘无差异的网络流量的商业价值，自适应了互联网时代的流量规则。

[①] 网络媒介经济既适用于商业型经济模式，也适用于免费分享型经济模式。"本质模式"是商业型经济模式下的价值实现途径，"流量模式"是免费分享型经济模式下的价值实现途径。详见本章第二节。

互联网媒介市场中目标受众与普通受众已经模糊。报纸的目标受众是报纸的直接购买者,是报纸广告的潜在消费群体,其目标受众是固定的,是知识阶层,是行业从业者,是当地社区群众,是广告产品潜在购买者,就如同成都市民不可能是杭州晚报的目标群体一样,传统媒体的受众是可识别、划分的群体。①互联网媒介的目标受众是什么群体?互联网不但摆脱了对媒体单位的在地空间①束缚,使得媒介能够跨越空间阻隔,同时也摆脱了对受众的在地空间束缚,使得受众能够不受制于地域限制,人人共同生活在一个无远弗届的网络空间。在这样的空间中,媒介需要面向全社会,地方媒体的受众不限于当地,行业媒体的受众不限于本行业。所有媒介内容面向全体公民而不再只限于传统媒体时代的当地,云南昭通"冰花男孩"媒介内容的目标受众不再只是昭通人民,也不限于云南人民,"马里兰大学女生""江歌案"等发生地远在国外的事件得到全国人民,甚至全球人的实时关注。在这种情况下,网络版的"杭州晚报"的目标受众不能排除了"成都市民",更不能只定位为"杭州市民",互联网媒介的受众是每一个完成媒介点击的网民,是每一个可能关注的普通受众,是网络媒介的流量。全社会公民都可能是互联网媒介的潜在受众,互联网媒介只存在获得还是没有获得受众,即获得流量了还是没有获得流量,而不存在确定的目标受众和目标外受众之分。②互联网媒介从哪些群体获取利润?免费分享型经济模式的利润获取过程不是一次性的货币与产品交易,而是交叉互补的利润获取体系;不是以产品的占有为中心的利润获取过程,而是以流量的占有为中心的利润生成过程,人口数量的占有以及对普通人的商业价值的挖掘成为媒介获利的主要形式。A产品的普通客户并不意味在B产品中依然是普通客户,A产品的优质客户也并不意味着在C产品中依然是优质客户。伴随网络时代而来的富裕社会的到来,人人都是潜在消费群体,人人都有可能是媒介的优质客户,去差异的人口流量在媒介盈利过程中的价值意义得以凸显,媒介从流量中获利,流量即意味着媒介利润,互联网媒介所能获得网络流量既是互联网媒介的普通受众,也是互联网媒介的目标受众。

互联网媒介市场中主要产品与附属产品、收费内容与免费内容已经模糊。传统媒介时代,媒介的主要产品无可置疑地是新闻等媒介内容,媒介也有受众

---

① 在地空间即为主体所在的物理世界,对应于虚拟空间等空间概念,常见于全球化传播研究方向文献。

群活动,也有读者见面会,但以媒介为纽带的各项服务都确切地是媒介的附属产品。新媒体时代的情形则有所不同,什么是主要产品、什么是附属产品已经不那么泾渭分明了,新浪微博、腾讯微信中,信息服务功能和社会交往功能,哪一项是主要功能,哪一项是附属功能已经无法辨别,在新媒体时代的媒介消费中,信息服务和社会交往本身就是合二为一的。没有信息功能的微博、微信是没有灵魂的躯体,没有社交功能的微博、微信是无处安放的灵魂,走向范围经济模式则是媒介经营中必须跨出的一步。传统时代媒介具有确切的主要产品或者媒介商品,媒介也具有清晰可辨的收费项目及免费项目,而在互联网媒介的范围经济体系中主要产品和附属产品已不那么清晰可辨。A产品产生的直接利润很可能是范围经济体系中免费提供的B产品交叉补贴的结果,虽然表面上A产品获得了利润,但利润不能简单地归于A产品,而是范围经济体系中B产品、C产品等产品体系共同产生的利润。在这个利润产生过程中,B产品等为媒介获得了声誉资本,A产品等为媒介获得了物质资本。换言之,受众免费获得B产品的过程中并非没有完成付费,其付出的是注意力资本,A产品收费的过程中媒介也不只是在收获利润,媒介同时也在付出其从其他产品那里收到的注意力资本。因而,互联网媒介经济体系中,范围经济中的各类媒介产品,什么是主要产品,什么是利润增长点并不那么清晰可辨。媒介的利润产生自媒介产品的一次次抵达,媒介产生的去差异化的一次次的点击行为意义得以凸显,流量即媒介利润,互联网所能获得的网络流量反映了交叉互补的世界中无主次差异的媒介产品的获利能力。

综上,在主要产品与次要产品、收费内容与免费内容已经模糊,目标受众与普通受众已经无法区分的互联网传播环境中,流量本身就反映了整体价值。"流量模式"以无差异的网络流量为目标,以流量作为交叉互补的世界中的利润来源,适应了互联网时代的媒介受众市场和媒介产品市场,完成了对互联网流量规则的自适应。

四、互联网媒介测量的简单规则即流量规则

1. 流量规则是互联网传播实践层面的简单规则

互联网媒介测量中形成了传统的媒介测量技术和互联网的流量测量技术并存的状况,前者的代表性企业如尼尔森、凯度、康姆斯科、央视索福瑞等媒介测量公司,自传统电子媒介时代就活跃在媒介测量领域;后者的代表性企业如Google、百度、YouTube等互联网公司。传统的媒介测量技术和流量测量技术的

本质区别在于前者以产品为中心完成媒介测量,后者以受众为中心测量网络流量的分布状况。这种本质差别同时还导致了这两种类型的测量技术在互联网媒介测量中走向完全相反的发展方向,一方面,以产品为中心的媒介测量中,测量指标无限扩展,测量系统无限复杂化;另一方面,以受众为中心的流量测量中,以复杂系统中的简单规则为测量指标,探析海量简单元素所能涌现出的整体特征。

以产品为中心的传统的媒介测量技术,指标愈趋复杂,每一个具体领域都可衍生出完整的学术及应用体系。传统媒体时代简单的收听率、收视率的测量在网络媒体测量中扩展至传播学、心理学、社会学及计算机网络科学等不同的学科体系,涵盖传播要素、社会网络要素、网站分析要素等分析框架,传播者、接受者、平台覆盖度、知名度、公信力、独特性、便利性、话题传播、线上行动、情感态度、网络规模、联结、分布、区隔、访问量、事件量、连接数、连接密度等二三级测量指标[1]。廖圣清基于媒介测量的时间/频率、媒介和空间三个维度总结了新媒体时代的媒介测量指标和测量方法,如时间维度测量方面有"日间和晚间收听广播时间""每天总体看电视时间""每周看电视的时长和频率""一周接触互联网的时长"等10多项测量指标;媒介形态维度测量方面有"广播、报纸(和杂志)接触""电视、电脑游戏和书籍接触""12种不同媒介形式""27种互联网使用活动"等测量指标;媒介接触场所维度测量方面有"在家和在工作环境使用电脑""在家、学校和其他地方使用网络"等测量指标[2]。

以受众为中心的流量测量技术,统计流量的分布状况,基于互联网流量数据完成重要性排序。互联网搜索服务公司以去差异的网络行为数据作为数据来源,使网络流量成为互联网媒介测量的主导性维度,通过计算机算法将多少人访问了网站、浏览了网页、下载了文件、转发了内容、参与了讨论等基本行为数据,提取到一个排序列表,进而转化为媒介效果评判标准或用户行为指南。通过计算机算法处理的网络流量成为媒介测量的标准,比如 Google 公司的搜索引擎采用佩奇排名(PageRank),基于网页的链接数情况,给网页的重要性进行打分,以网站为节点,测量节点的点度密度、接近性、中间性、中间势等节点信

---

[1] 王秀丽,赵雯雯,袁天添. 社会化媒体效果测量与评估指标研究综述[J]. 国际新闻界,2017,39(4):6-24.

[2] 廖圣清,黄文森,易红发,等. 媒介的碎片化使用:媒介使用概念与测量的再思考[J]. 新闻大学,2015(6):61-73.

息,在网络的特征向量算法基础上开发出佩奇算法,用以测量能够对有重要影响力的站点产生影响力的站点,无论算法如何复杂,最终无外乎网络链接数;Facebook、Amazon、当当网等采用了图谱搜索(graph search)、协同过滤机制,依靠"喜欢"数来找人、地点、书等;国内各大学和研究机构推出的微信公众号影响力排行榜,通过 WCI 等算法定期推出榜单。弗兰切斯凯特(Franceschet)认为三个不同因素决定了某个网页的佩奇排名:它收到的链接数量,它转到其他网页的链接数量,以及相互链接网页的佩奇排名。换言之,佩奇排名的基本数据是网页的链接行为数量,图谱搜索的基本数据是"喜欢"行为数量,WCI 的基本数据是文章的浏览行为数和点赞行为数。不管是佩奇排名、图谱搜索,还是 WCI 榜单,算法都在不断更新迭代,即使算法再细致入微,都改变不了其基于简单规则的测量路径,都是在以互联网流量作为复杂的互联网媒介测量的简单化指标。

基于流量的互联网媒介测量在传播实践中取得了更大成功。尼尔森、凯度等传统测量公司在互联网时代与时俱进地推出了时移收视率、数字内容收视率、虚拟测量技术、跨屏测量服务等新的测量项目和技术,与互联网搜索引擎公司比较,尼尔森等具有更雄厚的基础,具有更复杂、更"科学"的测量体系,然而简单规则指导下的搜索引擎公司却取得了更大的商业成果。Yahoo 公司在信息搜索领域起步较早,且在发展初期占尽优势,采用人工标注的方式,具有更详细、更完备、更复杂的媒介测量指标。相比之下,Google 公司起步较晚,仅基于网页链接数通过计算机算法完成媒介测量,但如今无疑已经成为搜索领域的巨头,为受众提供媒介上网搜索服务,并借助其搜索引擎发展出近 100 种产品。美国疾控中心数据系统和 Google 搜索相比较,疾控中心系统具有更完备的测量体系,Google 搜索只有搜索量,但简单的搜索量成功地预测了流感的发展趋势,而具有完备测量体系的疾控中心则耗资巨大且无法提前预测。

2.流量规则是互联网数字交往理论层面的简单规则

如同复杂系统理论思想所绘制的社会现实一样,无限复杂的系统都有其简单的系统规则。这种简单规则虽然不够完备,甚至无法理解这些简单规则的无数次叠加如何能够产生复杂的社会系统,如同无法理解思维如何能够从大脑活动中涌现出来一样,但万亿个微小的脑细胞以及它们的电和化学通信确实能够涌现出抽象思维、情感、创造性以及人的意识;如同理性人假设是社会经济复杂系统的简单规则,经济状况及运行趋势是大量理性人简单规则下涌现出的宏观现象;发布网页并将其链接到其他网页是互联网复杂系统的简单规则,互联网的结构、增长方式、信息传播等是发布网页链接简单规则下涌现出的宏观现象。注意力经济时代，面对网络媒介的复杂性特征，庞杂的指标体系无疑可以提高测量的准确性，但庞杂的测量指标同时也意味着测量成本的提高及测量误差的不可控制，简单规则的无限次组合能够涌现出网络社会复杂的社会实践，围绕流量的简单化测量体系能够在媒介测量市场中获得成功，很大程度上取决于其有意或无意中抓住了互联网媒介市场复杂系统的简单规则，以 Google 公司的网页链接数、Facebook 公司的用户偏好数为代表的网络流量即为互联网媒介复杂系统的简单规则。

互联网数字交往社会中，流量既是互联网媒介平台融合场域的标度、交往人的标度、媒介与社会信息体系的标度，同时也具有数字交往理论所指涉的物质性与泛在性，是传播实践的标度。在马克思分析的商品世界中，货币代表了一般劳动的量，扮演"量的规定性角色"，而在网络平台上，流量之于互联网媒介如同货币之于经济体系，流量元素能够经过无限次互动涌现出网络社会的整体特征，使得"在商品生产中附着于货币的量的规定性在平台经济中被转化为流量的规定性"[①]。流量即互联网媒介市场复杂系统的简单规则。

第四节　流量格式："流量规则"与"民众化偏向"的相互作用

互联网的数字交互技术导致了网络社会的民众化偏向，互联网的媒介测量技术导致了网络社会的流量规则，二者相互作用下，使得互联网媒介技术的主导性媒介格式最终呈现为流量格式。

一、流量来源于普通民众

民众化偏向的网络媒介环境释放了流量市场。[①]"媒介舞台的消失"[②]创

[①]　曹晋,张艾晨. 网络流量与平台资本积累：基于西方马克思主义传统的考察[J]. 新闻大学,2022(1):72-85,123.

[②]　"媒介舞台的消失"和"媒介公众的'浅薄'"代表了互联网民众化偏向的两个方面，详见本书第二章第三节。

造了媒介流量。互联网时代,民众将自己变为媒介内容,进入传统媒介时代只有专业精英才能够进入的大众传播领域,在没有专业限制、没有身份成见的网络环境中人人得以表演,空前地繁荣了媒介市场,也创造了媒介流量。新浪微博、微信的相继问世,每天有数亿个微博账号、2 000多万个微信公众号参与到大众传播之中,以普通民众为主体的社会化媒体已经成为媒介讯息的主要来源。中国社会科学院新闻与传播研究所发布的《2019年中国网民新闻阅读习惯变化的量化研究》报告显示,即使在传统大众媒体最具有吸引力的新闻资讯类媒介讯息领域,仅有7%以下的用户从电视和报纸获取新闻信息,社交媒体成为获取新闻资讯的首选媒介,其中77.25%的用户从微信获取新闻信息,39.02%的用户从抖音获取新闻信息。②"媒介公众的'浅薄'"创造了媒介流量。互联网时代,"短平快"的段子逐渐成为最受欢迎的表达方式之一。一个简短给力的段子,有时胜过一篇侃侃而谈的宏论,能迅速抓住大家的眼球,甚至形成一个无数段子手争相跟风的热门话题①。Hitwise跟踪了1 000万美国家庭流向1 076 817个英语网站的数据,发现有2.9%的网络流量去了新闻和媒体网站,只有0.12%的网络流量流向了政治性网站。腾讯旗下专业数据分析机构企鹅智酷在2014年利用大数据技术研究了微信用户的阅读习惯,研究发现,用户转发量最大的文章为心灵励志类鸡汤文学、让人愤怒或恐慌的负面报道类文章等,阅读量最高的文章为情感咨询类文章、养生知识类文章等。

二、流量"内爆"于普通民众

1. 测量偏见

基于互联网流量的民众测量不可避免地存在着降维处理以及由此而带来的认知偏见,流量是对普通民众及其意见的不完整测量。网络民众并不完全代表普通民众。尽管目前我国网民数量已经达到相当大的规模,但网民的构成明显受年龄结构等因素的影响,网民的网络使用偏好、使用习惯等明显受教育程度等因素的影响。网民群体主要分布在社会中下阶层,社会高层和底层人群网络使用率较低,老年人网络使用率较低。互联网存在着大量沉默的网民,网络民意测量中仅能测量到网络活跃分子的舆论意见,活跃分子对政治社会的态度并不能代表完整的网络民意,更不能代表完整的民意。基于流量的网络民意测

---

① 云度. 注意力革命[M]. 苏州:古吴轩出版社,2016:10.

量带有自身与生俱来的偏见性。互联网记录人们下载了什么材料、浏览了什么网页、分享了什么内容等行为信息,将其简化为"人头数量"及推荐时,认为行为的意义就是简单的偏好。然而,浏览不一定就是喜欢,也有可能是批判;转发不一定就是认同,也有可能是谴责;点赞不一定就是赞许,也有可能是在讽刺。人们在做出选择、进行表达时往往参考周围的环境,认为网络流量大的东西就是广受欢迎的东西,网络流量大的意见就是主流优势意见,基于这样的判断,要么大声疾呼,要么沦为沉默的大多数。另外,已有流量也可能来自水军营销,来自权力操控,媒介测量以错误的流量数据为基础得出测量报告,会误导受众并进一步验证错误的测量结果的正确性。

2. 流量"内爆"于普通民众

麦克卢汉最早在《理解媒介》的序言中提及"内爆"这个概念,它贯穿于麦克卢汉的"媒介即讯息""媒介即人的延伸""地球村"等著名论断,使之成为有着内在联系的整体[①]。麦克卢汉把媒介看作是人的感官的延伸,但媒介的这种延伸会反过来作用于人的感官,坚定不移、不可抗拒地改变人类的感觉比率和感知模式。让·鲍德里亚借用了麦克卢汉的"内爆"概念,将麦克卢汉所提及的人类感知方式的"内爆"扩展到了媒介和现实本身的层面,认为媒介不只改变了人类的感知方式,符号也改写了其所传达的"意义"与现实。后现代社会中媒体造成各种界限的崩溃,"意义"内爆于媒体,拟像不再是对某种指涉对象或某种实体的模拟,而是通过模型来生产的真实,这种真实被鲍德里亚称为"超真实"[②]。

普通民众不仅是一种社会身份和社会阶层的符号标志,同时还意味着是社会中的大多数,是人民的合法来源[③],流量来源于普通民众,却"内爆"于其所测量的普通民众,成为当下网络社会的内在逻辑,成为"超真实"的意义。产生于人的"交流"的流量指代了商品世界的物质性"行动",代替货币成为平台经济中"量的规定性"。如同商品世界中人是机器的附庸一样,产生"超真实"意义的流量使人的"交流"成为流量"行动"价值的附庸,"交流"与"行动"边界消失

[①] 张默. 论麦克卢汉的"内爆"理论:兼与鲍德里亚观点的比较[J]. 湖北民族学院学报(哲学社会科学版),2014(2):133-137,165.

[②] 陈力丹,陆亨. 鲍德里亚的后现代传媒观及其对当代中国传媒的启示:纪念鲍德里亚[J]. 新闻与传播研究,2007(3):75-79,97.

[③] 姜华. 媒介知识分子:关系、角色特征及身份重建[J]. 新闻大学,2009(3):85-89.

的数字交往社会中,流量成为"超真实"的传播实践。流量的超真实意义体现在以下四个方面:①网络社会中,一切成为流量,包括人的身体、人的活动、人的网络浏览、人的生活轨迹;②对智能生活的美好愿景,为网络社会的流量采集提供了合法性根据;③断裂式取义,使得流量具有天然的正义性,迫于群体压力,人们只有将自己置于流量控制之中才能获得安宁感与实在感;④具有偏见的流量成为流量所指代的意义本身,流量与民众真实意旨之间的纽带被切断,流量测量结果成为比民众真实旨趣更真实的民众旨趣,用以指导现实并且反作用于民众行为。

三、普通民众被异化为网络流量

1. 民众以流量鼓励的方式构造着媒介市场

人类发明了工具,但发明后的工具却有着其自身独立的性格。作为传统媒体时代的测量手段,报纸的发行量、电视的收视率只是一种"市场信息机制",而互联网时代的媒介测量不只是一种"市场信息机制",它同时还是一种"用户信息机制"①。媒介测量是实现市场信息机制最为科学有效的方法,其引导了市场资金配置,扮演了判断媒介成败的通用标准,如尼尔森等传统媒介测量机构便是典型的市场信息机制测量机构。互联网环境下,网络流量测量结果不只为组织机构所用,其也成为用户进行信息选择的工具,搜索引擎、门户网站、社交分享平台都为用户提供这种工具,这种工具成为用户了解自己所做选择的途径,除扮演了组织机构的市场信息机制外,还扮演了普通受众的用户信息机制。

作为用户信息机制的媒介测量创造着潮流,具有自主选择权的用户心甘情愿地受潮流摆布,成为媒介技术控制着的客体。网络时代,娱乐成为新闻并成为舆论潮流已是不争的事实,公众浅薄的议程追随着社交媒体的线性潮流,都市青春类电视剧《欢乐颂》上映时,舆论的风向标指向都市白领生活;反腐题材电视剧《人民的名义》播放时,舆论的风向标指向反腐倡廉;历史剧《大秦帝国》播放时,人们在缅怀秦汉风骨。虽然剧集播放完后受众可以通过网络一次性播放整个剧集,但在社交媒体时代,这种观看似乎已经失去了观看的意义,因为首映播放时间后,受众的亲戚朋友同学同事已经完成了对剧集的讨论,发送了朋友圈,受众已错过了舆论嘉年华。网络播放本身同样也没有完全打破线性限制,《越狱》等美剧在中国互联网空间定期公映,常规性思维来讲,互联网具有随

---

① 关于市场信息机制和用户信息机制的概念界定详见本章第一节"媒介测量的作用"。

时随地拉出式阅读特征,受众可以任意选择合适的时间观看,但"追剧"已成为潮流,每到新的剧集上线那一天,追剧者都会定时坐在电脑前一次次刷屏,就像笔者小时候坐在电视机前,看着正点播放前的广告,焦急地等着动画片播放一样。

流量测量并非中立的、完整的,其不可避免地充满了偏见,是被建构的。然而流量测量结果不仅评估潮流,还会创造潮流,并进而控制媒介受众。人类社会在从众心理、羊群效应影响下[①],某种情况的公共定义会成为这种情况的组成部分,影响到事态的后续发展,进入到信息茧房[②]。我们可以这样梳理基于互联网流量的信息机制:海量的数据转化为简单的数人头活动;基于数人头活动所得到的流量数据,媒介完成流行度排行与推荐;推荐流行的东西会驱动流量的产生,并进一步提高流量。简言之,流量以强有力的方式进入媒介注意力市场,成为机构和用户共同追逐的对象,人类社会以流量所鼓励的方式构造着媒介市场。

2. 普通民众成为媒介所控制的流量

民众化偏向的互联网社会延续着传统电子媒体所开启的媒介舞台间的融合,导致"媒介舞台的消失""媒介公众的'浅薄'",完成着新媒体赋权。然而,如同以往任何一种媒介形态一样,技术打开了一个维度,同时也设定了新的规则,产生着新的控制。民众化偏向的网络社会中,民众并非具有立体化属性的媒介公众,而仅仅是网络社会中的参与者和消费者,是被异化了的民众,是被媒介技术所控制的流量[③]。

互联网媒介技术下人人都是透明人,网络社会中的民众处于全景敞视[④]之下。打开电脑,微软、苹果公司在收集你的上网资料,打开手机,谷歌公司在通过安卓系统收集你的资料,苹果公司在通过手机 IOS 系统及硬件收集你的资料,App 应用程序在读取你的通讯录、短信、电话,在定位你每天的活动范围,在读取你的工作资料,在偷窥你的隐私生活。你的姓名、网名、艺名、工作地点、休

---

① 从众心理、羊群效应,指个人容易受到外界人群行为影响的群体心理,人们的认知行为模式会表现出符合多数人的行为方式,广泛应用于公共舆论及消费生活等多个领域。

② 信息茧房指媒介信息推荐机制下,个人的信息领域会习惯性地被自己以往的信息偏向所导引,从而将自己的视野桎梏于像蚕茧一样的茧房之中的现象。

③ 民众化偏向的第三个方面,详见第二章第三节。

④ 福科借用边沁的"全景监狱"提出"全景敞视"概念,在全景监狱中,囚徒无法看到监视者,无法得知自己正处于被监视当中,但站在全景监狱瞭望塔的监视者却能随时看到囚徒。

闲场所、活动空间、兴趣偏向、聊天内容还有哪一项是其所不知道的,如同在网络中广泛传播的大数据时代生活场景一样①,人人都是透明人。

互联网没有赋予普通民众完整的公民权利,而仅赋予了其媒介参与权,凸

---

① ×××店的电话铃响了,客服人员拿起电话。

客服:×××。您好,请问有什么需要我为您服务?

顾客:你好,我想要一份……

客服:先生,烦请先把您的会员卡号告诉我。

顾客:1864154×××。

客服:×先生,您好!您是住在×××路××楼××室,您家电话是884546××,您公司电话是883066××,您手机是1351234××××。请问您想用哪一个电话付费?

顾客:你为什么知道我所有的电话号码?

客服:×先生,因为我们联机到CRM系统。

顾客:我想要一个×××……

客服:×先生,×××不适合您。

顾客:为什么?

客服:根据您的医疗记录,你的血压和胆固醇都偏高。

顾客:那你们有什么可以推荐的?

客服:您可以试试我们的×××。

顾客:你怎么知道我会喜欢吃这种的?

客服:您上星期一在国家图书馆借了一本关于×××的图书。

顾客:好。那我要一个×××,要付多少钱?

客服:99元,这个足够您一家六口吃了。但您母亲应该少吃,她上个月刚刚做了心脏搭桥手术,还处在恢复期。

顾客:那可以刷卡吗?

客服:×先生,对不起。请您付现款,因为您的信用卡已经刷爆了,您现在还欠银行9 860元,而且还不包括房贷利息。

顾客:那我先去附近的提款机提款。

客服:×先生,根据您的记录,您已经超过今日提款限额。

顾客:算了,你们直接把×××送我家吧,家里有现金。你们多久会送到?

客服:大约30分钟。如果您不想等,可以自己骑车来。

客服:根据我们CRM全球定位系统的车辆行驶自动跟踪系统记录。您登记有一辆车号为×××的摩托车,而目前您正在解放路东段开源商场右侧骑着这辆摩托车。

顾客:当即晕倒……

(来源于网络,作者不详)

显了其消费者身份。①在民众化转向的互联网社会中,民众成为媒介的主要内容,但民众并没有自主性、主导性的力量,依然处于从属位置。网络媒介延续着自纸媒以来的中介传播,也延续着伴随中介传播而来的控制。互联网空间中,成为媒介内容的民众扮演了"演员"的角色,而互联网社会的"导演"依然是去民众化的,互联网社会的"剧本"也并非由普通民众所撰写。互联网赋予民众参与权、表达权,但并没有赋予民众的声音能够被听到的权利,互联网上人人都能说话,但只有极少数能被听见,网络受众的聚集程度要等于或超过绝大多数传统媒体中的受众聚集度,网络表达的不平等要高出传统媒体多个数量级,互联网依然处于一小群商业人士、媒介精英、知识精英的支配之下,强大的等级制度统治着恰因其开放而备受赞美的网络媒体。②民众的参与权、表达权,被投机性地占有与操控。民粹主义者投机性的占有流行的政治风向,通过宣称是民众的声音使自身合法化,策略性地运用民众的声音建构其个人的权威,互联网赋权实质上成为对媒介精英的赋权,而普通民众只能处于从属地位,只能以参与的形式完成对精英的支持与附和。2016年,某明星大V代表的财团,因受到网民的质疑而展开了大规模的删帖行动,甚至删除了共青团中央发布的微博文章。网络大V自我标榜为民主战士,当涉及自身利益时,毫无顾忌地侵犯了网络大V所大声疾呼的、使其具有天然正义性的公民表达权,暴露了网络技术赋权是选择性的赋权,新媒体赋权产生了新的话语权贵,普通民众不但依然处于从属位置,同时还处于被利用、被操控的位置,互联网社会完成着再结构化。③互联网的民众化偏向凸显着其消费者身份而不是公民权利,网络技术更有利于消费者而不是公民,更有利于企业社团的利益而不是公众利益①。互联网赋予民众更多的仅是行注目礼的权利,而民众的这种注目礼正是富裕社会中资本所要追求的注意力。在注意力的追求过程中,民众看似具有自主性的注意力成为资本的入侵对象,资本通过制造话题,引导甚至规训着民众的喜好,掠夺着注意力资源。在这场互联网赋权中,民众的商业价值被充分开发,民众作为完整的人的意义无法得到全面体现,在消费者的身份被无限放大的同时,民众作为媒介公众的意义则沦为消费者身份的附庸,成为缺乏立体属性的商业对象。

网络媒介环境中,技术和资本完成着对网络民众更隐蔽但也更深刻的控

---

① McCaughey, Martha, and Michacl D. Ayers, eds. Cyberactivism: Online Activism in Theory and Practive[M]. Psychology Press,2003.

制，媒介主导着民众话语，占有、利用着民众的声音，挖掘着民众的商业价值，凸显着民众的消费者身份，将具有立体属性的网络民众异化为互联网社会中的网络流量。网络技术构成了对民主的威胁，修改了民主统治的形式，技术统治引发了民主政治向市场的投降[①]，民众化偏向的互联网社会中，互联网技术赋予了民众媒介参与权，资本在对民众媒介参与权的商业价值的开发过程中裹挟了民众本身，使得民众成为媒介所控制的流量。

3. 流量格式

互联网的数字交互技术下网络媒介产生了民众化偏向，互联网的媒介测量技术下网络媒介遵循了流量规则，互联网的民众化偏向和互联网的流量规则之间密切相关，存在相互作用的关系。一方面，互联网流量来源于普通民众，是网络媒介时代进行民众测量的指标符号，但这种指标符号却"内爆"于其所测量的民众本身的意义，成为"超真实"的普通民众。另一方面，互联网技术赋予了普通民众参与权，但资本在对市场价值的追求过程中，借助媒介技术强化了普通民众的消费者身份，将民众异化为缺乏立体属性的商业对象，凸显了普通民众的流量属性。

民众化偏向和流量规则的相互作用下，互联网社会的民众化偏向最终呈现出流量偏向特征。基于此，本书提出互联网媒介的主导性媒介格式是流量格式，互联网媒介的媒介逻辑是流量逻辑。

本章小结

本章以互联网的媒介测量技术为研究对象，分析了流量测量技术下的互联网注意力经济模式和新媒体赋权，认为当今环境下的互联网注意力经济是以流量为中心的注意力经济模式，互联网的赋权与霸权之间具有内在统一性，共同指向了互联网时代的网络流量及其价值。互联网的媒介测量技术下的注意力经济模式和互联网赋权都遵循了流量规则，研究据此认为互联网的媒介测量技术产生了互联网社会的流量规则。

互联网媒介技术包含了数字交互技术和流量测量技术两个方面，两个方面

---

① 曹卫东. 开放社会及其数据敌人[J]. 读书，2014(11)：73-80.

共同规制了互联网媒介的媒介格式。基于对数字交互技术所产生的民众化偏向和流量测量技术所产生的流量规则之间相互关系的分析,研究认为互联网媒介技术作用下的网络社会凸显了普通民众的流量属性,互联网媒介的主导性媒介格式成为流量格式。

第四章 流量逻辑的两个维度

本章和第五章研究流量格式作用下的互联网媒介现状,旨在诠释流量格式对媒介内容的影响作用,分别在概念窄化的基础上采用量化研究方法佐证流量逻辑的两个维度以及采用定性研究方法论证互联网社会所呈现出的流量逻辑行为模式。

为了完成实证检验,本章将流量逻辑界定为互联网技术影响媒介内容的流量偏向,并将流量偏向分为"多数人"和"人的共性需求"两个维度,分别以"民众化偏向"和"情绪化偏向"作为当前媒介语境下两个维度的测量变量,以新闻传播学科学术文献和在线新闻及其跟帖评论为研究对象,采用关系网络研究方法和计算机辅助内容分析方法,证明互联网媒介的"民众化偏向"和"情绪化偏向",并以此来佐证流量逻辑的两个维度。

第一节 流量逻辑的操作化界定

本节参照电子媒介的娱乐逻辑概念,界定了网络媒介的流量逻辑概念,依据流量的两层隐喻,从"多数人"和"人的共性需求"两方面界定了流量逻辑的两个维度,考虑到当前媒介的具体语境,认为媒介内容的"民众化偏向"和"情绪化偏向"可分别用于测量流量逻辑的"多数人"维度和"人的共性需求"维度。

一、流量逻辑的两个维度

阿什德和斯诺关于电子媒介的娱乐逻辑的描述中认为,广播电视媒介的娱乐格式规制了电子媒介时代大众传播的标准模式,使得电子媒介的媒介"内容"呈现出电子媒介的娱乐属性,电子媒介时代的社会行为同样也呈现出电子媒介的娱乐属性。参照娱乐逻辑概念的表述,流量逻辑概念可以简单地表述为网络媒介的流量格式规制了互联网时代大众传播的标准模式,使得网络媒介时代的媒介"内容"、社会行为都呈现出网络媒介的流量特征。

用流量来指代媒介受众,具有两层隐喻,第一层隐喻强调普通民众的人口数量,第二层隐喻强调普通民众的共性特征①。为了获得网络流量,对应于流量的第一层含义,媒介遵循大数法则,对应于流量的第二层含义,媒介以人的共性需求作为行为准则。在此基础上,笔者将网络媒介的流量逻辑进一步界定为:网络时代的媒介内容生产中,为了获取流量,媒介呈现出以多数人以及人的共性需求为导向的行为逻辑。

流量逻辑概念界定中涉及互联网媒介、流量、多数人、人的共性需求几个概念。流量既代表了互联网的媒介测量技术,又代表了互联网时代的普通民众,具有"形式"和"内容"的二重性。作为互联网的媒介测量技术,流量是个体社会化中的一个整体性概念,具有"形式"变量特征;作为互联网社会的受众行为数据,流量是受整体性结构制约的行动个体,具有"内容"变量特征。"网络媒介"变量是媒介逻辑理论中的"形式"变量。"多数人""人的共性需求"共同组成媒介逻辑理论中的"内容"变量,但"多数人"和"人的共性需求"这两个概念不是媒介内容本身,而是媒介内容的偏向性因素。媒介逻辑理论的核心关系是"形式"和"内容"之间的关系,因而流量逻辑的核心变量是作为"形式"的互联网媒介和作为"内容"的媒介内容。操作化定义中,进而可以将流量逻辑概念定义为:网络媒介影响了媒介内容的偏向性,使得能够获得网络流量的媒介内容,能够满足更多人需求的媒介内容,能够满足人的共性需求的媒介内容更多地被传播与凸显。

是否能够满足人的共性需求,是否能够吸引多数人的注意力,决定了是否能够得到更大的网络流量。基于此,量化实证研究中,笔者从互联网媒介内容的"多数人"偏向和"人的共性需求"偏向两个维度界定媒介内容的流量偏向,流量逻辑概念可以从两个维度予以解析:①互联网技术影响媒介内容的"多数人"偏向。②互联网技术影响媒介内容的"人的共性需求"偏向。

二、两个维度的测量

什么样的媒介内容能够满足"多数人"以及"人的共性需求",如何测量流

---

① 详见第三章第二节对流量概念的界定。

量逻辑概念中的"多数人"和"人的共性需求"变量,都离不开具体的语境。当前的大众媒介呈现出"瓦釜效应""后真相"等媒介现象,使得李普曼所讨论的公共舆论中的理性与真相问题在新媒体环境下再次凸显。在此具体语境下,我们认为互联网媒介的"民众化偏向"和"情绪化偏向"可以分别作为"多数人"和"人的共性需求"维度的测量变量。

(一)民众化偏向:当前媒介语境下的"多数人"维度

格雷姆·特纳(Grame Turner)提出民众化偏向①概念时用普通民众指代精英群体的相对面,形成了普通民众和少数精英之间的相对应关系。本书因循特纳的界定,认为互联网媒介中的普通人代表了当前媒介语境下的多数人,"民众化偏向"可以作为"多数人"维度的测量变量。

1. 普通民众是引发公共舆论理性和真相困境的"多数人"

公共舆论研究中,李普曼对公众的理性能力提出了极大质疑,认为公众是被自己的成见和外界的控制所左右的无自主性的幻影,真正的自由在于采取措施保护信息的真实性,舆论的目的并不是为了寻找共同的意志,而是提供一种共通的符号,让每个公民可以投射他们的需要和渴望②,真正应对现实的正确途径在于动用理性对生活中一系列问题进行反思。李普曼认为反智主义倾向无法克服民主政治危机,也无法通向进步主义所设定的目标,保守主义者和无政府主义者属于两类不同的放任形态。保守主义沉溺于自我束缚的回忆和被动接受现状的态度之中,无政府主义者存在于理论与实际的割裂及无价值的激进行为之中,二者都没有找到能够正确应对现实问题的途径,提出了在复杂社会中求得生存,解决问题的根本方法在于学会驾驭。"驾驭意味着让理智进入我们的无意识生活,以明确的意向取代无意识的追求"③。为了驱逐无意识的追求,需要借助于专家体系进行批判性反思,运用科学理性的精神对社会问题和

---

① "民众化偏向"的详细界定见第二章第三节。
② 李明轩. 重读李普曼与杜威的论战:为李普曼翻案[C]//复旦大学信息与传播研究中心(Center for Information and Communication Studies of Fudan University),复旦大学新闻学院(Journalism School of Fudan University)."传播与中国·复旦论坛"(2008):传播媒介与社会空间论文集,2008:245-261.
③ 单波,罗慧. 理性的驾驭与拯救的幻灭:解读李普曼思想的价值与困局[J]. 新闻与传播评论,2007(Z1):1-12,209,212.

冲突进行科学理性的探索,依据专家的指导,将人们从放任中脱身而出,将事实与主观想象区分开来。换言之,李普曼认为普通民众缺乏理性的自我管理能力,为了解决公共舆论中的理性和真相困境,需要诉诸理性,诉诸精英,诉诸专家。在其观念中,精英代表了具有理性能力的少数人,普通民众代表了被自己成见和外界所控制的大多数人。

"瓦釜效应"是公共舆论中的理性和真相问题在当下传播语境下的一种具体形式,同样也反映了精英和普通民众的相对关系,"黄钟"代表了少数精英分子,"瓦釜"代表了作为大多数的普通民众。因而,公共舆论研究中,普通民众代表了受众群体中的大多数,处于少数精英的对立面。以当下媒介环境中的实际情况为依据,重新思考公共舆论的理性与真相问题,流量逻辑的"多数人"维度可以操作化界定为网络媒介的民众化偏向。

2. 民众化偏向的测量

因循特纳的论述,笔者在第二章梳理了民众化偏向的三方面内容,并从"媒介舞台的消失"和"媒介公众的'浅薄'"两方面解析了互联网的民众化偏向。基于第二章的分析,量化实证研究中继续从"媒介舞台的消失"和"媒介公众的'浅薄'"两个方面考察网络媒介的民众化偏向,并用网络媒介的民众化偏向测量流量逻辑中的"多数人"维度,佐证互联网技术影响媒介内容的"多数人"偏向。

(二)情绪化偏向:当前媒介语境下的"人的共性需求"维度

1. 情感需求与情绪化表达

人类情感是一个异常复杂的概念,目前为止并没有形成一个普遍的共识,尽管情感如何表达和解释上具有文化差异,但情感需求是人类的共性需求是毋庸置疑的,研究者普遍认同高兴、恐惧、愤怒、悲伤是人类基本的情感[①]。迪尔凯姆认为,社会在一定意义上完全是由理念和情感组成的,将情感视为社会秩序的基础,通过集体欢腾中产生的强烈情感能量来说明超越个体的社会意识的起源;柏拉图将理性与情感置于对立的位置,宣扬理性而抑制情感;孔德"视人类行动中的情感成分为社会学必不可少的要件""欢呼着感情高于理性,感情高于智慧";休谟宣称理性是而且应当仅是激情的奴隶;萨特(Sartre)甚至说人是一

---

① 乔纳森·特纳. 情感社会学[M]. 孙俊才,译. 上海:上海人民出版社,2007:9.

种无用的激情,更有社会学家宣布人乃"情感瘾君子"。20 世纪 70 年代以来,社会学家对情感进行了系统的研究,具有突破性和穿透力的研究不时呈现①。库利明确地把情感动力机制融入社会互动概念之中,将自豪和羞愧视为社会互动的控制机制,戈登认为愤怒意味着失去了控制,是对他人的冒犯、对自我的违背,卡迪斯·克拉克(Cardis Clark)认为悲伤和怜悯是人际关系中的一种关键情感。

近年来,中国社会的"情感结构"从改革初期的嫉妒成风转化到了普遍弥漫着的怨恨情绪,导致恶意的破坏性事件频发。Web2.0 应用的出现,互联网进入交互性、开放性更强的时代,技术的发展赋予了公众公共表达权,人们能够通过论坛、博客、微博等网络应用工具行使自己的公共表达权,发表对公共事务的认知、情感。与此同时,公共空间中的情绪化表达也有蔓延之势,媒介事件常常能够激发网民的悲哀、愤怒、恐惧等基本情绪心态,促使网民沉溺于情绪的宣泄,而不能形成对社会问题的理性思考。网络谣言、网络暴力、网络道德审判等传播学研究热点都将负面情绪视为重要影响因素,各大舆情监测系统都将其作为测量社会舆情的核心指标。当人们由于认识的不协调和获取信息能力有限而无法进行理性判断时,便会产生由无知引发的恐慌和内在焦虑,因而网络谣言感情色彩多为负面,投射了人们的恐惧、愤怒、悲伤等负面情绪②。网络谣言的传播过程又进一步激发了网民的负面情绪,并经由网络负面情绪导致网络谣言演变为网络道德审判和网络暴力③。

2. 情感主导了公共舆论的理性和真相

对事实真相的歪曲不仅来源于组织机构所营造的拟态环境,同时也深深地根植于人们的头脑中。《公众舆论》中,李普曼认为舆论是自我观念的汇集,人类依靠自己的感情、偏见和欲望做出决策。公众带着成见寻找公正的见解,带着对事物已有的观念去完成对事物的认知理解,对周围世界发生的事情,会依据成见进行选择性关注,会对进入视野的信息进行选择性过滤,进而会依赖成见完成对信息的解读。公认的典型、流行的样板和标准的见解都是造成成见的

---

① 成伯清. 情感的社会学意义[J]. 山东社会科学,2013(3):42-48.

② 袁会,谢耘耕. 公共事件网络谣言的造谣者研究:基于影响较大的 118 条公共事件网络谣言的内容分析[J]. 新闻记者,2015(5):58-65.

③ 刘绩宏. 网络谣言到网络暴力的演化机制研究[J]. 当代传播,2016(3):83-85.

因素,甚至所有道德准则的本质也不过是一些成见模式,成见模式通过形成的道德准则得以强化并代代相传。

公众的主要兴趣在自己,自身情感是舆论的来源。"成见饱含着人类的情感,是对人们自尊心的保护,是人们自身的价值观和自身的权利,是庇护人们可以继续心安理得地坚持自身立场的堡垒"[①],人们依靠自己的情感、偏见和欲望做出判断,情感主导着人们的注意力以及看事情的观点,相比于理性阐释,诉诸情感是更为可靠的观念传达方式。电影比艺术杰作吸引更多的观众,是因为它在叙述不断发展的事情,包含着斗争的要素,使人能够看到产生认同感的机会,能够冲击人们的感官兴趣。听故事的人把自己的特性给了故事,在公众舆论的形成过程中,至关重要的是什么样的自我情感卷入其中。如果有足够的人可以在报纸上见到自己的名字,他们就能够成为报纸可靠的发行量。公众始终在追求自身的利益,自我利益决定舆论的走向,但自我利益的界定本身却是片面性或情绪性的,人们常常会把自己的生活限定在自己亲眼所见的范围之内,用自己偶然拥有的一种尺度来衡量什么是有益的,而拒绝理性地看待事物。

李普曼公共舆论的理性困境在于组织机构所营造的拟态环境不能为公众提供公共事务的真相,同时也在于公众带着自身成见去认知公共事务。成见代表了人类的情感与信仰,成见与公共舆论的关系,也正是"后真相"时代所再次强调的情绪与客观真相之间的互动关系,情绪与理性之间的互动关系。因而,公共舆论研究中,情感需求代表了人的共性需求,以当前媒介环境中的实际情况为依据,重新思考公共舆论的理性与真相问题,流量逻辑的"人的共性需求"维度可以窄化为网络媒介的情绪化偏向。

3. 情绪化表达的测量

学者们通常将理性与感性对应起来,理性主义者要求把情感排除在商议过程之外,担心"如果理性不能超越激情,不偏不倚的正义就没有可能"[②],形成了理性与感性的二元对立研究旨趣。公共舆论研究中,杜伯(Doob)认为舆论是人们对某个议题的态度;蔡尔兹(Childs)把舆论描述为用话语表达出来的态度;瑟斯通(Thurstone)在概念上区分了态度与舆论,认为态度是一种隐蔽的心理预

---

① 沃尔特·李普曼. 公众舆论[M]. 阎克文,江红,译. 上海:上海人民出版社,2002:78.
② 克劳斯. 公民的激情:道德情感与民主商议[M]. 谭安奎,译. 南京:译林出版社,2015.

置,它只能从表达出来的"舆论"或其他公开的行为中才能判断出来;普赖斯(Price)在前人的研究基础上提出公共舆论是不可测量的舆论态度的明确表达。经验性研究中,媒介文本被视为公共舆论的本体,反映了公众就某些议题表达出的意见、态度、立场和观点,普遍采用认知类表达和情绪化表达对理性和情感进行操作化研究。如苏金彩(Sujin Choi)将表达内容操作化定义到认知性表达和情绪化表达两个方面,托马和汉考克(Toma & Hancock)采用LIWC(Linguistic Inquiry and Word Count)软件分析了网络文本的认知类表达和情绪化表达因素①。此种情感测量方法也同样应用于传播学研究领域,如赫法克(Huffaker)从语言的多样性、语言的确定性方面界定了认知,通过LIWC系统来测量认知类表达和情绪化表达,揭示了在线舆论领袖的语言及社会行为②。基于此,量化实证研究中,我们用公共舆论中的情绪化表达状况考察网络媒介的情绪化偏向,并用媒介内容的情绪化偏向操作化测量流量逻辑概念中的"人的共性需求"维度,佐证互联网技术影响媒介内容的"人的共性需求"偏向。

第二节 多数人维度:网络媒介的民众化偏向③

流量逻辑的"多数人"维度方面,在量化实证研究路线上,沿着不同媒介形态对比研究的具体方式,采用关系网络研究方法,考察新闻传播学研究中,围绕各个媒介形态重点表述了什么内容,旨在证明互联网媒介的民众化偏向,用以诠释互联网流量格式作用下的媒介内容呈现出民众化偏向特征,佐证互联网技术影响媒介内容的"多数人"偏向。

---

① Choi S. Flow, Diversity, Form, and Influence of Political Talk in Social-Media-Based Public Forums[J]. Human Communication Research, 2014,40(2):209-237.

② Huffaker D. Dimensions of leadership and Social Influence in Online Communities[J]. Human Communication Research, 2010,36(4):593-617.

③ 本部分的独立论述见:党明辉,郭欣荣."传播的偏向"理论视域下中国网络传播学术研究:基于媒介形态知识图谱的对比分析[J].当代传播,2020(4):35-39,63.

一、传播学研究问题概述

(一)不同媒介时代的传播学研究问题的偏向性

不同媒介形态之间具有不同的传播偏向性,这种偏向性也反映在传播学研究中。传播学研究中的研究议题、研究理论在不同媒介时代存在相应的偏向性。以报刊为主导性媒介载体时代,学者们围绕民主、公众、公共领域、拟态环境、理性、民主制度等社会问题展开研究。欧洲社会科学的发展为传播学研究奠定了基础,传播学研究迈出的第一步,就是不再认为我们所居住的这个世界受制于神圣的秩序或自然的规律,而是完全由人所维持的种种关系生成,认为社会民主是初级社群、公众和体制(大社群)的三重关系。20世纪二三十年代,杜威等美国实用主义奠基人使实用主义根植于公共认知,产生了公共领域这一概念及相关探讨的萌芽。信奉现实主义民主理论的李普曼认为公众如绵羊般被滥用和类型化,必须加以警惕,探讨了公众的理性问题、媒介的拟态环境问题,以及代议制民主政治问题等,并与杜威展开了一场隔空对话。李普曼的《公众舆论》、杜威的《公众及其问题》、加赛特的《大众的反叛》等传播研究大受欢迎,报刊媒介时代在相当长一段时间内都是以媒介对公众的认知理性等效果概念为研究中心的。

电子媒介时代的到来,引入了很多新的问题,传播学研究中也扩展了相应的研究领域。刺激效果理论认为公众在不具备意识(自我、移情等)的情况下,会对各种各样的刺激做出自动的反应,广播电视再现了形象思维,为以"刺激"为中心的理论研究提供了现实依据。"一战"以来,含广播、电影在内的大众媒介的迅速普及,人们对大众传播的这种强烈刺激深信不疑,认为大众媒介对受众的刺激作用就像子弹射入躯体,药剂注入皮肤一样产生强大作用,可以毫无阻拦地传递观念、情感、知识和欲望。两次世界大战期间,妇女自主性的觉醒,纳粹在德国的掌权,麦卡锡主义在美国的盛行,青少年犯罪率的上升等问题都不同程度地归结于广播、电影对女性的腐蚀,对受众的强烈刺激等。20世纪五六十年代,电视开始得到普及并成为最有影响力的大众媒介,电视也开始取代电影,被斥为暴力信息、性信息的无良载体,传播学研究中引入了暴力问题研究、不文明行为研究、儿童问题研究等议题,仅1970年在美国就发表了2 500篇研究媒介暴力如何影响行为的论文。20世纪60年代,美国国家暴力起因与防治委员会(National Commission on Causes and Prevention of Violence)对电视节目中的暴力内容进行了分析,格伯纳参与完成了这一项目,基于这一项目的经验积累,于1976年和格罗斯正式提出了培养分析理论。培养分析探讨了电视对受众现实感知过程的影响,儿童由于没有形成固定的意识观念,更易受到电视的影响。和培养分析关注的对象一样,日本传播学者中野牧在《现代人的信息行为》研究中提出容器人理论,强调在电视环境下成长的一代,没有经历过没有电视的生活,电视就像空气和水,电视孤立、封闭的环境,导致儿童成为"容器人""单面人""感觉人""片断人"等。波兹曼同样强调电视对儿童的影响,认为电视传播环境中分界线的模糊导致了"童年的消失"等。

  网络传播时代的到来,传播学研究中引入了新的话题或使一些问题重新回到了公众视野,如发轫于20世纪90年代的美国公民新闻运动,重新使得李普曼与杜威之间的争论受到广泛关注,主张新闻应该强化公民的角色,公民应该在搜集、报道、分析和散布新闻和信息的过程中发挥积极作用,21世纪初就发展出了博客、维客、播客以及公民网等多种公民新闻形式[①]。网络游戏、网络视频等的出现,使人们再次担忧媒介对儿童的涵化,研究发现网络游戏中的暴力倾向影响着青少年对现实社会的认知,影响了青少年的暴力倾向,网络暴力游戏的沉迷程度与青少年崇尚暴力的倾向之间存在着正向相关关系[②]。媒介竞争心理是网络暴力游戏涵化青少年的推动力,社会与个人的心理因素成为网络暴力游戏涵化青少年的心理根源[③]。网络媒介还再现了口语传播中的一些议题,这些议题在纸质媒介时代、传统电子媒介时代中并未成为研究焦点,如网络道德审判、网络群体极化、网络民族主义等。伴随着媒介技术发展及人类现代性社会的推进,一些以往所有时代所没有的现象及问题也成为传播研究的热点,如新媒体网红现象等。

  近10年来,随着网络技术的发展,网络媒介得以迅速应用,媒介环境也经历了以电视为主导的大众传播时代到以互联网技术为主导的网络传播时代,转

---

① 范东升. 公民新闻的兴起和启示[J]. 国际新闻界,2006(1):60-63.
② 张晓冰,陈少徐,黄艳苹,等. 广州市青少年网络暴力游戏状况分析[J]. 新闻界,2009(4):42-44.
③ 燕道成,黄果. 网络暴力游戏涵化青少年的传播心理动因[J]. 中国青年研究,2013(1):100-104.

型期的大众传媒时代发生着传播学研究偏向的转移,与各种具体媒体形态紧密关联的概念也间接反映着这种媒介形态所主导的时代的媒介偏向。自 2006 年以来,陈立丹、付玉辉、苗伟山等学者发表的中国新闻传播学研究综述中可以大致看出近年来新闻传播研究的转向。2006 年,业界认为传统报纸停下了持续多年的上升脚步,开始进入一个抛物线般的下滑轨道,同年,媒介形态研究成为年度热点研究领域,与之相关的"媒介融合""公民新闻"等成为年度关键词,网络传播时代开始正式影响中国传播学业界与学界。随着网络传播时代的到来,2008 年,学者们重点讨论了国家层面的传媒公关、国家信息公开政策以及对公共关系学的认识等。2010 年,传播科技对学界带来新问题,微博客、三网融合、手机媒体和网络治理等方面开始得到学者普遍的关注。2013 年,信息消费、宽带中国、4G 牌照发放、移动业务转售等战略举措的推出,移动互联网、大数据、物联网、云计算等新技术的应用,互联网环境下新兴信息传播技术、传统媒体转型和传播公共治理等成为学界重要研究主题,同年微博研究得到重点关注。网络传播时代的到来,网络舆情事件成为政府和学界重点关注的话题,且网络舆情事件会随着时间变化呈现出不同的特征。

(二)不同媒介时代特定问题研究视角的偏向性

1948 年,传播学四大奠基人之一的拉斯韦尔提出了 5W 模式,传播学研究中围绕传者研究、传播内容研究、传播媒介研究、媒介受众研究、传播效果研究形成五大研究领域。五大研究领域的确定也在一定意义上限定了传播学研究的选题范围,形成一些适用于各个媒介形态,在各个传播时代普遍受到关注的研究问题。不同媒介形态之间的传播偏向性同样也反映在问题研究视角之中,相同的研究问题在不同媒介时代存在着研究视角的偏向性。

一些传播理论的提出及应用具有一定的媒介形态及时代指向性,也有一些传播理论在各个媒介时代得到了普遍应用与发展,并在不同时代产生不同的研究视角偏向。议程设置理论、沉默的螺旋理论、知沟理论等传播研究理论的提出,虽然以一定的媒介形态为时代背景,但主要通过问卷调查、控制实验等研究方法完成对媒介受众的考察。此类传播理论的问题焦点并不依赖于特定媒介形态,在各个时代背景下都得到了大量研究,也会产生相应的研究偏向。提出之初的议程设置理论强调媒介可以影响人们想什么,属于第一层议程设置。当今学者们对议程设置理论的研究中则更加强调第二层议程设置,即媒介能够影响人们怎么想。提出之初的沉默的螺旋理论强调少数中坚分子、强势意见、精英意见对大众意见的引领作用,互联网时代学者们则发现沉默的螺旋发生倒置,沉默的螺旋在某种意义上演化为网络群体极化。知沟假说最早由蒂奇诺、多诺休和奥利恩于 20 世纪 50 年代提出,研究者们利用"美国舆论研究所"1949—1965 年的调查数据,研究了公众对公共事务和科技新闻的知晓程度,发现了不同教育程度的人群中,确实存在知沟扩大的趋势。电视媒介形态下,学者们对知沟假说提出了异议,认为经典的知沟理论主要针对印刷媒介而言,媒介形态本身是知沟产生的原因。在关于儿童电视教育节目《芝麻街》的研究中发现,相比于经常收看该节目的富裕家庭儿童,经常收看该节目的穷困家庭儿童能够取得更大的进步,二者的知沟有缩小的趋势。网络媒介时代,学者们在知沟假说基础上于 20 世纪 90 年代提出了"数字鸿沟"概念,将网络的接入差距称为第一道数字鸿沟,网络的使用差距称为第二道数字鸿沟,并且指出数字技术的接入和使用会导致公众在知识上的鸿沟,形成新媒体时代的知识鸿沟。近年来,在新的传播生态下,网络传播信息公开,公共事件多发,传播基础理论研究中的一些常规性话题得到了新的认识,新闻真实性这个老话题得到了新的阐释,新闻生产也得到了新的论述,旧的研究话题能够通过新材料的发掘,或新的研究方法的引入,新的概念的运用,获得新的阐释或更深刻的理解[①]。传播研究议题也具有一定的时代指向性,如新闻自律、新闻专业主义、新闻公信力等媒介规范议题在网络环境下发生着新的变化。色情暴力议题、娱乐议题、媒介文化议题等随着媒介时代的不同而产生新的变化。官员、医生、知识分子等社会身份在网络媒介环境下发生了解构与再构。

通过上述新闻传播学学术研究回顾,我们可以发现报纸传播时代、广播电视传播时代、网络传播时代具有鲜明的学术研究(研究问题和问题的研究视角)偏向性,这种偏向性是否也间接地反映了媒介技术形态本身所固有的技术偏向。基于此,我们提出本节的具体研究问题:

Q1:网络媒介、电视媒介与报纸媒介三者之间的研究问题具有显著的差异性?

Q2:网络媒介与电视媒介、报纸媒介相比,其研究问题具有明显的民众化偏向?

---

① 陈力丹,熊壮. 2014 年中国的新闻传播学研究[J]. 国际新闻界,2015,37(1):6-24.

Q3：网络媒介与电视媒介、报纸媒介相比，其问题的研究视角更具有明显的民众化偏向？

二、研究方法

(一)研究对象与研究样本

麦克卢汉将媒介形态区分为实物传播媒介、纸张传播媒介、电子传播媒介；李曦珍等将网络传播依然归类于电子传播媒介；赵勇、菲德勒等人则区分了传统广播电视传播和网络新媒体传播；杨保军提出互联网媒介是目前最具广泛影响的新兴媒介，与报刊、广播电视等传统媒介有着显著的区别；胡凯区分了印刷媒介、电子媒介和数字媒介。基于学者们以往的分类，本节将媒介形态分为纸质媒介、传统电子媒介以及网络媒介，并以报纸、电视、网络新媒体为代表考察各个媒介之间的差异性。

1. 研究对象的选择

本节意欲证明报纸、电视、网络三种不同媒介平台之间的研究问题以及相同问题的研究视角的差异性，并在差异性的基础上论述网络媒介的民众化偏向。理想的研究对象应该是多年间报纸、电视、网络三种媒介各自的媒介内容文本，然而，实际研究中遇到了暂时无法克服的困难，表现在以下三个方面。第一个方面，本节设定为一般性研究而不是个案研究，各个媒介多年的媒介内容太过于庞大，研究者不具有如此大的数据收集及处理能力；第二个方面，报纸、电视、网络三种媒介之间的传播介质本身具有差异性，电视主要传播音视频内容，报纸主要传播文本内容，网络则传播多媒体内容，这种差异性不利于统一编码；第三个方面，即使仅研究各个媒介内容的文本信息，也会存在文本主题提取的问题，受自然语言处理技术发展限制，无法准确提取到每篇报道的主题，更难以完成对过于分散化的主题的编码归类。

以学术文献为研究对象可以有效地克服以上困难。近20年间共形成不到30万篇有关媒介形态研究的学术论文，数据量在笔者所能处理的范围之内，且学术论文的关键词高度概括了文章的主要内容，避免了主题提取过程中的误差。另外，最主要的原因还在于新闻传播学学术研究立足于社会现实，媒介研究类学术文献具有强烈的时代相关性，能够较好地反映与所研究媒介紧密相关的话题，也能间接地反映所研究媒介的固有属性，以学术文献为研究对象完成知识图谱分析,能够有效地测量媒介主题特征,是被学界承认且广泛使用的一种方法。

学术研究中知识图谱分析的应用领域可以分为两大类,分别应用了知识图谱的描绘功能和透析功能。知识图谱的描绘功能是其传统功能也是最主要的应用。呈现知识内容的时间分布关系,地域分布关系,组织机构之间的合作关系,高产作者分布关系,高影响力作者分布关系,核心期刊群集及引用关系,研究热点与研究前沿、发展趋势与研究进展,用于明晰学科结构、揭示学科关系、进行科学评价、探究学科历史等目的。然而,知识图谱的应用绝不仅仅局限在描绘方面,"知识图谱的应用领域很广,从科研到教学到社会问题的解决等,无不渗透"①。知识图谱在社会问题解决等领域的应用主要体现在其所具有的透析功能,学界对特定主题的内容建构透析了研究问题本身的特征。如郭未等以"社会风险"和"社会信任"为关键词的学术文献为研究对象,完成了知识图谱分析,认为研究结果能够透视当代中国现实中所面临的社会问题的类型、特征和性质等。哈里塔什等(Haritash)通过知识图谱分析透视民众都在关心什么问题,并用于政府决策。

本节以新闻传播学学术文献为研究对象,但研究目标并不在于描绘新闻传播学科建构了怎样一个学术地图,研究中选取关于报纸、电视、网络媒介研究的文献为研究样本,是对特定主题内容的知识图谱的描绘,分析不同主题内容之间的差异性,并试图从这种差异性中透析网络媒介的偏向性特征。这种研究对象的选取是现有研究局限性下的策略性方案,但依据已有研究及学界对知识图谱研究的实际应用,亦被广泛承认与使用,能够间接证明本节的研究观点。

2. 研究样本

该研究进行期间,我们于2017年10月至11月收集了1997年1月1日至2016年12月31日期间所有满足条件的文章关键词。研究以中国知网为数据来源,采用了高级检索办法,跨库选择"期刊""国内会议""国际会议""学术辑刊""硕士""博士"6类研究文献类型。按"学科"分类,从学科分类中选择"新闻与传媒"学科,以"报纸"或"报刊"为搜索关键词进行关键词模糊匹配检索,完成了对满足条件的34 244篇论文的数据抓取;以"电视"为搜索关键词进行

---

① 廖胜姣,肖仙桃. 科学知识图谱应用研究概述[J]. 情报理论与实践,2009,32(1):122-125.

关键词模糊匹配检索,完成了对 151 465 篇论文的数据抓取;以"网络"或"新媒体"为搜索关键词进行关键词模糊匹配检索,完成了对 99 406 篇论文的数据抓取。共计抓取到符合搜索条件的论文 285 115 篇,以其为研究样本总量进行分析,由于 2000 年以前论文数量较少,且大部分论文没有明确写明论文关键词,经检验,计算机自动语义提取算法不能准确地获得论文关键词,故在研究样本中去掉了 1996—1999 年 4 年的所有数据,保留了 2000—2016 年共计 269 014 篇论文数据。17 年间 3 种媒介形态具体文章数量如表 4-1 所示。

表 4-1 媒介形态研究论文数量

年份	报纸	电视	网络
2000	1 168	4 458	1 452
2001	1 286	4 638	1 695
2002	1 468	4 365	1 342
2003	1 518	4 696	1 325
2004	1 390	5 201	1 393
2005	1 638	6 014	1 728
2006	1 944	10 158	3 795
2007	2 278	8 155	3 213
2008	2 080	8 716	3 994
2009	2 205	8 616	5 107
2010	2 191	9 868	6 267
2011	2 355	9 444	7 600
2012	2 204	11 578	7 456
2013	2 170	10 535	10 466
2014	1 830	11 056	10 602
2015	1 834	11 718	16 719
2016	1 527	10 980	13 578

研究中以关键词为直接考察对象,经测试,计算机算法语义提取的关键词不能准确代表文章的研究问题,直接作为考察对象会引起较大研究误差。因而,本节仅以文章原有关键词为考察对象,研究数据中需要清洗掉自身没有关键词的文章,经过进一步数据清洗,研究保留了 2000—2016 年共计 130 633 篇

论文数据,搜索范围内49%的学术文章明确写出了论文关键词,17年间3种媒介形态研究论文具体文章数量如表4-2所示。

表4-2 标注了关键词的论文数量

年份	报纸	电视	网络
2000	90	560	305
2001	123	715	397
2002	155	512	407
2003	193	499	431
2004	234	578	522
2005	325	848	581
2006	461	1 317	857
2007	640	2 002	1 319
2008	593	2 319	1 653
2009	746	2 717	2 490
2010	873	3 306	3 475
2011	1 119	3 858	4 424
2012	1 155	4 656	5 902
2013	1 210	5 442	6 937
2014	1 091	6 186	8 894
2015	1 209	7 993	12 876
2016	1 135	8 662	15 641

(二)研究方法

关系网络分析方法是一套用来分析多个个体通过相互联系构成的网络的结构、性质以及其他用于描述网络属性的分析方法的集合,强调从关系或结构的角度把握研究对象,注重个体间的关系,发展出了一套用来描述网络结构特征的具体测量方法和指标[1]。关系网络研究方法被广泛地应用于各个研究领

---

[1] 赵丽娟. 社会网络分析的基本理论方法及其在情报学中的应用[J]. 图书馆学研究, 2011(20):9-12.

域,最为常见的如社会关系研究,因而关系网络研究方法通常被称为社会网络分析方法,其主要研究社会活动中不同行动主体之间的联系,如企业之间的关系网络、企业内部科层之间的权利关系、政府组织机构之间的关系网络、小团体内部各个行动者之间的关系网络等。关系网络研究在互联网研究中也得到了广泛应用,如内容信息在各个网站之间的流转关系研究、信息内容在各个行为主体之间的转发关系研究、信息内容在各个节点之间的扩散研究、行动者之间的意见引领关系研究等。关系网络研究方法同样也广泛应用于文献知识图谱研究领域,最常见的应用为文献引用关系研究和文献关键词共现研究。本节考察不同媒介形态下研究内容的偏向性,关键词是论文的核心关注点,能够代表一篇文章的视角、领域等基本信息,因而以关键词为重点考核对象,通过关系网络研究方法研究文献关键词的共现情况。

共现分析之前,首先对数据清理之后的 130 633 篇文章关键词进行了共现词组生成。依照研究惯例,每篇论文至多选择 5 个关键词,对每篇论文中出现的关键词进行两两共现组对,即 5 个关键词可以组成 10 组无相度数列,以 A、B、C、D、E 分别代表 5 个关键词,则组成了 AB、AC、AD、AE、BC、BD、BE、CD、CE、DE10 组数据对。数据对中每一个关键词代表了关系网络的一个节点,每两个关键词之间的关系代表了节点之间的一条边。关系网络研究对节点(关键词)的分析数据包含了点度中心度、接近中心度、中间中心度、特征向量中心度等测量指标,都可以用来衡量节点在网络中的重要程度。点度中心度强调某个节点单独的价值,通过计算节点所拥有的边的数量得到,可以描述节点的基本信息。接近中心度强调节点在网络中的价值,数值越大越靠近网络中心。中间中心度强调节点对其他节点的调节能力,数值越大中介作用越大,越扮演起节点的角色。

特征向量同样强调节点在网络中的价值,数值越大越在关系网络中扮演重要的角色,与接近中心度不同的是节点的价值不只取决于其直接关系数据,而是根据其邻点的价值迭代计算而来,Google 排序所使用的 pagerank 算法即为特征向量排序。本节需要考察特定关键词在文献研究中的重要性程度,而不仅仅考察关键词出现的次数及所获得边数量,想要得到关键词对有影响力的关键词的影响力情况,因而数据排序中采用了点的特征向量中心度算法。另外,从原始数据可以看出,报纸、电视、网络三个媒介形态之间的样本数量有较大的差异,直接对各组之间的数据特征量进行对比缺乏可信度,因而特征向量输出中,本节对输出值进行了归一化处理,完成标准化数据输出。2000—2016 年符合搜索条件的论文中共计有 89 017 个关键词,以每年每种媒介形态为分组单位,标准化特征向量大于 0.1 的关键词共计 635 个。

关系网络中节点之间的距离定义为两个节点之间通过几条连接线能够相互关联,直接连接的两个节点则互为一阶邻居节点,两个节点之间需要通过第三个节点产生关联时,则称这两个节点是彼此的二阶邻居节点。本节关键词的一阶邻居是直接与所考察关键词同时出现在一篇研究论文中的关键词,关键词的一阶邻居节点之间可能同时出现在同一篇论文中,也可能未同时出现在任何一篇论文中,但之间通过其他节点产生了密切联系。根据关键词之间的紧密联系,研究中能够对关键词完成不同类型的聚类划分,本节聚类分析中采用了凝聚形式的层次聚类算法,具体采用了克劳塞等人提出的一种"快速的贪婪优化"方法[1]。

(三) 研究编码

由于学术研究中关键词具体名称及书写有一定差异,为了更准确地得到每个关键词的研究情况,笔者和研究助理完成了对 89 017 个关键词的人工编码,并对同义词进行了合并。如"议程设置"关键词在学术研究中还写为"议题设置""议程设置理论""议程设置功能理论""媒体议程设置""议程设置效果","沉默的螺旋"关键词还写为"沉默螺旋""沉默的螺旋理论""沉默螺旋理论""诺尔纽曼沉默螺旋理论","大学生"还以"当代大学生""中国大学生""'90后'大学生""首都大学生""在校大学生"等形式出现。各个词之间虽然表述还有一定差异,但明显属于同一意义。数据编码过程中,我们还在人工整理出同义词后将数据表中所有同义词完成了统一置换。

第二章研究中从"媒介舞台的消失"和"媒介公众的'浅薄'"两个方面论述了网络媒介的民众化偏向。实证分析中我们认为媒介舞台的消失伴随着普通人群体身份的活跃以及再构中的精英群体身份的普通人化,并以群体身份议题的这种偏向性作为"媒介舞台的消失"的操作化测量指标。"媒介公众的'浅薄'"方面,我们认为娱乐议题、色情暴力议题、流行文化议题都不需要长时间的

---

[1] Clauset A, Newman M E, Moore C. Finding community structure in very large networks [J]. Physical Review, 2004, 70(6) 111.

专注力和深度的解码,具有"浅薄"的属性,因而可以作为"媒介公众的'浅薄'"的操作化测量变量。另外,就不同媒介之间的差异性研究来讲,传播理论本身的研究指向性也间接反映了媒介关注点的变迁,大众传播经验研究理论贯穿于学术研究的各个时期,应用于传播学研究各个领域,媒介规范议题伴随着新闻媒介始终,媒介失范问题在新闻传播中被长期讨论。因而本节通过人工编码,从整理出来的89 017个关键词中梳理出了大众传播经验研究理论、媒介规范议题、身份议题、色情暴力议题、娱乐议题、媒介流行文化议题,共计6类编码表,用以测量不同媒介之间的偏向性,并用群体身份议题、色情暴力议题、媒介流行文化议题、娱乐议题这4类编码表测量不同媒介之间的民众化偏向性。

大众传播经验研究理论收集了"议程设置""沉默的螺旋""涵化理论"等14个经典大众传播理论。媒介规范议题编码表包含了"新闻道德""媒体公信力""信息侵权""媒体窥私"等32个关键词,区分出了媒介失范议题,如"假新闻""新闻炒作""新闻媚俗化""有偿新闻"等。身份议题编码表收集了各类职业身份、类属身份共计233个关键词,参照学者的研究惯例,将精英划分为政治精英、商业精英、知识精英3种身份类型①,如"教师""记者""科学家""公务人员""党政官员""医生"等,精英身份以外的归类为普通人身份,如"青少年""酱油男""腐女""司机""农民工"等,普通人身份之中又区分出具有典型草根属性的草根身份和归属不明确的普通人身份。色情暴力议题编码表中收集了50个具有明显指向性的关键词,如"媒体暴力""冷暴力""性别暴力""符号暴力""女色消费""人肉搜索"等。娱乐议题编码表收集了30个娱乐人物或话题,如"真人秀""韩流""快乐女声"等。媒介流行文化议题编码表收集了55个关键词,如"腐文化""网络侵权""舆论审判""网络问政""表情包"等,将具有明确浅显属性的媒介文化进一步归类为媒介流行文化,如"元芳体""围观""吃播秀"等。

三、研究发现

(一)网络、电视、报纸研究的差异性

经典大众传播经验研究理论方面,在17年学术研究的整体网络中,网络研

---

① 夏倩芳,张明新. 新闻框架与固定成见:1979—2005年中国大陆主流报纸新闻中的党员形象与精英形象[N]. 新闻与传播研究,2007(2):29-41,95.

究的平均特征向量值最大,网络、电视、报纸的大众传播经验研究理论平均特征向量值依次为 0.015 97、0.008 01、0.004 28,T 检验在 0.05 水平上网络与报纸形成了显著差异($p=0.03$),网络与电视不能形成显著差异($p=0.19$),电视媒介和报纸媒介之间差异显著性更小($p=0.42$)。我们对统计结果进行了交叉复验,研究了每年每种媒介平台共计 17×3 个关系网络中的大众传播经验理论特征向量。与整体网特征向量值进行了对比分析,51 个局部网络中,网络媒介依然对大众传播经验理论研究具有最大的平均值,电视介于中间,报纸最小,网络与电视和报纸之间的在 0.05 水平上均达到差异显著,交叉检验在一定程度上支持了整体网统计结果。

身份议题差异性方面,分析了精英身份、非精英身份和草根身份分别在 3 种媒介各自 17 年整体网络中的特征向量,发现电视研究的整体网络中精英身份特征向量值最大,电视和网络、报纸的特征向量值分别为 0.011 62、0.001 78、0.000 92。网络研究在非精英身份整体网络分析中以及在草根身份整体网络分析中都具有最大的特征向量值,特征向量值均在电视和报纸媒介的 10 倍以上,且在草根身份整体网络分析中与报纸媒介形成了显著差异。以每种媒介每年关系数据为选取范围的局域网分析中,电视研究同样具有最大的精英身份特征向量值,网络研究具有最大的非精英身份特征向量值以及草根身份特征向量值,且在 0.05 水平上,与电视、报纸研究均形成了非精英身份显著差异,与报纸形成了草根身份显著差异,交叉检验结果支持了整体网统计结果,且达到了统计显著。

媒介规范议题研究中,分析了媒介规范议题和媒介失范议题分别在 3 种媒介 17 年的整体网络,发现网络、电视与报纸 3 种媒介研究在媒介规范议题讨论方面特征向量值差别均在 10%以内,T 检验 p 值均在 0.8 以上,差异均不显著。网络研究在媒介失范议题讨论方面具有最大的特征向量值,特征向量值均与电视差别在 10%以内,与报纸研究的特征向量差别则在 10 倍以上,但在 0.05 水平上统计不显著。以每种媒介每年的关系数据为选取范围的局域网分析中,网络、电视与报纸在媒介规范议题研究方面特征向量差别均在 10%以内,网络媒介研究和电视媒介研究在媒介失范议题讨论方面具有 10%以内的差别,与报纸研究的特征向量差别都在 10 倍以上,但没有形成统计显著,交叉检验支持了整体网统计分析结果。

色情暴力议题差异性方面,整体网分析结果显示,网络媒介研究中的暴力议题特征向量值最大,与电视研究的特征值差别在 10 倍以内,与报纸研究的特征值差别在 30 倍以上,且与报纸研究 T 检验在 0.05 水平上差异统计显著。局域网交叉检验分析显示,网络研究同样具有最高的暴力议题特征向量值,与电视研究相差在 10 倍以内,与报纸媒介研究相差则在 100 倍以上,T 检验结果显示在 0.05 水平上三者之间均形成了显著差异,交叉检验结果支持了整体网分析结果且增加了网络研究和电视研究之间的差异显著性。

娱乐议题差异性方面,整体网分析结果显示,电视媒介研究中的娱乐议题特征向量值最大,其次是网络,电视与报纸和网络的特征向量差别均在 10 倍以内,T 检验结果在 0.1 水平上均不能形成显著差异。局域网交叉检验分析显示,电视媒介同样具有最高的娱乐议题特征向量,网络其次,电视与报纸和网络的特征向量差别均在 10 倍以内,T 检验结果显示在 0.05 水平上形成了显著差异,交叉检验支持了整体网统计结果,且形成了电视与网络和报纸之间的差异显著性。

媒介流行文化议题差异性方面,整体网分析结果显示,网络媒介研究中具有明显浅薄属性的媒介流行文化特征向量值最大,与报纸和电视的特征向量差别均在 10 倍以上,T 检验结果在 0.05 水平上均形成了显著差异。局域网交叉检验分析显示,网络媒介研究中具有明显浅薄属性的媒介流行文化特征向量值最大,与报纸和电视的特征向量差别均在 10 倍以上,T 检验结果显示在 0.05 水平上均形成了差异显著,交叉检验结果与整体网统计结果一致。

整体网和以年为统计单位的局部网分析中,各个媒介平台之间的特征向量值大小排序一致,差异显著性 p 值大小排序也一致,但整体网中能够形成显著性差异的数量少于局部网分析结果,我们认为时间变量是影响显著性系数不同的一个原因。因而,在进一步统计分析中,我们以时间和媒介平台作为虚拟变量,以编码内容的特征向量值作为因变量,对以上各组数据完成了多元回归分析,控制了时间变量后,发现网络媒介平台在 0.001 水平上对具有明显浅薄属性的媒介流行文化具有显著性影响,在 0.001 水平上对暴力议题具有显著性影响,在 0.001 水平上对媒介非精英身份具有显著性影响,在 0.001 水平上对大众传播经验研究理论具有显著性影响。电视媒介平台在 0.001 水平上对娱乐议题具有显著性影响,在 0.001 水平上对媒介精英身份具有显著性影响。0.001 水平上,网络、电视与报纸 3 种媒介形态均不能对媒介规范议题以及媒介失范议题形成显著影响。

(二)网络、电视、报纸媒介的研究视角偏向

"议程设置""新闻专业主义""大学生"等问题在各种媒介形态研究中都具有相对较高的特征向量值。研究视角偏向方面,我们以"议程设置"理论、"新闻专业主义"媒介规范、"大学生"人物身份为例,探讨相同媒介问题在不同媒介形态研究中的视角偏向。

"议程设置"研究视角偏向方面,以17年报刊研究整体网为关系数据来源,提取"议题设置"节点的一阶邻居节点,采用克劳塞等提出的层次聚类算法,对一阶网络进行聚类分析。数据结果显示,"议程设置"在报刊研究整体网络中形成了5个研究团体,最大团体具有54个成员,最小团体有3个成员。研究视角聚焦在"大众媒体""新闻体制"等媒介的议程设置能力,"《人民日报》"等所营造的"拟态环境""新闻策划""公共政策""新闻来源"的议程建构等方面。以17年电视研究整体网为关系数据来源,提取"议题设置"节点的一阶邻居节点,聚类分析显示,"议程设置"在电视研究整体网络中形成了5个研究团体,最大团体有143个成员,其他团体成员数均在40以内,与报刊研究中突出《人民日报》等主流媒体类似,电视研究中重点突出了"中央电视台""新闻联播""央视春晚"等媒介议程设置。与报纸研究不同之处在于,报纸重点关注宏观的新闻体制、公共政策的议程能力,而电视研究则凸出了"娱乐化""低俗化""真人秀"等娱乐性话题对"受众"的议程设置。以17年网络研究整体网为关系数据来源,提取"议题设置"节点的一阶邻居节点并进行聚类分析。数据显示,议程设置在网络媒介研究整体网络中形成了17种团体,最大团体有469个成员,最小团体有2个成员,与报刊、电视研究重点突出主流媒体的议程引领能力不同,网络研究并没有凸显某些媒体单位,最大团体突出了"公众""农民工""弱势群体"等主体以及"三鹿奶粉"等各类公共事件在传播研究中的重要价值。"舆论""社区公共事务""现实生活"等民众话题的讨论形成了不同的研究团体,媒介事件贯穿于各种团体之间,除了能够形成较大研究团体的媒介事件外,还形成了围绕"成都女司机被打事件""药品危机事件""群体突发事件网络舆情"等媒介事件讨论的小的聚类团体。

"新闻专业主义"研究视角偏向方面,以17年报刊研究整体网为关系数据来源,提取"新闻专业主义"节点的一阶邻居节点并进行聚类分析。数据显示,报刊研究中围绕新闻专业主义形成了15个团体,最大团体65个成员,最小团

体 3 个成员,研究中最具有突出地位的是对新闻专业主义的探讨与追求,如"反思""客观""真实性""新闻事业""新闻理念""公共领域""专业化""责任""职业道德"等组成了最大的研究团体。另外,报刊研究中的新闻专业主义探讨同样也突出了媒介平台,如"《南方周末》""《大公报》""《河南法制报》"等具体媒介分别位于不同的研究团体之中。报刊研究中的新闻专业主义同时还涉及了各类新闻事件,形成"言论自由""社会效益""制度建设""信源"等方方面面的讨论团体。以 17 年电视研究整体网为关系数据来源,提取"新闻专业主义"节点的一阶邻居节点并进行聚类分析。数据显示,电视研究中围绕新闻专业主义形成了 5 个团体,最大团体有 67 个成员,最小团体有 3 个成员,最大团体围绕"央视""公共广播电视"等电视媒介及"汶川地震"等重大新闻现场展开"新闻专业主义"的探讨,电视研究中的新闻专业主义还突出了"《新闻调查》""《都市零距离》"等具体节目形式及其所强调的"人文关怀""职业素养"等具有电视媒介特色的新闻专业主义词汇。以 17 年网络研究整体网为关系数据来源,提取"新闻专业主义"节点的一阶邻居节点并进行聚类分析。数据显示,网络研究中围绕新闻专业主义形成了 4 个团体,分别具有 133 个、61 个、25 个、14 个成员,最大团体研究中没有像报刊一样突出新闻专业主义理想,也没有像电视一样围绕核心媒介、重大新闻现场展开对新闻专业主义的探讨,网络研究最大团体中围绕"家庭暴力""灾难性事件""邓玉娇事件""山东疫苗事件"等媒介事件突出了"缺失""假新闻""失范""反转新闻""非新闻专业主义"等网络报道现状,从"怨恨""新闻浮躁"等方面进行了"反思"。第二个团体研究中则从"网络暴力""弱势群体""公民新闻业""舆论监督"等方面凸显了新闻专业主义所处的传播环境。第三个团体凸显了"深度报道""新闻教育""突围""内容为王"等关键词,但这个网络研究中的子团体的核心关键词是"报刊"。第四个团体从"挑战""机遇""新闻素养"等方面探讨了网络新闻专业主义的出路。

"大学生"人物身份研究视角偏向方面,以 17 年报刊研究整体网为关系数据来源,提取"大学生"节点的一阶邻居节点并进行聚类分析。数据显示,报刊研究中围绕大学生议题总共形成了 4 个聚类团体,其中最大团体 32 个成员,最小团体 3 个成员,报刊研究中大学生的人物形象具有明显的精英属性,4 个聚类团体分别突出了大学生的"媒介素养"和"传媒影响力",大学生在"报刊""创新"中的"对策"和"影响","纸质媒介"的"取向"和"惯习",以及"报纸编辑学"的"教学改革"。以 17 年电视研究整体网为关系数据来源,提取"大学生"节点的一阶邻居节点并进行聚类分析。数据显示,电视研究中围绕大学生议题总共形成了 5 个聚类团体,最大团体 112 个成员,第二团体 33 个成员,不同于报刊研究中将大学生作为创新主体、影响力来源,电视研究中的大学生带有明显的消费者身份,最大团体中"认知卷入度""外部行为卷入度""收视习惯""社会需求""情感体验""婚恋交友类节目""媒介依赖症""心理影响"等核心关键词建构了大学生的电视媒介消费者形象,第二团体及其他团体则从不同维度凸显了作为消费者的大学生对电视娱乐功能的"使用与满足"以及对"商业化"电视媒介的娱乐消费。以 17 年网络研究整体网为关系数据来源,提取"大学生"节点的一阶邻居节点并进行聚类分析。数据显示,网络研究中围绕大学生议题总共形成了 5 个聚类团体,最大的团体 745 个成员,最小的团体也有 160 个成员,其他 3 个团体成员数分别为 339 个、214 个和 175 个,网络媒介研究中的大学生最核心角色不是报刊研究中的创新主体,也不是电视研究中的娱乐产业的被动消费者,其更多地扮演了网络时代普通民众的身份角色,745 个成员团体中,大学生是网络媒介的使用者,具有类似于电视媒介的"网络依赖症""信息需求""媒介消费",是网络"负面影响""网络沉迷""信息污染"等网络时代普遍问题的普通经历者,需要树立正确的"价值观",提高"媒介素养""自我修养",加强"思想政治教育""媒介素养教育""道德教育""审美教育""价值观教育"。第二大团体中大学生是网络"舆论""舆情""突发事件""群体性事件""侵权""群体极化""热点事件"的行为主体和管理对象。第三个团体围绕"电视"和"网络视频"展开,探讨大学生参与下的网络视频节目"创新""优化""策略""路径""推进",具有类似于报刊媒介研究中的大学生角色。第四个团体凸显了网络"恶搞""网络色情""韩国综艺节目"等网络时代的"生活方式""亚文化"及其对网络"民主""文化"的"异化"。第五个聚类团体凸显了大学生与网络"道德缺失""污名化""社会性别""媒介与性别""网络语言""网络语言暴力""网络民主暴力"等网络时代话题的关联性。

四、结论与讨论

媒介逻辑理论中,"形式"包含了媒介形态等,"内容"包含了呈现风格、焦点问题等。互联网媒介形态影响了与其紧密相关的研究问题及问题的研究视角,使得互联网媒介的焦点问题呈现出明显的民众化偏向特征,流量逻辑的"多数人"维度得到佐证。

(一) 网络媒介研究问题的民众化偏向

综合整体网、局域网以及控制了时间变量影响因素的检验结果,我们得出大众传播经验研究理论、群体身份议题、色情暴力议题、娱乐议题、媒介流行文化议题等在不同媒介之间都形成了显著性差异。但媒介规范议题作为新闻传播学研究领域的核心问题,并不倾向于被更多地应用于任何一种媒介形态,在各个媒介之间并不具有明显的差异性。回答了 Q1,不同媒介之间在大众传播经验研究理论等研究问题方面具有显著的差异性,但不同媒介形态之间的差异性并不具有普遍性,这也在一定程度上表明了媒介技术作用下媒介内容的偏向性是有选择性的偏向性,媒介技术对媒介内容的制约性作用是与具体内容的双向互动中完成的动态性制约作用。

从民众化偏向的两个方面考察了与各个媒介紧密相关的研究问题,发现互联网媒介研究问题具有明显的民众化偏向,回答了 Q2。①"媒介舞台的消失"方面,通过对群体身份议题研究状况的分析,发现精英身份在电视研究中被最广泛地讨论,网络研究中对精英身份的讨论远远低于电视研究和报纸研究,与之形成鲜明对比的是,网络研究中对非精英身份以及草根身份的讨论都具有远大于电视研究和报刊研究的特征向量,且能够形成统计显著,多元回归同样表明网络媒介在 0.001 水平上对非精英身份具有显著性影响。研究结果表明,网络社会中的媒介行为主体发生了转移,从传统媒介中的精英主体转向了普通人主体,互联网社会"媒介舞台的消失",普通人将自己变为媒介的参与者,吻合了第二章的研究结果。②"媒介公众的'浅薄'"方面,通过对色情暴力议题、媒介流行文化议题、娱乐议题研究状况的分析,研究发现:色情暴力议题在网络研究中具有远高于电视研究和报刊研究的特征向量值,且形成了显著性差异,多元回归分析同样也表明在 0.001 水平上,网络研究对暴力议题具有显著性影响;媒介流行文化议题在网络研究中同样具有远高于电视研究和报刊研究的特征向量,在局域网对比分析中形成了显著性差异,多元回归分析同样也表明在 0.001 水平上,网络媒介对媒介流行文化的特征向量值具有显著性影响;娱乐议题在电视研究中具有最高的特征向量值,网络研究其次,报纸研究最低,在局域网对比分析中电视研究与网络研究和报纸研究都形成了显著差异回归分析同样表明电视媒介在 0.001 水平上显著影响娱乐议题的特征向量值。研究结果表明,色情暴力议题和媒介流行文化议题都更倾向于出现在网络研究中,网络媒介相比于电视媒介和报刊媒介，具有更多的"浅薄"议题倾向性，吻合了第二章的研究结果。娱乐虽然也代表了"浅薄"的一个面相，是网络媒介的一种特征，但网络媒介的娱乐属性并不足以撼动娱乐作为电视媒介的主导性媒介特征，研究结果符合实际状况，与理论讨论结果并不冲突。

（二）网络媒介问题研究视角的民众化偏向

通过对"议程设置"理论、"新闻专业主义"议题、"大学生"议题研究视角偏向性的分析，发现网络媒介中"议程设置"理论、"新闻专业主义"议题、"大学生"议题的研究视角都具有民众化偏向视角，回答了 Q3。相比于报刊和电视，网络媒介问题研究视角更具有民众化偏向。

"议程设置"理论在报刊研究、电视研究、网络研究中都得到了广泛讨论，从各自形成的研究团体而言，网络研究形成了 17 个研究团体，报纸和电视各自形成了 5 个研究团体，且团体成员数不比网络研究形成的团体成员数多。报刊研究的视角聚焦在宏观体制及主流纸媒的议程设置能力上；电视研究的视角聚焦在主流电视媒体的议程设置能力外，同时还凸显了电视的娱乐功能对媒介受众的议程设置能力；网络研究中议程设置的视角，与报刊和电视研究形成了鲜明的对比，电视和报刊都凸显了媒介本身，强调了媒介本身的作用，网络研究中则凸显了媒介事件，围绕不同媒介事件形成了大小不一的 17 个聚类团体，视角涉及各类公共事件及各个阶层的行为主体。研究结果表明，网络研究对议程设置等大众传播经验研究理论的应用和讨论更加多元，同时也形成了完全不同于传统媒体所关注的研究视角。传统媒体研究中的大众传播经验研究理论反映了媒介的控制与规划视角，是一种自上而下的力量，代表了精英管理模式。网络媒介研究中的大众传播经验研究理论反映了以媒介事件为本的经验理论研究视角，是基于事实推动的研究视角，代表了普通人主体模式。

"新闻专业主义"同样在报刊研究、电视研究与网络研究中得到了广泛讨论。研究团体方面，与议程设置研究形成了鲜明对比；"新闻专业主义"研究视角方面，在报刊研究中形成了 15 个研究团体，在电视研究中形成了 5 个团体，在网络研究中形成了 4 个团体。报刊研究核心凸显了对新闻专业主义的学术建构与反思，研究了组织机构的专业性，同时基于各种视角展开了对新闻专业主义的讨论；电视研究聚焦在主流平台以及重大新闻现场中的新闻专业主义，同时还凸显了电视媒介的人文情怀；网络研究中对新闻专业主义的讨论更加基于实证,重点围绕媒介事件讨论媒介的专业性或非专业性,关注媒介事件中具体问题,探讨网络环境下公民新闻的专业主义及其出路。研究结果表明,报刊研究对新闻专业主义的讨论视角更加多元,但以报刊和电视为代表的传统媒介研究中,新闻专业主义的核心视角都聚焦在宏观的思考与建构,新闻专业主义是主流媒体平台在重大新闻现场的展示,是脱离普通大众的媒介行业的自我修养,而网络媒介的新闻专业主义则更具有平民属性,是基于普通大众和社会事件的新闻专业主义,是更具有普通人偏向的媒介规范讨论。

"大学生"议题在报刊研究、电视研究、网络研究中都得到了广泛讨论,从各自形成的研究团体而言,网络研究和电视研究各自形成了5个研究团体,报刊研究形成了4个研究团体。报刊研究中,"大学生"具有精英身份符号,是创新的主体和变革的推动者;电视研究中,"消失的地域"[①]淡化了大学生的精英角色,使其成为电视娱乐产业链中的消费者;网络研究中,"媒介舞台的消失"消解了大学生身份本身,使其成为网络时代的普通民众,像网络时代的其他网民一样,是需要被教育、被关怀、被引导、被管理的行为主体,是网络舆情、群体事件的参与者,虽然也包含了电视媒介所塑造的消费者形象和报刊媒介所塑造的精英形象角色,但这些角色特征在主要性方面都让位于普通网民角色。研究结果表明,报刊媒介中"大学生"身份具有和普通民众身份相区隔的特征,电视媒介中这种区隔开始消融,互联网社会中媒介舞台的消失,完成了对大学生身份符号的消融与再造,互联网媒介更具有普通人偏向的研究视角。

五、研究不足

本节旨在检验流量逻辑的"多数人"维度,用"民众化偏向"测量当下媒介语境中的"多数人"偏向,并在第二章研究的基础上完成了对民众化偏向的操作化测量,操作化测量过程中对理论概念进行了窄化处理,研究结论的得出能够对窄化后的概念形成解释,在一定程度上能够佐证理论讨论结论,但难免不够完备。

另外,研究样本数据量大,编码中也存在一些不足。笔者请两位新闻传播学硕士研究生分别独立从近9万个关键词中完成人工编码工作,两个编码者对各个类目独立收集的词汇有70%以上的重合度,对于没能达成一致的词汇再由

[①] 梅罗维茨《消失的地域》,指电子媒介对场景的融合。

笔者和另外一名具有10年以上教学经验的新闻传播领域教师经过多轮讨论最终确定。由于本节涉及面广，加之研究者个人能力和学识面有限，编码的效度等方面还有待于进一步提高完善。

第三节 人的共性需求维度(一)：网络媒介的情绪化表达研究[①]

流量逻辑的"人的共性需求"维度方面，考虑到流量逻辑不只影响到媒介文本内容，还影响到以媒介为中介的社会互动，因而从"网络媒介的情绪化表达"和"网络媒介的情绪化互动"两方面研究了网络媒介的情绪化偏向，分别在本节和下一节中完成。

本节在量化实证研究路线上，考察互联网公共舆论中情绪化表达的普遍性程度以及情绪化表达的影响力，旨在证明互联网媒介平台上的情绪化表达问题突出，用以诠释互联网流量格式作用下的媒介内容呈现出情绪化表达特征，佐证互联网技术影响媒介内容的"人的共性需求"偏向。

一、具体研究假设的提出

(一)公共舆论中的情绪化表达

公共舆论是在一定的时空语境下表达出来的舆论声音[②]，是由社会成员组成的公众对公共领域中产生的公共事务所形成观点的汇聚和集合。从历史上讲，在西方思维中，情感和理智被看作相反的两种力量，一端是情感和非理性，一端是认知和理性。20世纪20年代，李普曼和杜威围绕公共舆论的理性特征展开了一场广受学界关注的讨论[③]，同样也认为情绪化是人的基本特征，是非理

---

① 本部分的独立论述见：党明辉.公共舆论中负面情绪化表达的框架效应：基于在线新闻跟帖评论的计算机辅助内容分析[J].新闻与传播研究,2017,24(4):41-63,127.

② 张涛甫.试论当代中国的舆论表达主体[J].中国地质大学学报(社会科学版),2010(3):6-10.

③ 学界认为杜威发表的《公众及其问题》与李普曼发表的《幻影公众》形成了一场隔空的争论。

性公共舆论产生的根源。网络舆论中,几乎随处可见情绪化表达的情况,它没有或缺乏理性判断作为情绪宣泄的支持,也不会以一种理性认识和行为选择来结束①。

网络空间中的非理性表达是近年来学界研究的一个热点,网民私人角色与公共性原则的冲突,网民言论的分散化、碎片化等特点使得网络空间具有非理性话语特征②,网络草根传播的民粹化促使非理性表达的广泛传播。新媒体赋权对公众社会交往和日常生活产生深刻影响,同时也产生了一些社会问题,网络的匿名、离散、碎片、便捷特性与中国网民的结构特征联系起来,导致网络空间充斥着解构、恶搞与怨恨等非理性言论。非理性言论常常伴有浓厚的情感色彩,中国网络公共事件的发生和发展,往往遵循情感的逻辑③,存在强烈的泛道德主义倾向,理性思辨往往被情感动员所压制,甚至谣言被视为弱者反抗的武器④。情感逻辑驱动下偏激观念的强化⑤,公众往往把网络平台当成负面情绪的宣泄场,肆意发泄对突发事件真相、成因、政府处置措施以及潜藏背后的社会道德、体制等的质疑和批判,互联网成为弱势群体展示伤痕和互相取暖的地方,也经常变成倾泻"仇官""仇富"等负面情绪的"垃圾箱"。网民在公共事务中的负面情绪化表达被视为非理性情绪化宣泄的一种重要形式,通常包含偏激性、愤怒性、攻击性的语言暴力,谩骂式的网络污言秽语,网络谣言,道德审判等⑥。

流量逻辑的"人的共性需求"维度中,我们假设:互联网媒介内容具有情绪化偏向特征,在线公共舆论的情绪化表达问题突出,情绪化表达具有普遍性和影响力。

---

① 王来华. 如何应对网络舆情过度情绪化表达[N]. 光明日报,2015-07-16(16).
② 胡玲. 网络的公共表达与"话语民主"[J]. 当代传播,2009(5):67-69.
③ 杨国斌. 悲情与戏谑:网络事件中的情感动员[J]. 传播与社会学刊,2009(9):39-66.
④ 郭小安. 网络抗争中谣言的情感动员:策略与剧目[J]. 国际新闻界,2013(12):56-69.
⑤ 钱弘道,王梦宇. 以法治实践培育公共理性:兼论中国法治实践学派的现实意义[J]. 浙江大学学报(人文社会科学版),2013(5):18-32.
⑥ 严利华,高英波. 从个案激情、话语互动到公共理性:基于突发事件中的网络舆论分析[J]. 当代传播,2015(1):44-46.

鉴于公共舆论中的负面情绪化表达以及其所反映的非理性表达在学术研究中具有重要的研究价值,因而我们以公共舆论中的负面情绪化表达作为研究切入点,探讨在线公共舆论中的负面情绪化表达的呈现状况,更加聚焦地展现互联网媒介内容的情绪化偏向,并以此来佐证流量逻辑的"人的共性需求"维度。

(二)在线公共舆论中的负面情绪化表达的呈现状况

网络媒介公共舆论在多大程度上存在负面情绪化表达?流量逻辑假设中认为情绪化表达在互联网媒介公共舆论中具有普遍性特征。批判性研究学者也具有相同的观点,在对网络民粹主义、网络暴力、网络道德审判等方面的研究中普遍认为在线公共舆论中弥漫着负面情绪化表达。然而,负面情绪化表达虽被学界广泛讨论但并未能形成精确的描述,以往研究中对情绪化表达的研究普遍建立在观察描述层面。为了更精确地了解在线公共舆论中的情绪化表达的具体程度以及情绪化表达的相关因素,揭示互联网媒介的公共表达话语体系,需要对在线公共舆论中的情绪化表达展开量化统计。

为了对网络媒介平台上的情绪化表达完成量化分析,我们采用凯文·科(kevin Coe)使用的两种途径对在线新闻跟帖评论的负面情绪化表达进行统计:①所有跟帖评论中的负面情绪化评论比例;②所有跟帖评论条目中至少含有一条负面情绪化评论的新闻占总新闻数量的比例。前一种测量方法反映了在线新闻跟帖评论的负面情绪化表达数量比例,后一种测量方法反映了在公共事件自由讨论中平均来讲负面情绪化表达是普遍现象还是个别情况。基于互联网媒介的流量逻辑假设及此种测量方法,我们提出具体研究假设:

H1:在线新闻报道中的负面情绪化评论现象较为常见。

H2:在线新闻报道中的新闻跟帖评论数越多负面情绪化评论比率越大。

"发泄负面情绪"是青少年沉迷于网络的重要症状之一[①],以往研究认为沉迷于网络表达的人员更倾向于发表负面情绪。中国网民结构呈现学生多、年轻人多、底层人群多等特点,沉迷于网络表达的"键盘侠"言论往往具有情绪高涨,

---

[①] 黄含韵. 中国青少年社交媒体使用与沉迷现状:亲和动机、印象管理与社会资本[J]. 新闻与传播研究,2015(10):28-49.

义愤填膺的语言特点①。马库斯(Marcus)在情感智商理论(Affective Intelligence Theory)研究中发现焦虑情绪在政治讨论中是一种起到相对开放性作用的情绪类型,具有焦虑情绪的人更愿意参与到政治讨论中。一个人生气时更倾向于寻找相似观点内容,一个人焦虑时更倾向于持有开放的态度,参与到对话之中②。基于此及上述批判性研究成果,我们提出具体研究假设:

H3:发表在线新闻评论越多的人员越倾向于发表负面情绪化评论。

H4:频繁发表在线新闻评论的人员具有更多的焦虑类负面情绪。

(三)负面情绪化表达的流量意义

1. 情绪唤醒

情绪性信息传播能够得到人际及个人内心的某种满足,增强社会黏性,是公众现实诉求、社交表达诉求和媒体行业利益诉求三者的共谋③。梅拉比安和罗素(Mehrabian & Russell)提出了情绪的"愉悦度、唤醒度、支配度"三维度模型。唤醒度是对生理和心理激活程度的体验,有高低之别,公共舆论中情绪的唤醒度正相关于政治评估,人们在新闻中对情绪唤醒表达框架更为敏感,高情绪性信息更能激发人们的选择性关注,也更能引发病毒式传播。

公众特别容易受高度情绪化和非理性主张的感染,个体或群体在互动中,更多地通过情绪的表达与宣泄,以唤起、激发或改变公众对事物的认知、态度和评价④。相较于党政宣传主题、硬新闻,生活服务信息、软新闻能够激发"高度兴奋情绪",具有更强的传播力⑤。负面情绪化表达越强的微博越倾向于被评论和

---

① 毕诗成. 激励见义勇为不能靠"键盘侠"[N]. 人民日报,2014-06-04(5).

② Mackuen M, Wolak J, keele L, et al. Civic Engagements:Resolute Partisanship or Reflective Deliberation[J]. American Journal of Political Science, 2010,54(2):440-458.

③ 望海军. 不同时间距离广告的说服效果研究[J]. 新闻与传播研究,2016(10):49-62,127.

④ 易前良,孙淑萍. 共意性运动中的媒介动员:以"南京梧桐树事件"为例[J]. 新闻与传播研究,2013(5):77-83,127.

⑤ 郝永华,闫睿悦.移动新闻的社交媒体传播力研究:基于微信订阅号"长江云"数据的分析[J]. 新闻记者,2016(2):40-47.

转发,正面情绪化表达则与被评论转发的数量无关①。当前舆论环境中,负面情绪化表达是否更能激发网民的情感认同,基于流量逻辑假设及上述内容,我们提出具体研究假设:

H5:负面情绪化表达能够得到网民更多的支持。

2. 新媒体环境中沉默的螺旋与群体极化

德国学者诺依曼(Neumann)在1974年提出"沉默的螺旋"理论,认为舆论的形成是大众传播、人际传播和人们对"意见气候"的认知心理三者相互作用的结果;媒介公开广泛强调的意见容易被当着多数意见所认知;认知所形成的心理压力引起"劣势意见的沉默"和"优势意见的大声疾呼"。网络媒介环境中,学者们对沉默的螺旋理论产生了质疑。认为在互联网环境下,沉默的螺旋理论存在的前提条件不复存在,网络传播的匿名性会使个体无须对自己的行为承担心理上的负担,少数派不再回避处于优势的多数群体,而是更多地反抗该多数群体,强烈地表达意见②;更有学者认为沉默的螺旋发生倒置,网络媒介是匿名主体的表现舞台,恰恰是在现实社会中占有话语权优势的实名主体,因有所顾忌而选择沉默,使沉默的螺旋理论演绎出与以往截然相反的逻辑,I-crowd时代,民众不再是趋于沉默的大多数,反而是能够借助传统媒体传播不同于"魔咒"意见和观点的专业人士、知情人士,由于担心被排斥、被指责而选择沉默,成为少数人而趋于沉默。

"群体极化"最早由法国心理学家塞奇·莫斯科维奇(Serge Moscovici)提出,将其界定为一种意见在从多数意见中脱颖而出并逐渐极化的过程③;桑斯坦(Sunstein)定义群体极化为团体成员一开始即有某些偏向,在商议后,人们朝偏向的方向继续移动,最后形成极端的观点,并认为互联网中群体极化现象更容易发生,极化现象也高于现实世界。网络意见气候在公众的集体记忆、情感结构以及刻板印象的共同作用下,导致习惯性质疑。态度的涌现影响每个在线网

---

① 刘丛,谢耘耕,万旋傲. 微博情绪与微博传播力的关系研究:基于24起公共事件相关微博的实证分析[J]. 新闻与传播研究,2015,22(9):92-106,128.
② 朱珉旭. 当代视域下"沉默的螺旋"理论的反思[J]. 国际新闻界,2014(1):66-75.
③ 叶宁玉,王鑫. 从若干公共事件剖析网络群体极化现象[J]. 新闻记者,2012(1):46-51.

络成员,形成正向、负向和中立三种意识形态的云集团,呈现群体极化现象①。

探究"沉默的螺旋"理论更本质的内容,不能忽视该理论的一个核心条件:大众媒介意见之所以能够形成优势意见想象,是因为大众媒介具有公开性和传播的广泛性。"沉默的螺旋"理论提出之初,传统媒体意见能够影响人们对优势意见的判断,从而促成民众成为沉默的大多数,然而在新媒体环境下,以往由传统媒体所独享的"公开性和传播的广泛性"优势已经不复存在,更本质地理解沉默的螺旋理论,应强调其理论最关键点:民众对舆论场域中"优势"意见的判断及优势意见者的大声疾呼。互联网是一个去标签化、去身份化的媒介场域,在这个场域中"优势"往往被简单化为"多数",因而"沉默的螺旋"在一定意义上也就演化为"多数"的极化。网络空间充斥着带有民粹倾向的暴戾之气,温和和理性的观点往往被淹没在口水中,在群体激愤的公众的谩骂和攻击声中走向沉默,导致负面情绪化的泛滥②。基于以上分析,提出具体研究假设 H6 和 H7。情绪唤醒机制下的公共表达研究结构如图 4-1 所示。

H6:新闻报道的负面评判,具有极端化分布特征。

H7:极端化评判中,强势的一端具有更多的附和者。

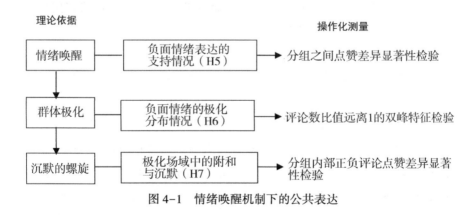

图 4-1 情绪唤醒机制下的公共表达

---

① 田依林.基于可云集性的网络舆情传播中在线用户态度演化研究[J].新闻与传播研究,2016(2):87-101,128.

② 李春雷,马俐.政府信任构建与大众传媒对拆迁心理的引导机制研究:基于唐福珍自焚事件的实证分析[J].国际新闻界,2013(5):62-73.

二、研究方法

(一)研究对象

1.研究样本

相较于媒体机构的新闻网站,网易、腾讯、搜狐、新浪四大门户网站具有更普遍的受众群体,更大的新闻浏览量,对于我们的研究主旨来讲具有一定的比较优势。基于三方面特征,我们最终确定网易滚动新闻为研究对象,从中获取大数据研究样本。首先,网易新闻是中国最有群众基础的新闻网站之一,新闻内容通过新闻网站和手机新闻客户端 App 共同传播,网页新闻还可以方便地转发到微信、QQ 空间、微博等社会化媒体,这些特征保证了我们的研究结果具有一定的参考价值;其次,网易新闻的定位是"网易新闻有态度",和 Web2.0 时代的大多数新闻网站一样,允许网站注册用户发表对新闻内容的观点,同时允许受众对其他评论内容做出新的评论;最后,网易新闻、搜狐新闻文本结构比较规范,有利于数据统计处理,搜狐新闻评论主体的用户名不具有排他性,而网易新闻评论中注册过的用户名不能重复注册,如此规定保证了我们在研究用户评论时能够准确区分不同用户的留言内容。

2. 数据收集

我们以网易新闻为样本来源,采集其新闻文本及新闻评论,本节主要关注公共舆论中的负面情绪化表达,因而样本选择中以国际、国内、社会新闻为取样主题类型。样本普遍性方面,以往研究中多选取社会热点舆论事件,是特殊样本研究路径,本节旨在讨论网络媒介公共舆论的一般特征,样本选取中需要尽量排除热点舆论事件中常常会加入的大量营销类报道及网络水军的信息干扰,因而尽量回避热点舆情事件发生阶段,选择常规性新闻报道为本节研究样本。样本具体时间方面,依据国际传播学界同类型研究数据采集惯例,样本时间跨度一般在 3~6 周,本节回避双休日以外的全国性法定节假日,以 5 周时间为取样时间跨度,采用爬虫软件于 2016 年 12 月初采集了 10 月 8 日至 11 月 12 日的网易新闻及评论,共采集到 8 887 篇网易新闻,完成缺失项及重复条删除等数据清理工作后保留 8 085 条,其中共计 385 条没有产生评论,新闻及评论文本匹配后保留了 7 700 条在线新闻及其评论,95.24% 的新闻有评论产生。共计 3 898 922 条新闻评论,删除缺失项及重复条后保留 3 023 380 条,新闻及评论文本匹配后保留有效样本 3 007 969 条。

(二)研究变量的度量

1.自然语言处理与文本挖掘

自然语言处理(Natural Language Processing,NLP)是人工智能和语言学领域的分支学科,主要研究如何让计算机处理和运用自然语言,是基于文本分析和机器学习的计算机技术[①]。基于语料库的文本挖掘是自然语言处理的一种主要方法,文本词语挖掘可以实现有用信息的直接提取,近年来在传播学研究中得到了越来越多的应用。

LIWC(Linguistic Inquiry and Word Count)是一款基于心理学的文本情感分析软件,是文本词语挖掘方法的一种具体实现形式,可对文本内容进行量化分析,由程序主体和词库两部分组成,情感词库是其程序的核心。研究发现,LIWC 具有良好的结构效度,能够较好地测量情绪表达[②],LIWC 在心理学、社会学等研究领域得到了广泛应用。如戈尔德和梅西(Golder & Macy)使用 LIWC 软件研究了各个国家网民在社交媒体上表达的正负情绪,发现正负情绪相互独立,高正向情绪并不必然伴随着低负向情绪,而日照时间能够明显地影响人们的情绪[③]。在传播学研究领域也同样得到了广泛认可,戴维·赫法克(David Huffaker)应用 LIWC 系统揭示了在线舆论领袖的语言及社会行为。基姆(Kim)使用 LIWC 分析软件对纽约时报新闻文本进行了内容分析,发现具有情感刺激、熟悉内容信息的文章更容易被转发[④]。台湾学者根据英文版 LIWC 词典建立了繁体中文 TC-LIWC 和简体中文 SC-LIWC,删除不适用于中文特性的类别,对保留的类别词逐一进行翻译及同义词的增添,同时参考国内各词库与语言分类

---

① 吴小坤,李喆. 中国阅兵礼在西方舆论场中的国家意义及其生成条件[J]. 新闻与传播研究,2016(12):5-22.

② Kahn J H, Tobin R M, Massey A E, et al. Measuring Emotional Expression with the Linguistic Inquiry and Word Count[J]. American Journal of Psychology, 2007,120(2):263-286.

③ Golder S A, Macy M W. Diurnal and Seasonal Mood Vary with Work, Sleep, and Daylength Across Diverse Cultures. Science, 2011,333(6051):1878-1881.

④ Kim H S. Attracting Views and Going Viral: How Message Features and News-Sharing Channels Affect Health News Diffusion[J]. Journal of Communication, 2015, 65(3):512-534.

系统,加入一些中文特有类别,历时半年多完成词典,经过检验具有较高的信效度①。在 LIWC2007 和繁体中文 TC-LIWC 的基础上,中国科学院心理研究所针对中国大陆地区简体环境下的语言特点,加入了大量新媒体环境下简体中文词汇,开发了"文心"中文心理分析系统,目前最新版本为 WenXinV2.0,本节文本框架划分及框架水平值测量中采用"文心"系统完成,其对中文词汇的扩充保证了 LIWC 中文研究的效度。

2. 编码与测量

(1) 负面情绪编码

当前社会环境下的负面情绪主要表现在焦虑情绪、愤怒情绪、悲伤情绪等方面,这引起了学者的普遍关注和讨论。张丽红认为当前社会存在的主要负面情绪包含社会利益格局失衡引发的不满情绪,贫富分化和权力腐败引发的仇恨情绪,社会经济状况日新月异引发的焦虑情绪,个体无力感引发的怨恨情绪,信任危机引发的逆反情绪,道德迷茫引发的冷漠情绪,价值真空引发的无聊情绪等。本节使用 LIWC 系统的编码系统,其将负面情绪分为焦虑类、愤怒类、悲伤类和其他负面情绪 4 类,基本能够包含上述各类负面情绪类型。

焦虑情绪与我国经济社会的快速发展密不可分,在当前社会普遍存在,是个体面对不确定的危险而又缺乏有效应对手段时的一种自我保护的情感反应方式②。新媒介技术将主体建构成新型"媒介人",主体焦虑成为媒介化生活方式挥之不去的"麻烦",紧张、担忧、不安、恐惧、不确定感、无助感成为人们日常生活的伴生状态③。焦虑情绪反映了对未知不确定而产生的担忧恐惧,是开放式的情绪,寻求对不安定感的解决之道,虽然是典型的负面情感,但是具有对话性。在 LIWC 系统中包含了"紧张""担忧""不安""恐惧""挣扎""紧绷"等共计 122 个情感词汇。

愤怒是当个体感知到自己受到有意的侮辱或者伤害时的一种情绪状态,是自我封闭的负面情绪,愤怒表达者没有寻求多元信息的主观愿望,是偏激情绪

---

① 张信勇. LIWC:一种基于语词计量的文本分析工具[J]. 西南民族大学学报(人文社会科学版),2015(4):101-104.

② 钟智锦,等. 内地网民情绪记忆中的香港澳门回归[J]. 新闻与传播研究,2017(1):27-46.

③ 刘丹凌. 新传播革命与主体焦虑研究[J]. 新闻与传播研究,2015(6):93-109.

的宣泄与强化。在 LIWC 系统中包含了"可恶""抱怨""破坏""发怒""诅咒""谴责""惊恐"等共计 272 个情感词汇。

中国社会的转型,可以视为一个政治激情转化为利益追求的过程,社会阶层差异明显化、阶层固化和向上流动机会的减少,使得怨恨成为一种社会情绪,"社会泄愤事件""非直接利益型群体性事件"中行为主体情绪上陷入非正常状态,往往做出非理性举动[①],"愤怒"与"悲情"成为网络公共事件中的动员力量。悲情抗争近年来时有发生,给地方政府造成巨大的舆论压力,"悲情叙事"是凸显和建构弱者疾苦的叙事方式,借助语言文字等方式将苦难展示给受众,营造悲悯的气氛,唤起受众情绪,悲伤类负面情感比焦虑类和愤怒类情感更不具有对话性,既缺乏对不稳定因素的探寻动力,又缺乏强烈的情绪宣泄去表达观点。在 LIWC 系统中包含了"心痛""沮丧""无力""痛苦""自责""无能""可悲""绝望"等共计 143 个情感词汇。

(2)负面情绪测量

含有负面情绪化表达。我们的研究目的在于考察新闻跟帖评论中含有负面情绪化评论的情况,考虑到研究目的及精细化考察的现实困难,在以新闻为统计单元的负面评论测量中我们将负面情绪特征值不为零的统一界定为含有负面情绪化表达,将负面情绪特征值为零的界定为不含有负面情绪化表达。

负面情绪化表达值。LIWC 分析系统能够得到所有考察类目的小数点后 7 位数的特征值。负面情绪里面所含有的 4 类具体的负面情绪类型中,焦虑、愤怒和悲伤 3 类负面情绪特征值意在表明各自占总评论文本量的比例,平均水平值统一较低。在以评论人为统计单元的研究中,我们着重探究评论人发表负面情绪化评论的水平程度,因而直接使用 LIWC 系统输出的特征值作为负面情绪化表达值及具体类型负面情绪的表达值。

负面情绪化表达比率。在以每条新闻为统计单元的研究中,我们重点探究负面情绪化表达的占比情况,因而采用负面情绪化表达比率完成测量。负面情绪化表达比率指每条新闻中含有负面情绪的评论条数占总评论条数的比例,操作化界定中我们首先基于"含有负面情绪化表达"的判断规则对 LIWC 系统得

---

① 于建嵘.社会泄愤事件中群体心理研究:对"瓮安事件"发生机制的一种解释[J].北京行政学院学报,2009(1):1-5.

到的特征值进行二元归类,然后对不同类型评论数求和,再求出各类评论数间的比例关系。

(3)影响效果测量

林升梁等认为微博粉丝数一定程度上代表着微博主的个人影响力,研究了人口统计学特征和微博表层内容等变量对微博粉丝数的影响。刘丛等将评论转发数视为微博传播力的操作化指标,研究了不同类型用户的微博情绪特征与微博影响力之间的关系。谢耘耕等将微博关键节点的评论量与转发量之和操作化定义为其传播影响力,得出关键节点的 ID 特征因素,关键节点所发帖子特征因素,关键节点对舆情事件的介入速度共同决定了传播影响力。安珊珊等将论坛回复量视为解析网络舆论生成的内部趋势及总体趋势,研究了舆论客体、主体、本体对回复量的影响。本节考察情绪化评论能够得到的支持,点赞视为一种认同,就研究主旨来说,能够反映对情绪化评论的支持或附和程度,也在一定程度上反映了情绪化评论的影响力。

三、研究发现

(一)在线新闻负面情绪化评论的普遍程度及相关因素

1. 负面情绪化表达的描述统计

3 007 969 条有效新闻评论中,以新闻为分析单位的评论数范围在 1 到 21 915 条之间($M=390.65, SD=907.30, Mdn=83$),其中 M 代表平均数,SD 代表标准差,Mdn 代表中位数。评论数量具有幂律分布特征,如图 4-2 所示;负面情绪化评论数同样也具有幂律分布特征,如图 4-3 所示。

所有评论中负面情绪化表达比例方面:含有负面情绪化评论表达的781 716条,占总评论条数的 25.99%,包含有焦虑、愤怒、悲伤 3 种负面情绪之一的共计 465 603 条,占总评论条数的 15.48%,3 种负面情绪占总负面情绪评论条数的 59.56%。其中含有焦虑情绪的 98 802 条,占 3.28%;含有愤怒情绪的 319 191,占 10.61%;含有悲伤情绪的 120 897 条,占 4.02%。同时包含焦虑、愤怒、悲伤情绪的共计 6 627 条,占 0.22%;同时包含焦虑、愤怒情绪的共计 21 969 条,占 0.73%;同时包含焦虑、悲伤情绪的共计 17 787 条,占 0.59%;同时包含愤怒、悲伤情绪的共计 40 158 条,占 1.33%。至少含有一条负面情绪化评论的新闻条数占总新闻条数的比例方面:每条新闻对应的若干条新闻评论中只要有一条负面情绪化评论,我们则认为本篇新闻含有负面情绪化评论,7 700篇有新闻评论的新闻中,共有6 747篇新闻含有不同程度的负面情绪化表达,占总新闻数的87.62%。负面情绪化评论条数与评论总条数的比值定义为负面情绪化比率。有负面情绪化评论的新闻中,负面情绪化评论比率在0.76%到100%范围之间($M=26.56\%, SD=0.15, Mdn=23.55\%$)。

具有幂律分布特征的新闻负面情绪化表达数表明了少数负面情绪化表达数出现的频次很大,绝大多数负面情绪化表达数出现的频次都很小,符合以往研究所揭示的主体行为幂律分布模式。将近90%的新闻包含不同程度的负面情绪化评论,1/4以上的新闻评论含有不同程度的负面情绪化表达,焦虑、愤怒、悲伤3种负面情绪在网络新闻评论中普遍存在,证明了负面情绪化表达在新闻评论中较为常见。H1得到检验。

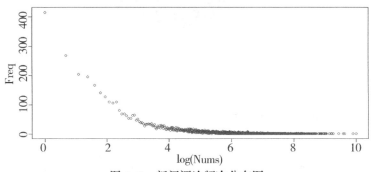

图4-2 新闻评论频次分布图

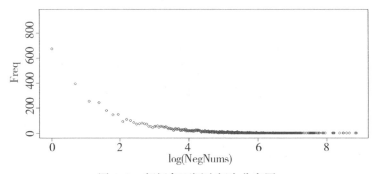

图4-3 新闻负面评论频次分布图

2. 负面情绪化表达与新闻评论数之间的关系

所有新闻评论的平均负面情绪化比率为23.27%($SD=0.17$),以新闻评论数为自变量对新闻评论的负面情绪化比率进行非参数核回归(nonparametetric kernel regression),研究发现负面情绪化评论比率和新闻评论数之间在 0.001 水平上显著相关($r^2=0.006$,bandwidth=0.995),具有指数大于 1 的幂函数分布特征,说明群体互动本身会以加速增长的形式酝酿出多于线性情况的负面表达,新闻评论的负面表达受到群体规模的调节作用,回归模型如图 4-4 所示。

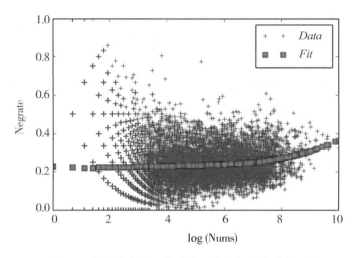

图 4-4 评论数与负面情绪化比率之间的非参数回归

为了更直观地反映负面情绪化表达与评论条数之间的关系,我们按照新闻评论的数量进行了四等分划分。新闻评论数由少到多,前 0~25%,即 1 到 12 条评论一组,含 1 992 篇新闻,含负面评论的新闻共 1 108 篇;前 25%~50%,即 13 到 83 条评论一组,含 1 860 篇新闻,含负面评论的新闻共 1 795 篇;前 50%~75%,即 84 到 377 条评论一组,含 1 927 篇新闻,含负面评论的新闻共 1 923 篇;前 75%~100%,即 377 条以上评论一组,含 1 921 篇新闻。对四组负面情绪化评论比率进行单因子方差分析,形成了显著性差异,如表 4-3 所示。

表 4-3 不同评论数的新闻负面情绪化评论比率

评论数量 /条	新闻数量 /篇	含负面评论 新闻数量/篇	M (平均数)	SD (标准差)	Mdn (中位数)	方差检验
1-12	1 992	1 108	22.31%	0.277 49	14.256%	
13-83	1 860	1 795	22.72%	0.125 05	21.847%	$F=8.003$
84-377	1 927	1 923	23.32%	0.088 14	22.419%	$p=2.53e-05$
378-21 915	1 921	1 921	24.74%	0.082 52	23.333%	

对比各组的平均负面情绪化比率、标准差变化,以及各组的负面情绪化比率中位数变化均可发现,随着评论数的增多,负面情绪化表达比率呈稳定上升趋势,研究结果与非参数回归结果一致。我们可以认定,随着评论数的增多,负面情绪化评论比率呈现显著小幅度增加趋势,且增长速度大于线性比率,呈现出幂指数增长趋势,H2 得到检验。

3. 负面情绪化表达与评论人表达积极性之间的关系

(1)负面情绪化表达与各类评论人表达积极性之间的关系

统计期间共有 450 088 个评论人用户名,删除"匿名用户"(因为不具有排他性)及空白用户名,共保留有效评论用户 450 086 个,统计期间平均每人发表 5.07 条评论($SD=14.52, Mdn=2$)。按评论数量将评论人分类,仅发表过一次评论的一组代表偶尔发表新闻评论,评论次数 2~10 次的一组代表较少发表评论,评论次数在 11~99 次的一组代表较多发表评论,评论次数 100 次以上的一组代表频繁发表新闻评论。

四组数据两两之间的负面情绪化表达值非参数独立样本 Wilcoxon 秩和检验均达到显著差异(p 值均小于 0.05),但如表 4-4 所示,单因子方差检验差异不够显著($p=0.08>0.05$),且四组数据两两之间独立样本 T 检验有三组之间不能达到显著性差异(p 分别为 0.4,0.053,0.436)。观察四组之间的负面情绪化表达均值变化可以看出,随着新闻评论次数的增加,均值先是缓慢下降后又有小量增加。结合显著性检验结果和实际均值水平变化,同时考虑到中位数的变化情况,我们可以认为四组数据之间的差异不能揭示实际规律。

表 4-4 不同评论数的评论人负面情绪化表达值

评论次数	评论人数	M	SD	Mdn	方差检验
1	214 977(47.76%)	1.97%	0.048 2	0	
2~10	189 274(42.05%)	1.93%	0.024 48	1.30%	$F=2.253$
11~99	44 457(9.88%)	1.86%	0.011 15	1.75%	$p=0.08$
100~2 077	1 377(0.31%)	1.87%	0.005 41	1.82%	

为了进一步探索评论人发言次数与负面情绪化表达之间的关系,我们按照发言人次数从少到多进行了 10 等分,发现接近 90% 的人发言在 10 次以内,且符合幂律分布特征,如图 4-5 所示。同时考虑到表 4-4 中的第一组和第二组负面情绪化表达均值相近,第三组和第四组负面情绪化表达均值相近。因而将发

言次数在 1 到 10 次之间的一组界定为不经常发表新闻评论的人员，11 次以上的一组界定为经常发表新闻评论的人员。不经常发表评论人员 404 251 位（89.82%），平均含有 1.95% 的负面情绪化表达值（$SD=0.038$），经常发表新闻评论人员 45 834 位（10.18%），平均含有 1.86% 的负面情绪化表达值（$SD=0.011$），不经常参与评论的人员平均发表更高的负面情绪，且两组之间独立样本 T 检验（$p=0.002<0.01$）和非参数独立样本 Wilcoxon 秩和检验（$p<0.001$）均具有显著性差异。综合实际均值大小变化及数据统计结果我们至少可以得出负面情绪化评论水平值不会随着新闻评论次数的增加而增加，经常参与新闻评论的网民相较于不经常参与新闻评论的网民并不倾向于发表更多的负面情绪化评论，H3 不成立。

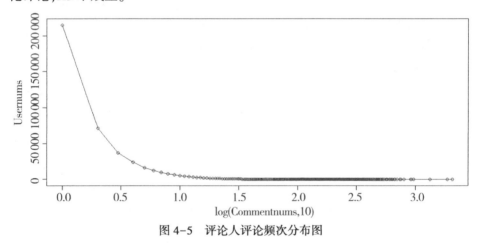

图 4-5 评论人评论频次分布图

（2）具体负面情绪类型与评论人表达积极性之间的关系

为了探讨不同讨论积极性的评论人之间的具体负面情绪差异，我们进一步选取了仅发表过一次评论的人员和发表过 100 次以上评论的人员分别代表偶尔发表新闻评论的人员和频繁发表新闻评论的人员。研究发现两组之间在焦虑类负面情绪表达方面并没有显著差异（$p=0.468>0.05$），偶尔发表新闻评论的平均焦虑情绪值 0.195 1%（$SD=0.014\ 0, Mdn=0$），频繁发表新闻评论的平均焦虑情绪值 0.184 6%（$SD=0.001\ 1, Mdn=0.163\ 7$%）；两组之间在愤怒情绪表达方面独立样本 T 检验（$p=0.045<0.05$）和非参数 Wilcoxon 秩和检验均形成显著差异（$p<0.001$），只发表过一次评论的人员平均愤怒情绪值 0.744 5%（$SD=0.031\ 7, Mdn=0$），愤怒情绪显著高于发表过上百次以上评论的人员（$M=0.678\ 8$%，$SD=0.003\ 2, Mdn=0.623\ 5$%）；两组之间在悲伤情绪表达方面独立

样本 T 检验和非参数 Wilcoxon 秩和检验均形成显著差异($p<0.001$),只发表过一次评论的人员平均悲伤情绪值 0.263 3%($SD=0.0164, Mdn=0$),悲伤情绪显著高于经常发表评论的人员($M=0.2077\%, SD=0.0013, Mdn=0.1867\%$)。

本部分考察对象是具体类型的负面情绪占总发言内容的比例,LIWC 系统输出的是小数点后 7 位的特征值,实际平均值都很小且绝对差异变化范围都不大,属于细粒度测量。综合考虑显著性检验结果及实际水平差异和中位数,我们可以得出,在焦虑情绪表达方面,偶尔发表新闻评论的人员和频繁发表新闻评论的人员之间没有明显的区别;愤怒情绪表达方面二者形成了显著性差异,偶尔发表新闻评论的人员中愤怒情绪均值大于频繁发表新闻评论的人员,但中位数为零且标准差较大,表明偶尔发表评论的人员中有一部分人员发表了过高的愤怒情绪;悲伤类负面情绪表达方面类似于愤怒类负面情绪表达情况,两组之间具有显著性差异,偶尔发表新闻评论的人员中悲伤类负面情绪均值大于频繁发表新闻评论的人员,但中位数为零且标准差较大,偶尔发表评论的人员中有一部分人员发表了过高的悲伤情绪。综合以上可以得出,频繁发表新闻评论的人员在焦虑类情绪化表达方面并不比偶尔发表新闻评论的人员多,H4 没能得到检验,且愤怒类负面情绪和悲伤类负面情绪更趋于稳定,均值也有所下降。

(二)在线新闻负面情绪化评论的影响效果

1. 负面情绪化评论的支持情况

为了研究负面情绪化评论是否能够得到更多的支持,我们以 3 007 969 条新闻评论及其产生的点赞数作为研究对象,考察负面情绪化值越高是否能够得到更多的支持。研究发现,相比于没有负面情绪化值的评论($M=23.95, SD=417, Mdn=1$),负面情绪化评论能够得到更多的点赞($M=29.31, SD=523, Mdn=2$),且独立样本 T 检验和非参数 Wilcoxon 秩和检验都具有显著性差异($p<0.001$);但是相对于具有正面情绪化值的评论($M=29.23, SD=506, Mdn=2$),负面情绪化评论没有显著的支持优势($p=0.924>0.05$),负面情绪化评论与点赞数具有显著正相关性($r=0.014, p<0.001$),正面情绪化评论与点赞数也具有显著正相关性($r=0.005, p<0.001$)。

没有负面情绪化表达和含有负面情绪化表达的评论在得到的点赞数方面具有显著性差异,且含有负面情绪化表达的评论平均点赞数和点赞中位数均明显大于没有负面情绪化表达的评论,但对比含有负面情绪化表达和含有正面情绪化表达的两组,发现两组之间均值实际水平差异很小,中位数相等,且差异性检验不显著。因而我们认为负面情绪化表达相较于没有负面情绪化表达的评论能够得到更多的点赞支持,但相较于具有正面情绪化表达的评论无法得到更多的点赞支持,H5 得到部分验证。

2. 负面情绪化评论的极化分布情况

对于极化的测量,迪马乔等(DiMaggio)提供了四种可行的思路,分别为分散原则、双峰原则、抑制原则和联合原则。本节采用双峰原则进行极化测量,认为两端的意见越集中,极化的可能性越强烈。具体测量中考察负面评论数量与正面评论数量的比值,比值越接近1,则表明正负评论数越接近;比值越远离1,则表明形成了极端化的舆论场域。将点赞数比值按数量进行 10 等分,研究发现比值小于 0.5 和大于 1.67 的各占 10%,最大比值 10,80% 的点赞数比值分布在 0.5~1.67,不存在比值远离 1 的双峰现象,如表 4-5 所示。

表 4-5 正负评论点赞比 10 等分表

总比例/%	0	10	20	30	40	50	60	70	80	90	100
点赞比(负/正)	0.011	0.5	0.619	0.745	0.857	0.993	1	1.129	1.333	1.667	10

负面评论数是正面评论数 2 倍以上的共计 253 条,正面评论数是负面评论数 2 倍以上的共计 751 条,二者共计 1 004 条,占总新闻的 13.04%,即所有新闻评论中有 13.04% 形成了较为明显的正负集团化分布特征,见评论数比分布图 4-6。

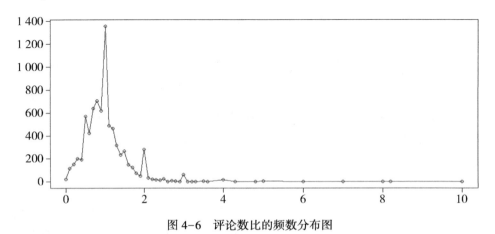

图 4-6 评论数比的频数分布图

在线新闻评论环境中,87% 新闻的在线评论没有形成明显的意见压力,总体来讲正负评判可以得到自由表达,网络新闻评论中没有泾渭分明的正负集团化意见场域,H6 没能得到检验,可能是因为研究对象为公共事务新闻报道,其受众群体具有多样性特征,同时网易新闻本身不具备很强的意见导向性,没有形成特定群体的汇集。

3. 极化评论中沉默的螺旋效应

新闻评论虽然从整体分布来看不具有极化特征,但依然有 1/10 以上的新闻形成了两极化的评论场域,本节以正负情绪化评论为分类对象,将强势意见数量是弱势意见数量 2 倍以上的新闻评论场域界定为极化评论场域。

选取负面评论个数是正面评论个数两倍以上的新闻为统计单元($n=253$),考察负向评论环境中正负评论得到的点赞数,对正负评论的点赞数进行独立样本 T 检验($t_{(306)}=2.95, p=0.003<0.01$)。研究发现,负向评论环境中正负评论得到的点赞数具有显著性差异,76.95% 的负面评论能够得到远大于正面评论的点赞量,负面点赞数平均是正面点赞量的 133.95 倍($SD=1729.94, Mdn=4$)。选取正面评论个数是负面评论个数两倍以上的新闻为统计单元($n=751$),考察正向评论环境中正负评论得到的点赞数,对正负评论的点赞数进行独立样本 T 检验($p=2.12e-9<0.001$)。研究发现,正向评论环境中正负评论得到的点赞数具有显著性差异,在正向评论环境中 82.44% 的正面评论能够得到远大于负面评论的点赞量,正面点赞量平均是负面点赞量的 143.84 倍($SD=583.22, Mdn=11.44$)。

研究表明,正向意见环境中正面评判明显具有更多的附和者,持负面意见者则趋向于保持沉默;负向意见环境中负面评判明显具有更多的附和者,持正面意见者则趋向于保持沉默,支持了 H7。

四、结论与讨论

(一)情绪化表达具有显著的流量价值

相比于不包含负面情绪化表达的评论,含负面情绪化表达的评论能显著地得到更多的支持,但与正面情绪化评论相比,负面情绪化表达不能得到更多的支持,二者之间的支持情况并不存在显著差异性(H5 检验部分);87% 的新闻没有形成正负意见的极化场域,在线新闻评论场域中不存在普遍性的群体压力(H6 检验部分);已形成的极化意见场域中,正向意见环境中负向意见持有者趋向于保持沉默,负向意见环境中负向意见持有者则趋向于公开附和(H7 检验部分)。

田依林(2016)的研究表明网民在社会结构作用下导致惯性质疑,形成正向、负向和中立的三种意识形态云集团,呈现极化分布;刘丛等(2015)对评论转发的研究表明负面情绪化表达能够促进受众的支持,而正面情绪化表达对受众支持并没有影响。本节与以上两位学者的研究结果虽有不同之处,就在线新闻的评论来说,没有形成明显的正负云集团,不同意见之间保持一定的对话性,负面情绪也不能得到比正面情绪更多的点赞支持,但都证明了情绪化表达比非情绪化表达能够得到更多的支持。对极端化高情绪唤醒环境下的评论点赞情况进行特殊样本分析可以发现,无论是正面意见场域还是负面意见场域,强势一方都能够得到远大于弱势一方的支持,在线新闻评论环境中,沉默的螺旋理论依然适用,但在去中心化、去标签化的网络环境中,强势意见往往简单化为了多数意见,沉默的螺旋理论也在一定意义上与群体极化理论达成了一致。总之,研究表明情绪化表达在互联网公共舆论中发挥着重要的影响作用,情绪化表达与网络流量之间正向相关,具有显著的流量价值。

(二)网络公共舆论中的情绪化表达问题突出

从具体的负面情绪化表达类型情况考量(H1 检验部分),网络公共表达中最突出的负面情绪是愤怒情绪,网络评论中暴戾之气盛行,同时悲情叙述也较为普遍,符合以往学者在网络暴力、网络审判等热点事件研究中所描述的情形;从负面情绪化表达占比情况考量(H1 检验部分),含有负面情绪化表达的评论条数占总评论条数的 1/4 以上,至少含有一条负面情绪化跟帖评论的新闻条数占总新闻条数近 90%,依据凯文·科的界定,表明在线新闻评论中公众的负面情绪化表达程度较高①;从评论数和负面情绪化表达比率的关系角度考量(H2 检验部分),负面情绪化表达比率和评论数之间的非参数回归等都证明了随着在线新闻评论数的增加,负面情绪化表达比率有显著增加趋势;从主体交往行

---

① 凯文·科(Kevin Coe,2014)对公共舆论中不文明表达现象的研究中发现,不文明评论条数占总评论条数的 22%,至少含一条不文明评论的新闻条数占总新闻条数的 55.5%,并据此认为公共舆论中具有非常明显的不文明表达特征。本节中负面情绪化表达条数占总评论条数的 25.99%,至少含有一条负面情绪化表达的新闻条数占总新闻条数的 87.62%,相比于凯文·科的研究发现,负面情绪化表达条数占总评论条数的比例以及至少含有一条负面情绪化跟帖评论的新闻条数占总新闻条数的比例均高于不文明表达程度。因而可以认为,在线新闻跟帖评论中的负面情绪化表达程度较高。

为角度考量(H3 & H4 检验部分),相比于偶尔发表新闻评论的网民,经常参与在线新闻评论的网民并不倾向于发表更多的负面情绪。在焦虑类负面情绪表达方面,二者之间不能形成显著差异;在愤怒类负面情绪和悲伤类负面情绪表达方面,经常参与新闻评论的网民则有显著下降趋势,这在一定程度上表明少发表或未发表新闻评论的网民并不倾向于更加理性,负面情绪化表达在网民群体中并非个别情况。

综上,我们认为互联网媒介环境中,负面情绪化表达具有普遍性,能够产生较强的影响力,情绪化表达问题突出,本节的整体研究假设得到检验。

第四节 人的共性需求维度(二): 网络媒介的情绪化互动研究[①]

本节在量化实证研究路线上考察在线新闻的框架效应,旨在证明互联网媒介平台上的情绪化互动特征,用以诠释互联网流量格式作用下的媒介内容呈现出情绪化互动特征。在上一节研究的基础上,继续佐证互联网技术影响媒介内容的"人的共性需求"偏向。

一、框架效应研究

1.框架理论

框架理论的起源可同时追溯自社会学家对真实的解释以及认知心理学家对基模(schema)的说法。戈夫曼(Goffma)首次将框架的概念应用于传播情景中,认为框架是个人组织事件的心理原则与主观过程;卡尼曼和特维斯基等认知心理学者,视框架为记忆中的认知基模,可影响其后续诠释或判断。吉特林(Gitlin)等人将框架定义为,新闻文本所呈现出来的某种模式化的表达方式;潘忠党和柯斯基将框架定义为,媒介框架就是符号工作者长期组织言说(包括口语和视觉)的过程,长期以后形成固定的认知、解释与呈现形态;加姆森等认为,框架是一组议题的中心组织思想,为相关事件赋予意义,强调议题的关键所在。

---

① 本部分的独立论述见:党明辉.公共舆论中负面情绪化表达的框架效应:基于在线新闻跟帖评论的计算机辅助内容分析[J].新闻与传播研究,2017,24(4):41-63,127.

恩特曼(Entman)把框架理论作为研究的一种范式,得到了广泛认可。他将框架定义为选择感知到的现实的某部分,将它们凸显在传播过程中,认为新闻文本中选择和凸显现实的某一方面,促成问题界定、因果解释、道德评判以及处理策略的文本框架,影响着受众的接受框架[①]。

2.框架分析

沿着恩特曼的思路,框架分析在媒介研究领域逐渐发展出3个核心概念:框架(frame)、框架化(framing)和框架效应(framing effect),分析对象涵盖话语、话语的建构和话语的接收3大范畴。其分析对象对应新闻传播研究3大领域:媒介内容(框架是什么)、新闻生产(框架如何被建构)和媒介效果(受众如何接收和处理媒介信息)。该领域的研究存在两大混沌不清之处:一是框架的概念化定义和操作化定义五花八门,缺乏规范化的共识;二是框架的辨识手段和测量方法多种多样,且大多数研究者对此语焉不详,或者"惜字如金"只做简略交代,事实上只有极少的研究清楚地交代了框架的操作定义。

框架和媒介内容紧密相关,常与内容分析对比研究,研究新闻报道的框架在公共舆论形成中扮演的重要作用[②]。框架化研究沿袭了批判研究的路径,将这一概念和新闻话语的生产直接联系在一起。曾庆香认为意识形态影响了新闻框架的形成,媒介报道中暗含隐形框架技巧。黄敏通过分析中美报纸所建构的媒体框架,强调了文化对媒体框架的影响,认为文化对媒体框架具有重要影响。周洋认为框架背后的结构性力量发挥着深层次的制衡作用。

框架效应研究方面,普遍将框架理论与议程设置理论进行参照研究。属性议程设置,以事物属性的显著度为切入点,关注媒介议程对公众议程的影响,提出大众媒体可以影响人们"怎么想"[③],以麦库姆斯(McCombs)为代表的研究者认为框架效应和启动效应都应该属于属性层次的议程设置或者议程设置研究的延伸。张洪忠认为框架理论和议程设置理论可以兼容和互补,二者在理论层面各自独立,但在具体方法方面互为他山之石。陈强认为议程上每个客体属性

---

① 孙彩芹.框架理论发展35年文献综述:兼述内地框架理论发展11年的问题和建议[J].国际新闻界,2010(9):18-24,62.

② Hamdy N, Gomaa E H. Framing the Egyptian Uprising in Arabic Language Newspapers and Social Media[J]. Journal of Communication, 2012,62(2):195-211.

③ 张军芳."议程设置":内涵、衍变与反思[J].新闻与传播研究,2015(10):111-118.

的维度具有多样性,实质属性和情感属性是较为重要的维度,情感属性是指新闻报道引起受众情绪反应的方面,探讨公众对实质属性所持的态度是正面、中立或是负面①。

二、具体研究假设的提出

(一)公共舆论中的负面情绪

理想的公共舆论是理性的公众在公共领域中对公共事务所表达出的观点、价值判断和意志倾向的集合。只有经过自由的、理性的论争过程,公共舆论才能成为"普遍、隐秘而强制的力量"。然而,在线公共舆论中,既有基于舆论监督目的出发的理性表达,也不乏充满非理性色彩的大胆言论。带有话语暴力色彩的网骂、武断与荒谬绝伦等公众意见,违背了公众舆论的本性,远离了深刻的理性,不能让人们对舆论指向有正确的理解②。传播学关于情感的研究主要集中在公共舆论中的情绪化表达方面,将其视为非理性表达的一种主要形式,负面情绪化表达更是学界和业界关注的焦点。近年来受到学界和业界广泛关注的网络暴力、人肉搜索、网络谣言、网络道德审判、网络围观、网络反腐等新媒体时代的传播问题都将负面情绪视为重要的测量指标,广泛应用于各类舆情监测系统中。

在公共舆论中的负面情绪化表达研究方面,以往学者完成了大量研究,取得了丰硕的研究成果,从社会政治结构变迁、新媒体赋权和主体属性特征等方面阐释了公共舆论中负面情绪化表达的形成原因。①社会政治结构变迁因素方面,认为情绪化的主张在某种程度上是政治的组成部分,做法的关键是运用象征把情绪从思想中割裂出来,然后重新组合加以利用,受政治资源分配和参与渠道限制。最近30年中国的"情感结构"正在发生着深刻的变化,社会经历着一系列情感基调的演变,与现代性体验有关,与中国社会特定的结构性问题有关,与中国文化传统有关。结构性问题导致目前中国社会中恶意的破坏性事件频发,公共话语中普遍弥漫着怨恨情绪,大有演变为怨恨式批评之势。当事件元素触动网络积淀的"情绪结构",释放大规模负面情绪,积累的负面情绪值

---

① 陈强. 国外属性议程设置研究进展述评[J]. 国际新闻界,2013(6):47-54.
② 刘建明. 公众舆论的对峙、理性与话语暴力[J]. 新闻爱好者,2014(6):66-68.

越高,舆情的烈度也会随之增强,网络舆论会被瞬间引爆,或再次迅速形成高潮[1]。②新媒体赋权因素方面,以信息技术为中心的技术革命正在加速重造社会的物质基础,新媒介技术将主体建构为新型"媒介人",主体焦虑成为媒介化生活方式挥之不去的"麻烦"。包括表达权在内的公民基本权益的保护不力,往往造成社会负面情绪的积累和在新媒体环境下的集中爆发,成为中国突发性群体事件的重要原因之一[2]。自媒体场域的言论表达,呈现出情感操控远高于理性秉持的倾向[3],新媒介为个人情绪的社会化传播创造了技术条件,仇富、仇官等社会心态造成当下社会负面情绪快速广泛的传播[4]。③主体属性特征方面因素,关注个人的情绪刺激反应及社会管理策略,认为表达主体的心理特征以及与心理特征紧密联系的社会地位、收入水平、教育程度等个体属性因素对负面情绪化表达起到显著的影响作用,媒介中的负面情绪化表达为主体的非理性宣泄,是社会怨恨、不安全感、网络民粹主义、网络暴力的直接映射,是主体的个人心理属性。中国网民结构呈现出学生多、年轻人多、底层人群多的"三多"特点[5],群体传播成为新闻传播的主要渠道,它的传播主体是无中心、无管理主体的群体,群体的盲从性、感染性和暗示性往往在集体无意识下被激发与利用,无所顾忌地传播信息,甚至做出种种冲动举动。

流量逻辑的"人的共性需求"维度中,我们假设互联网媒介内容具有情绪化偏向特征,互联网社会发生着情绪化互动。

在线公共舆论中,新闻报道和新闻跟帖评论代表了互动的双方。因而,我们认为除政治结构变迁、主体属性特征影响着互联网公共舆论的情绪化表达之外,互联网新闻报道的文本框架同样也能够影响公共舆论的情绪化表达。

(二)新闻框架及其框架效应

框架研究方面,学者们研究了新闻叙述框架和新闻类型框架两种新闻文本

---

[1] 李黎丹,王培志. 突发公共事件网络舆论演化因素探析:以"校长开房"事件的微博传播为例[J]. 当代传播,2014(3):38-41.

[2] 赵振宇,魏猛. 论突发事件中的公民表达[J]. 新闻大学,2013(6):52-57.

[3] 王路坦. 论自媒体场域的民粹主义倾向[J]. 当代传播,2015(5):32-35.

[4] 隋岩,李燕. 论群体传播时代个人情绪的社会化传播[J]. 现代传播,2012(12):10-15.

[5] 胡泳. 众声喧哗[M]. 桂林:广西师范大学出版社,2009:311.

框架。新闻叙述框架研究中,学者们认为新闻叙述框架是记者们在处理信息和意义时必须有的整体性的思考基模或中心意义的组构方式。新闻工作者在新闻生产中总是选择一些信息而排除另一些信息,夏倩芳认为某种新闻框架的持续反复使用往往会强化某种刻板印象,并规范着此类新闻的表述。新闻类型框架研究中,国际版块、国内版块、社会版块、传统纸媒、网络媒体、社会化媒体具有不同的报道框架,这些框架都是形成舆论评判的重要因素。哈梅迪(Hamdy)研究了2011年埃及暴乱中官方媒体、社会化媒体、半社会化媒体的不同报道框架[1];曾庆香对西方媒体涉藏事件的报道进行了话语分析,指出了西方媒体的二元对立框架结构;李海波等研究了"老人摔倒"的报道框架,发现大陆报纸对此类议题的报道框架具有多元化特征。基于已有框架研究成果,我们从新闻叙述框架和新闻类型框架两方面研究互联网新闻文本框架。

框架效应研究方面,学者们研究了新闻叙述框架对知觉显要性的影响作用,以及新闻类型框架对情感的影响作用。学者们从认知心理学视角出发,进行了情感框架研究,舍恩巴赫和塞米科(Schoenbach & Semetko)发现正负面媒介情感框架对公众的属性认知具有显著影响,议题的正面报道在减少公众对议题的知觉方面具有显著性;薛佛乐和特克斯伯里(Scheufele & Tewksbury)发现媒体对议题的负面报道能够增加议题在公众议程中的知觉显要性;纳尔逊(Nelson)等发现不同新闻框架的设置可影响受众对冲突中的团体产生的容忍度;勒谢尔和弗里斯(Lecheler & Vreese)发现正反面新闻框架能够持续地影响受众政治支持[2]。学者还研究了新闻类型框架对情感的影响,通过研究新闻主题类型对情感评判的影响,乐媛发现在线公共舆论中不同主题的新闻产生不同程度的情绪化表达,极端化情绪与特定的议题类型紧密相关[3];科(Coe)等发现相比于新闻报道的内容,受众表现出对报道新闻的渠道来源有更大的兴趣。依循以往学者的认知心理学分析视角展开对负面情绪化表达的探讨,我们认为媒介的显要性叙述方式不但能够影响受众的"知觉显要性",而且也能够影响受众

---

[1] Hamdy N, Gomaa E H. Framing the Egyptian Uprising in Arabic Language Newspapers and Social Media[J]. Journal of Communication, 2012,62(2):195-211.

[2] Lecheler S, De Vreese C H. Getting Real: The Duration of Framing Effects. Journal of Communication, 2011,61(5):959-983.

[3] 乐媛,杨伯溆. 网络极化现象研究:基于四个中文BBS论坛的内容分析[J]. 青年研究,2010(2):1-12,94.

的负面情感评判。依循新闻类型框架对情感的影响分析视角,我们认为新闻文本的主题类型能够影响受众的负面情感评判。基于框架效应研究的以上两方面研究成果,我们提出负面情绪化表达是群体对其所参与讨论的新闻事件属性及其所置身于其中的新闻叙述框架的反映,新闻文本框架能够影响新闻跟帖评论的负面情绪化表达。

围绕流量逻辑的"人的共性需求"假设,本节的研究目的在于证明互联网媒介发生着情绪化互动,新闻文本的负面情绪化叙述框架能够对负面情绪化表达产生重要的影响作用,而理性劝服并不能减少负面情绪化表达。负面情绪化叙述框架是新闻叙述框架中的一种具体形式,为了形成对比,同时排除不同文本框架之间可能的交互效应,参照框架研究方面的研究成果,我们将新闻文本框架分为新闻叙述框架和新闻类型框架两种。对比新闻叙述框架内部感性叙述框架和理性叙述框架等具体框架形式对负面情绪化表达的影响作用,分析两种框架对负面情绪化表达影响作用的交互效应。提出本节的具体研究假设:

H1:新闻类型框架能够显著地影响新闻评论中的负面情绪化表达。

H2:新闻叙述框架能够显著地影响新闻评论中的负面情绪化表达。

H3:负面感性叙述框架能够显著地增加负面情绪化表达,而理性叙述框架不能够显著地减少负面情绪化表达。

三、研究方法

(一)研究对象

1. 研究样本

本节研究和上一节选取同一批研究样本,该样本同样也适用于展开新闻框架研究。首先,商业门户网站不具有时事新闻的采编权,但能够对新闻资讯进行转载传播。这个看似门户网站的竞争劣势,却在一定程度上促使了门户新闻网站具有新闻来源多样性、受众群体类型广泛性等特点,从而更有利于保证我们研究的实际参考价值。其次,网易新闻允许网站注册用户发表对新闻内容的观点,同时允许受众对其他评论内容做出新的评论,这为我们展开框架效果研究提供了必不可少的效果测量材料。最后,网易新闻具有普遍群众基础,受众群体定位方面不只针对传统PC端受众,其内容可同步发布到手机新闻客户端,同时还可通过快捷键转发到微信、微博等社会化媒体。这些特征保证了评论网民是一个立体化的群体类型,有利于扩展研究结果的适用范围。

2. 研究数据

本节主要关注公共事件的新闻报道框架及新闻报道框架对负面情绪化表达的影响效果,样本选择中以国际、国内、社会新闻为取样主题类型。由于热点舆论事件中常常会加入大量营销类报道及网络水军的信息干扰,本节旨在讨论新闻报道的一般性框架特征,因而没有选择热点舆情事件为研究对象,而是尽量回避热点舆情事件,选取常规性时事新闻及其评论为研究样本。数据采集方法和上一节一样,共采集到 8 887 篇网易新闻,3 898 922 条新闻评论。第一次数据清洗中删除了缺失项、重复条以及无评论新闻,得到 7 700 篇新闻及其产生的 3 007 969 条评论,鉴于探讨文本叙述框架对负面情绪化表达的作用机制是本节的一个重要研究目的。第二次数据清洗中我们进一步去掉了字符数在 30 以内的新闻报道及其产生的评论,最终选取样本为 7 637 篇新闻及其产生的 2 964 947 条新闻评论,其中国际新闻共计 1 748(22.89%)篇,国内新闻共计 2 545(33.32%)篇,社会新闻共计 3 344(43.79%)篇。

(二)计算机辅助内容分析

1. 计算机辅助文本挖掘

内容分析法产生于新闻传播学科,是注重客观、系统、量化的一种方法,研究者通过对一定数量的文本进行内容特征的提取,量化考核内容特征之间的关系,可以更好地对研究结论进行论证。计算机辅助内容分析(Computer-assisted Content Analysis,CCA)能够避免以往研究中因为主观判断引起的误差,保证研究信度,在社会科学研究中得到了普遍应用。本节主要使用计算机辅助文本分析(Computer-aided Text Analysis,CATA)完成新闻报道的叙述框架统计,文本词语挖掘可以实现有用信息的直接提取,是源于情报学的定量研究方法,近年来在传播学得到了越来越多的应用。

在线文本分析技术为网络海量信息的价值挖掘提供了技术支持与保证。情绪和情感问题是心理学研究中重点关注的领域,形成的研究成果,对于网络信息挖掘具有重要的参考价值。词汇是文本情感分析的基础,词的极性与句子或文档之间存在着密切的关系,个体语言表达中使用的词汇不仅能够反映其年龄、性别等人口统计学特征,还能折射出其文化程度、社会地位、人格等社会心理特征①,情感词库用于将单个词汇和文本建立联系,国际社会科学研究中得到广泛使用的有 LIWC、OpinionFinder、WordNet-Affect、ANEW(Affective Norms for English Word)等系统。LIWC 是一款基于心理学的文本情感分析系统,是词库类文本分析工具中使用最广的一种工具,具有良好的结构效度,能够较好地测量情绪表达,被广泛地应用于社会科学各研究领域,如有关人格特质与语言表述行为的研究中借助 LIWC 分析系统发现尽责型用户很少使用否定词②,外向型用户更喜欢使用正向情感词等③。

同上一节一样,本节在对文本内容进行框架划分及特征向量提取中,使用了 LIWC 分析软件。

2. 计算机辅助编码与测量

框架人工编码中不可避免地产生误差一直是框架研究中的一个争议点,而通过专业的统计手段来获取媒介框架,在一定程度上可以排除或降低框架辨识过程中的主观随意性。计算机辅助框架分析在算法效度保证的条件下则能精确地保证编码的一致性。

(1)新闻框架编码与测量

1)新闻类型框架。新闻分类是传统媒体时代报纸版面在网络媒体时代的延续,报纸有要闻、综合新闻、国际新闻、经济新闻、社会新闻、体育新闻、文化娱乐、特稿、证券、房地产、医疗保健、餐饮娱乐等版面,报纸上主要新闻版面除国际新闻外,还有政治、社会、科技、教育、文化、卫生、经济、法制等新闻报道。本节关注公共事务类新闻报道及其评论,要闻、综合新闻包含于时政或社会新闻,因而最终将新闻类型框架分为国际新闻、国内新闻和社会新闻三种具体形式。

2)新闻叙述框架。基于认知心理过程以及恩特曼的问题界定、问题归因、情感评判框架研究范式,本节将新闻叙述框架分为三层四类框架,使用 LIWC 系统获取新闻报道的感知性叙述框架特征值,认知性叙述框架特征值,正面感性叙述框架特征值,负面感性叙述框架特征值。报道中的感知性叙述指对新闻事

---

① Pennebaker J W, Chung C K, Ireland M, et al. The Development and Psychometric Properties of LIWC2007[J]. Austin, 2007,29(11):1020-1025.

② Yarkoni T. Personality in 100,000 Words: A large-scale analysis of personality and word use among bloggers[J]. Journal of Research in Personality, 2010,44(3):363-373.

③ Qiu L, Lin H, Ramsay J, et al. You are what you tweet: Personality expression and perception on Twitter[J]. Journal of Research in Personality, 2012,46(6):710-718.

件本身的描述性界定,看到了什么、听到了什么、感觉到了什么,含颜色、形状、音调、质地、温度等各方面,本节使用感知类叙述框架来操作化测量恩特曼框架分类中的问题界定;认知是对感知到的外界事物进行信息加工的过程,拉格斯代尔(Ragsdale)在具体研究中将认知操作化定义为教育、知识、意见、信仰等,赫法克(Huffaker)从语言学维度对在线信息进行了操作化定义,将认知过程分为洞察、因果、差距、暂定、确切、限制、包含、排除,共计8类信息,本节使用认知类叙述框架来操作化测量恩特曼框架分类中的因果解释;感性叙述框架包含了正面感性叙述框架和负面感性叙述框架,其中正面感性叙述框架包含了荣耀、优越、坚强等730个正面词汇,负面感性叙述框架包含了846个负面词汇。本节使用正面感性叙述框架和负面感性叙述框架分别来操作化测量恩特曼框架分类中的道德评判的不同方面。

3)新闻叙述框架特征值。LIWC分析系统能够得到所有考察类目的小数点后7位数的特征值。在新闻叙述框架统计检验中,我们重点讨论一篇新闻报道中各类文本叙述框架的水平高低,因而直接使用LIWC系统输出的特征值作为各类框架水平值及类型内部具体指标水平值。

(2)负面情绪化表达编码与测量

负面情绪化表达编码方面,同上一节一样,我们沿用LIWC分析系统中的编码,使用WenXinV2.0将负面情感划分为焦虑类情感(共计122个情感词汇),愤怒类情感(272个情感词汇),悲伤类情感(143个情感词汇)和其他负面情感。

负面情绪化表达比率,同上一节一样,先基于"含有负面情绪化表达"的判断规则对LIWC系统得到的特征值进行二元归类,然后对不同类型评论数求和,再求出各类评论数间的比例关系。

四、研究发现

(一)新闻文本框架的描述统计

新闻叙述框架中,认知性叙述框架(13.01%)水平最高,感知性叙述框架、正面感性叙述框架、负面感性叙述框架均值差别不大,其中感知性叙述框架平均值1.23%,正面感性叙述框架平均值1.15%,负面感性叙述框架平均值1.09%。社会新闻的感知性叙述框架水平最高(1.34%),国内新闻的认知性叙述框架水平最高(13.11%),国际新闻的正面感性叙述框架水平最高(1.26%),

社会新闻的正面感性叙述框架水平最低（1.03%），社会新闻的负面感性叙述框架水平最高（1.24%），国内新闻的负面感性叙述框架水平最低（0.83%），如表4-6所示。其中 M 代表平均值，SD 代表标准差，Mdn 代表中位数。

表4-6 不同类型新闻的叙述框架

类别	国际		国内		社会		方差检验
	M（平均数）	SD（标准差）	M	SD	M	SD	
感知	1.15%	0.009 40	1.16%	0.011 998	1.34%	0.009 99	$F=29.79$ $p=1.29\text{e}-13$
认知	12.77%	0.036 78	13.11%	0.040 89	13.06%	0.053 40	$F=4.848$ $p=0.007\,87$
正面感性	1.26%	0.009 86	1.23%	0.009 84	1.03%	0.008 21	$F=50.5$ $p=2\text{e}-16$
负面感性	1.18%	0.010 34	0.83%	0.009 19	1.24%	0.009 77	$F=140.2$ $p=2\text{e}-16$

表4-7 不同类型新闻的负面叙述框架

情绪	类目	M（平均数）		SD（标准差）		Mdn（中位数）	
焦虑	国内	0.13%		0.002 6		0	
	国际	0.30%	0.20%	0.005 0	0.003 5	0.09%	0.05%
	社会	0.21%		0.003 0		0.11%	
愤怒	国内	0.25%		0.005 3		0	
	国际	0.45%	0.35%	0.006 4	0.005 8	0.23%	0.14%
	社会	0.36%		0.005 6		0.18%	
悲伤	国内	0.14%		0.002 9		0	
	国际	0.24%	0.20%	0.004 5	0.003 6	0	0
	社会	0.22%		0.003 5		0.09%	

对比表4-6和表4-7可以发现，国内新闻整体负面感性叙述框架水平值最低，标准差最小，各类负面感性叙述框架水平值同样皆为最小，且半数以上新闻报道中不含任何焦虑类、愤怒类、悲伤类负面叙述；国际新闻整体负面感

性叙述框架虽然低于社会新闻,但所考察的焦虑类负面叙述框架、愤怒类负面叙述框架、悲伤类负面叙述框架皆有最高的水平值,同时各类负面叙述框架的标准差也皆为最大;社会新闻整体负面叙述框架水平值最高,标准差居中。国内新闻具有最高的认知叙述框架和最低的负面感性叙述框架,社会新闻具有最高的感知叙述框架和负面感性叙述框架以及最低的正面感性叙述框架,国际新闻具有最低的认知叙述框架和最高的感性叙述框架(正面叙述框架与负面叙述框架之和)。表明新闻叙述框架与新闻类型框架之间密切相关,研究新闻叙述框架对新闻评论的影响作用时,需要考虑新闻类型框架可能产生的交互效应。

(二)新闻类型框架对新闻评论的影响作用

统计范围内所有新闻跟帖评论的平均负面情绪化比率23.29%($SD=0.1659$),其中社会新闻负面情绪化比率最大(26.07%),国内新闻负面情绪化比率最小(19.05%),整体差异显著(表4-8),各自之间差异性检验同样显著(表4-9)。各类新闻评论平均焦虑类负面情绪化比率3.26%($SD=0.0669$),平均愤怒类负面情绪化比率9.55%($SD=0.1114$),平均悲伤类负面情绪化比率3.65%($SD=0.0707$)(表4-10),不同新闻类型在各类负面情绪化评论之间均在0.05水平上达到显著差异。

表4-8 不同类型新闻的负面情绪化评论

类目	M	SD	Mdn	方差检验
国内	19.05%	15.43	18.24%	$F=137$
国际	24.14%	19.50	21.90%	$p = 2e-16<0.001$
社会	26.07%	26.07	24.35%	

表4-9 不同类型新闻两两之间独立样本T检验

	国际	社会
国内	$t=9.1323, P=2.2e-16$	$t=-17.4668, p=2.2e-16$
国际		$t=-3.6051, p=0.000317$

表 4-10 不同类型新闻的各类负面情绪化评论

情绪	类目	M		SD		Mdn	
焦虑	国内	2.67%	3.26%	0.055 0	0.066 9	0.014 3	0.020 0
	国际	4.26%		0.098 1		0.020 0	
	社会	3.19%		0.053 2		0.023 4	
愤怒	国内	7.96%	9.55%	0.110 3	0.111 4	0.060 6	0.076 7
	国际	11.09%		0.136 6		0.083 7	
	社会	9.96%		0.094 8		0.086 5	
悲伤	国内	3.16%	3.65%	0.067 0	0.070 7	0.017 8	0.022 6
	国际	3.66%		0.082 7		0.018 4	
	社会	4.02%		0.066 3		0.027 7	

对比表 4-8 和表 4-10 可以发现，社会新闻整体负面情绪化评论比率最高，国际新闻负面情绪化评论比率水平居中，国内新闻负面情绪化评论比率最低；对比具体负面情绪化评论分布和整体负面情绪化评论分布情况可以发现，国内新闻无论是整体负面情绪还是各类负面情绪比率平均值都最低，且各组的中位数也都最低；社会新闻整体负面情绪化评论平均值最高，各类具体负面情绪的中位数皆为最大，标准差皆为最小，但具体负面情绪中只有悲伤类负面评论平均值显著高于国际新闻；国际新闻整体负面情绪化水平虽然居中，但在焦虑类负面情绪和愤怒类负面情绪方面都具有最高的平均值，各类具体负面情绪的标准差皆为最高。数据表明，网民对国内新闻较少发表各类负面情绪化评论，对社会新闻的负面情绪化评论平均值最高，悲伤类情绪尤其突出，对国际新闻的负面情绪化评论很不稳定，焦虑和愤怒类情绪较为突出。不同新闻类型框架之间的负面情绪化评论差异显著，具体负面情绪也形成了明显的偏向性，新闻类型框架能够显著地影响新闻评论中的负面情绪化表达，H1 得到检验。

(三) 新闻叙述框架对新闻评论的影响作用

新闻报道来源背后隐含了意识形态、权力关系与话语霸权的生产，这些力量宏观复杂，且已在以往研究中多有讨论，同时考虑到新闻报道来源的影响会体现在新闻主题类型框架及新闻叙述框架之中，本节重点探讨新闻叙述框架对新闻评论中负面情绪化表达的影响。研究中以新闻类型框架为参考变量、重点考察新闻报道中的感知框架(问题界定)、认知框架(因果解释等逻辑分析)、正面感性框架(道德评判)和负面感性框架(道德评判),如何影响受众对新闻的负面情绪化评判。如果新闻叙述框架中的一个或多个框架对负面情绪化评论具有显著影响,我们则认为新闻叙述框架能够影响公共舆论的负面情绪化表达。

新闻的叙述框架特征值与负面情绪化评论比率之间的相关性检验结果如表4-11所示,表明感知性叙述框架与负面情绪化评论没有显著相关性,认知性叙述框架及情感性叙述框架都与负面情绪化评论显著相关,认知性叙述框架与负面情绪化评论呈现弱正向相关性,正面情感叙述框架与负面情绪化评论呈现弱负向相关性,负面情感叙述框架与负面情绪化评论之间呈现显著的中度正相关性。新闻叙述框架与具体各类负面情绪化评论之间的相关性检验表明,负面叙述框架与各类负面评论都有显著正向相关性,认知性叙述框架与各类负面评论都有正向相关性,但和焦虑类负面评论及悲伤类负面评论之间相关性检验不显著,感知类叙述框架及正面叙述框架与各类负面评论的相关性之间的正负关系不统一,且不能完全通过显著性检验。

表4-11 负面情绪化评论与新闻叙述框架之间的相关性

评论类型	统计检验	感知性框架	认知性框架	正面框架	负面框架
负面评论	r	−0.009 41	0.044 47	−0.036 24	0.258 68
	p	0.411	0.000 10	0.001 537	2.2e−16
焦虑评论	r	−0.008 27	0.003 7	−0.023 1	0.109 8
	p	0.47	0.749 3	0.043 9	2.2e−16
愤怒评论	r	−0.025 2	0.025 1	−0.003 7	0.213 4
	p	0.027 4	0.028 4	0.743 8	2.2e−16
悲伤评论	r	0.000 7	0.010 0	0.004 2	0.092 8
	p	0.951 6	0.382 5	0.715 3	4.5e−16

(四)在线新闻的框架效应

为进一步检验新闻类型框架、新闻叙述框架以及二者的交互效应对负面情绪化评论的影响,我们以负面情绪化评论为因变量,采用 OLS 方法完成了简单线性回归。发现在控制了新闻类型框架以及其与负面情绪框架的交互项后,负面情感框架依然与负面情绪化评论具有显著正相关性,且具有统计项中最大的回归系数;控制了其他项后认知性叙述框架依然对负面情绪化评论具有显著正相关性,正面叙述框架不再对负面情绪化评论具有显著负相关性,如表 4-12 所示。回归检验和分类相关性检验结果一致,我们可以得出负面叙述框架能够显著地影响负面情绪化评论,且达到中等相关性程度,认知叙述框架也能够显著地影响负面情绪化评论,但呈现微弱相关性关系。因而可知新闻叙述框架能够显著地影响负面情绪化表达,在网络负面情绪化表达方面,框架效应理论具有适用性,H2 得到检验,其中负面情绪化叙述框架显著地影响负面情绪化表达,而理性叙述框架不但没有显著减少负面情绪化表达,甚至还会增加负面情绪化表达,H3 得到检验。

表 4-12 新闻框架对负面情绪化评论的 OSL

Coefficients:	Estimate	Std. Error	t value	Pr(>|t|)
(Intercept)	0.176 836 894	0.014 447 153	12.240 258 64	3.96e-34 ***
国内	-0.068 447 558	0.017 933 569	-3.816 728 274	0.000 136 303 ***
社会	0.047 361 628	0.018 355 133	2.580 293 424	0.009 890 168 **
NegEmo	2.992 926 319	0.366 898 108	8.157 377 36	3.97e-16 ***
CogMech	0.285 644 71	0.106 460 725	2.683 099 421	0.007 310 07 **
PosEmo	-0.577 546 428	0.398 118 336	-1.450 690 349	0.146 907 239
国内:NegEmo	1.647 057 342	0.504 127 812	3.267 142 384	0.001 091 196 **
社会:NegEmo	0.745 895 469	0.461 866 248	1.614 959 897	0.106 360 754
国内:CogMech	0.148 526 53	0.134 211 521	1.106 660 057	0.268 475 842
社会:CogMech	-0.330 130 512	0.133 038 703	-2.481 462 2	0.013 105 845 *
国内:PosEmo	-0.489 670 238	0.521 382 085	-0.939 177 338	0.347 669 451
社会:PosEmo	0.193 785 595	0.525 263 517	0.368 930 239	0.712 189 966
Signif. Codes: 0 '***' 0.001 '**' 0.01 '*' 0.05 '.' 0.1 ' ' 1				

五、结论与讨论

互联网时代,不仅媒介中的公共表达适应了互联网的流量逻辑,呈现出情绪化表达特征,基于网络媒介的社会互动,也适应了互联网的流量逻辑,呈现出强烈的情绪化互动特征,流量逻辑的"人的共性需求"维度得到佐证。

(一)新闻文本对负面情绪化表达的框架效应

新闻叙述框架和新闻类型框架之间密切相关,不能独立地影响新闻评论。为了讨论新闻文本的叙述框架对负面情绪化表达的影响作用,研究中我们还同时考察了新闻类型框架对负面情绪化表达的影响作用。通过类型变量(新闻类型框架)和连续变量(负面情绪化表达比率值)之间的方差分析,以及连续变量(新闻叙述框架特征值)和连续变量(负面情绪化表达比率值)之间的相关性分析,研究表明新闻类型框架能够显著地影响新闻评论的负面情绪化表达,新闻叙述框架也能够显著地影响新闻评论的负面情绪化表达,其中认知性叙述框架、正面情感性叙述框架、负面情感性叙述框架都与负面情绪化表达显著相关。进一步通过 OLS 回归检验,统计结果表明新闻类型框架、认知性叙述框架、负面情感叙述框架都对负面情绪化评论具有显著影响,控制了其他变量的交互效应后,负面情感叙述框架的框架效应最为强烈且统计显著,认知类叙述框架与负面情绪化评论也依然正向相关且统计显著。研究揭示了在公众的负面情绪化表达方面,新闻的事实陈述(感知性叙述框架)、正面引导(正面感性叙述框架)可能没有效果,理性劝服(认知叙述框架)甚至会起到反作用,但负面引导(负面感性叙述框架)却效果明显,新闻文本的负面感性叙述框架能够对负面情绪化表达产生重要的影响作用。

(二)互联网时代媒介的情绪化互动

以往学者将公共舆论中的负面情绪化表达视为社会中的"结构性怨恨",研究重点放在负面情绪表达者个体属性特征及负面情绪的社会心理结构等方面,认为负面情绪化表达是社会政治结构变迁、新媒体赋权、主体属性特征等原因导致的结果。在线公共舆论中,人们并不能针对公共议题展开理性讨论,而是将在线公共空间作为个体情绪宣泄的场所,契合了李普曼的公共舆论观。本节采用计算机辅助内容分析方法对在线新闻大数据展开研究,分析了新闻文本和新闻评论之间的互动关系。统计结果表明,在线新闻的类型框架和叙述框架都能够显著地影响新闻的负面情绪化评论,公众能够形成针对公共议题报道框架的负面情绪化表达,揭示了互联网公共空间中所弥漫的负面情绪化表达,除了受个体属性特征及社会心理结构影响外,还明显地受新闻文本框架和信息传授过程中的具体互动情景影响。

框架效应或属性议程设置研究中,学者们证明了框架设置能够显著地影响受众对事物的属性认知,本节发现文本叙述框架的设置还能够影响受众对事物的负面情感评判,媒介报道中的理性劝服无法起到减少负面情绪化评论的作用,负面引导却能明显地增加公众的负面情绪化评论。进一步验证了互联网媒介中能够形成针对新闻报道框架的负面情绪化表达,在线公共舆论中的负面情绪化表达明显受具体互动情景中的文本叙述框架影响,且在这种以网络媒介为中介的社会互动中,没能形成基于理性叙述的公共对话,呈现出强烈的情绪化互动特征,本节的整体研究假设得到检验。

本章小结

"多数人"维度研究方面,以"民众化偏向"作为当前媒介语境下的测量变量,以新闻传播学科学术文献为研究对象,采用关系网络研究方法,研究发现:①不同媒介形态之间的研究问题具有显著的差异,与互联网媒介紧密相关的研究问题具有明显的民众化偏向特征;②不同媒介形态之间的问题研究视角各不相同,与互联网媒介紧密相关的研究视角具有明显的民众偏向特征。

"人的共性需求"维度研究方面,以"情绪化偏向"作为当前媒介语境下的操作化测量变量,以在线新闻及其跟帖评论为研究对象,采用计算机辅助内容分析研究方法,研究发现:①互联网媒介内容适应了互联网的流量逻辑,互联网媒介平台上情绪化表达具有普遍性,情绪化表达问题突出;②互联网媒介平台上的社会互动,也适应了互联网的流量逻辑,呈现出强烈的情绪化互动特征。

第五章 网络社会中的流量逻辑及其问题

由于量化研究立足于微观层面,需要聚焦到具体的操作化测量指标,而媒介逻辑所指涉的应用范围远大于量化分析中的具体变量,因而量化实证分析虽然解析了互联网流量逻辑的两个维度,但基于细节的研究远无法绘制互联网流量逻辑的整体面貌。为了弥补量化实证研究的不足,本章尝试对互联网流量逻辑及其引发的现实问题做出定性描述,并基于对流量逻辑的研究,阐释互联网社会出现"后真相""瓦釜效应"的技术机理。

第一节 网络社会中的流量逻辑

依照媒介逻辑理论,我们认为流量逻辑是互联网技术在媒介内容形成过程中对政治经济等结构性力量的选择性呈现或放大,流量逻辑同时体现了互联网时代的市场逻辑和政治逻辑,包含了市场价值和政治价值,体现在网络社会的新闻生产和社会互动的各个方面。

一、流量逻辑的价值模式

传统媒介时代的注意力价值模式主要作用于商业性质媒介,网络媒介时代的注意力价值模式不仅作用于商业性质媒介,同时也作用于机构媒体等。商业媒介追求的是经济利润,机构媒体追求的是行政影响力,二者的出发点虽然不同,在网络时代却有着共同的表现形式,都在追求网络流量,并遵循网络流量逻辑。

(一)流量逻辑的市场价值模式

文章第三章中提出了互联网注意力经济的"流量模式"①,论述了"流量模式"是互联网注意力经济对流量规则的自适应,并认为流量本身反映了网络媒介的整体价值,"流量模式"能够解释当今互联网媒介环境下网络流量所产生的巨大经济效益。那么,21世纪最初几年,互联网媒介获得了大量的网络流量,为何无法产生经济效益②,流量逻辑的市场价值如何才能得以实现?笔者认为,流量逻辑的市场价值实现,需要同时满足注意力经济所强调的注意力的稀缺性和富裕社会个体消费潜能的可挖掘性两方面因素。

21世纪最初几年,互联网媒介只具备了注意力经济理论所强调的注意力的稀缺性因素,依然是商业型媒介产业模式,决定了当时的互联网注意力经济模式只适用于"本质模式"③,只能以产品为中心获取优质客户的商业价值。伴随着互联网媒介的进一步发展,近年来逐渐具备了富裕社会个体消费潜能的可挖掘性因素。①互联网时代伴随着富裕社会的到来,释放了普通民众的消费潜能。马丁·李斯特等学者认为,互联网媒介并非孤立地出现于传统媒介时代,互联网媒介出现的同时,人类社会还发生了诸多密切相关的变化:其一是人类社会开始从现代社会转向后现代社会,其二是全球化进程极大加速,其三是发达资本主义国家开始从机械工业时代转向后工业信息时代,其四是全球范围内的去中心化和地缘政治秩序的出现④。因而,互联网媒介的注意力经济价值,除了依然具有稀缺性外,还有了网络时代所赋予的时代特征,表现在注意力自身的价值得到了凸显和提升,网络时代富裕社会中个体消费能力的普遍提高,使得人人都有可能成为具有消费行为的优质客户,使注意力能够更有效、更快速地转化为媒介财富。②互联网消费文化落后于互联网科技的发展,影响了互联网发展初期个体消费潜能的可挖掘性。文化滞差概念由威廉·奥格本在1922年出版的《社会变革》一书中提出,认为社会发展中,各个领域间会出现变化速

---

①③ 详见第三章第二节"互联网注意力经济的'流量模式'"。

② 21世纪最初几年,几大门户网站虽然聚集了很高的人气,获得了大量网络流量,但是无法盈利,无法体现"流量模式"所陈述的价值实现方式。

④ 姜华. 论新闻民粹主义的理论渊源、表现及其社会影响[J]. 山西大学学报(哲学社会科学版),2015,38(6):58-72.

度的不平衡现象,精神文化的发展落后于科技和工业文明的发展,不平衡的发展速度是产生社会紧张的主要原因,会形成人文理论的困惑①。21世纪之初,我国传媒产业中之所以出现"流量模式"不能解释的现象,原因正在于互联网时代的文化滞差,21世纪最初几年,互联网时代刚刚到来,虽然网络媒介蓬勃发展,物资日趋丰富,但人们的消费习惯还停留在紧缺经济时代的思维模式中,在视勤俭节约为美德的传统文化中,人们没有为免费物品付费的习惯;在视买椟还珠为可耻行为的传统文化中,人们没有多元消费的消费理念;在以产品为中心的商业型消费观念中,市场也无法形成交叉补贴的消费模式。简言之,互联网发展初期,人们的消费文化和网络科技文明之间存在严重的文化滞差,其阻碍了对个体消费潜能的挖掘,出现了占据网络流量的媒介网站无法获得市场效益和"流量模式"无法解释的网络媒介现象。

"流量模式"是以受众为中心,以网络流量的价值开发为手段的免费分享型经济模式,通过其范围经济和规模经济属性②,在交叉互补的世界中实现市场价值。①范围经济方面,互联网媒介以多元化形式降低成本,将成本分担在媒介企业的不同产品上,从不同的渠道获得收入。其一,互联网时代的消费文化逐渐形成,从消费物质转向消费符号,从消费内容转向消费体验,人们的消费观念逐渐发生变化,自愿以多种形式为免费资源支付报酬,有利于形成交叉互补的范围经济。其二,稀缺经济时代的盈利主要建立在受众的消费能力基础上,通过产品寻找具有购买能力的产品受众,富裕社会的到来,人的平均消费能力得到明显提高,媒介不再以购买能力为区分标准,而是以普遍具有购买能力的受众为中心,基于受众的需求提供多样性的产品,视普通受众为媒介市场中无差异的流量,挖掘其在媒介范围经济模式中所创造的直接或间接的市场价值。②规模经济方面,互联网媒介能够将微不足道的流量资源汇聚成巨大的财富。其一,互联网技术释放了空间束缚,除安德森所指出的能够使利基产品进入媒介市场外,还能够使互联网媒介及其产品面向全球范围更多受众,使得薄利多销的规模经济更具可能性。网络社会中,每个人生活的空间都是无远弗届的网络空间,每个人都是网络人,网络媒介既可以扮演广播式远程传播媒体的角色,

---

① 卞冬磊,张稀颖. 转型期大众传媒报道与大学形象塑造关系研究:以2004年1月1日以来的相关报道为研究对象[J]. 新闻与传播研究,2005(2):68-71,85.

② 互联网媒介经济既属于范围经济,又属于规模经济,详见第三章第二节。

也可以扮演每个人身边的本地媒体、本地企业的角色,这种传播特性有利于进一步扩大媒介市场,达到传统广播电视所不能企及的广度和深度,使得媒介产品可以直接面向全国甚至全世界更多的人口,产生规模效应。其二,互联网技术释放了空间束缚,除了能够扩大媒介经营规模外,还能有效地降低媒介管理协调成本,促使多样性注意力资源能够迅速转换为实际商机,原子社会[①]中微不足道的注意力价值能够汇聚成巨大的财富。罗纳德·科斯(Ronald Coase)用"科斯天花板"和"科斯地板"概念解析了一个企业的经营管理成本,指出企业所从事的每项交易,都要求某种限度资源的投入,一个企业不可能无限度地扩大规模,当它达到某个临界点后管理企业的成本将会大于企业成长带来的利润,企业将不可能再继续成长并正常运转,而这个临界点则可称为"科斯天花板"。由于交易成本的存在,许多可能的商品和服务都没有变成现实,即由于实现某些商业价值所需要的企业组织成本过高,一些具有商业价值的市场需求并没有任何组织机构自愿予以实施,这种市场价值或注意力需求则可认为其落到了"科斯地板"之下。互联网技术打破了空间限制,在一定程度上也抬高了媒介组织的"科斯天花板",降低了媒介组织的"科斯地板"。抬高"科斯天花板"方面:传统媒体企业扩大经营规模需要增加记者站、办事处,增加人员编制,采用分层管理等级型组织模式,无可避免地会增加"交易成本"。网络时代,人人都是自媒体,现实空间中联系松散的群体能够借助网络传播环境比现实组织机构更有效地完成一些事情,媒介受众可以收集新闻信息,适宜的刺激机制下则可使遍布全球的媒介受众成为一定意义上的媒介记者,遍布全球的"媒介记者"可以通过微博、微信、文本、语音、视频等多种形式随时随地完成和媒介组织之间的沟通。网民成为传统媒介时代的记者,网络空间成为传统媒介时代设置于各地的媒介办事处,双向传播的媒介网络大大降低了媒介企业的协调管理成本,打破了传统的"科斯天花板"限制。降低"科斯地板"方面:传统媒介时代,一些群体的注意力具有市场价值,但媒介机构为了实现这些注意力价值需要付出昂贵的组织成本,网络时代媒介规模经济模式中,这些群体能够在媒介网络中形成聚集,聚集后的群体产生巨大的价值总额。群体的自主涌现降低了媒介企业的调查协调成本,网络媒介的范围经济模式同时又能通过交叉补贴形式再次降低媒介企业的机构组织成本,从而使得传统时代"科斯地板"以下的部分注意力

---

① 相对于比特社会,即物理社会、现实社会等。

价值浮出水面。

综上,流量逻辑市场价值的实现,需要立足于注意力的稀缺性和个体消费潜能的可挖掘性两方面因素,互联网技术释放了空间束缚,有利于媒介企业汇集注意力资源、降低管理协调成本,形成"流量模式"的规模经济特征,解决互联网时代注意力的稀缺性问题。富裕社会的到来以及互联网消费文化的逐渐形成,有利于普通"流量"支付能力的提高以及交叉支付习惯的养成,形成"流量模式"的范围经济特征,解决互联网时代的个体消费潜能的可挖掘性问题。

(二)流量逻辑的政治价值模式

新闻传播媒介是按照一定的结构、功能和规则联合而成的一种机构、一种组织、一种事业。在阶级社会里,占据物质生产资料的阶级往往同时也进行着精神生产的统治,用新闻媒介传播本阶级的思想意识,贯彻本阶级的意志,统治阶级借助新闻媒介的信息功能、协调和管理功能、教育功能以及文化娱乐功能,反映、影响、组织和引导舆论,宣传和传递本阶级的观念和意见。媒介除实现经济利润外,同时也是实现政治影响力的工具,具有政治价值功能。

传统时代媒介的政治价值和市场价值的实现方式不同。市场价值的实现借助于媒介测量,通过收视率、收听率、发行量的媒介测量技术,传媒获得经营利润。政治价值的实现虽然也借助于媒体的收视率、收听率、发行量等媒介测量技术,但在信息紧缺、媒介资源有限且都被权力机构所控制的情况下,媒介政治价值的实现最根本的方式在于其自身的权威性,甚至在于其因距离而产生的神秘感。在可供受众选择的媒体很少的情况下,每个人都在少量的标准化菜单中做出选择,媒介的受众抵达并不是难题,全国性媒体的内容自然会拥有大量的读者,中央电视台、中央广播电视台、新华社、人民日报等中央媒体不必设法去吸引受众的注意力,也会因其消息的官方权威而备受各界关注,即使其没有数量庞大的直接受众,也会通过结构化的多级传播到达最广泛的受众群体,其本身的地位就是其产生政治影响力的保证,是其启蒙大众及灌输思想的条件。

互联网时代,流量逻辑不但成为媒介经济价值的实现方式,同时也成为媒介政治价值的实现方式。互联网媒介时代,网络完成了媒介祛魅,当所有信息都能瞬间传至世界各地时,传统媒介时代占有渠道优势的主流媒体失去了其渠道的独享性优势;当信息变得包罗万象、无所不及的时候,传统主流媒体也就失去了其部分权威性;当传统精英后台区域前台化的时候,传统主流媒体也失去了其以往的神秘性。新媒体将传统媒体时代多级传播体系中的各级节点拉到了同一层次,使得主流媒体不再因其自身身份而直接占有节点的顶层权势,政治的结构性力量受到约束,媒介的价值实现方式中市场驱动方式正在逐渐取代权力驱动方式。政治价值同样需要借助对注意力的吸引得以实现,政治价值的实现无可避免地受媒介流量逻辑的影响。政治价值主导的新闻宣传媒介,不同于集权统治政权中的强行灌输,互联网技术提供的"拉出"式阅读模式,即时交互式信息反馈模式,海量的信息供应模式和多元的信源视角都从根本上否定了强制性的新闻宣传。政治价值主导的媒介同样需要尊崇媒介逻辑,同样需要通过吸引广大群众的注意力来扩大影响力。党媒等官方媒体同样在以各种形式扩大新媒体用户订阅数,提高新媒体文章的浏览数、转发数、点赞数,也在追逐流量、遵从互联网流量逻辑。在此情况下,所有媒体想要产生影响、达成目标都要吸引尽可能多的普通受众,政治影响力的实现方式与经济利润的实现方式达成了一致,统一于对普通受众注意力的追求,对网络流量的追求。互联网的流量逻辑扩展了媒介注意力市场的适用范围,迫使政治逻辑需要借助市场逻辑的力量得以实现,流量不但成为经济利润的衡量标准,也成为政治价值的测量手段。

二、流量逻辑在网络社会中的凸显

类似于传统电子媒介时代的娱乐逻辑,流量逻辑也可以广泛地应用于媒介内容生产领域以及以媒介为中介的社会互动领域。在媒介内容生产领域,流量逻辑框架了媒介机构的内容生产标准从而对媒介内容产生影响,网络媒介的议题、表达内容等在流量逻辑的框架下发生了巨大转变。在社会互动领域,流量逻辑体现在传播过程以及镶嵌于其中的社会互动模式之中,社会的新闻、政治、宗教、教育机构等都已经适应了网络媒介的流量逻辑,并将流量逻辑作为自己机构的策略,使其成为社会文化的一部分。

(一)新闻生产中的流量逻辑

媒介既不是简单的内容传输工具,也不是任由权力、资本拿捏的木偶,媒介在其内容生产过程中具有一定的独立性与优先性。流量逻辑作为网络时代的媒介逻辑,对新闻内容生产具有制约性作用,流量逻辑塑造着自媒体媒介内容,改造着传统媒体媒介内容,重塑着传媒行业媒介生态。

1. 流量逻辑左右着自媒体

水木然最早于2018年1月,在《10万+,正在毁掉新闻行业,毁掉互联网,毁掉年轻人》一文中痛斥了自媒体以流量为导向的媒介内容生产,并将自媒体的流量导向视为自媒体的商业化,认为自媒体以追求利益为最终目的,背离了媒体以追求真相为最终目的的应有之义,并得出流量正在毁掉新闻行业,毁掉互联网,毁掉年轻人。

传统新闻行业也存在经济的诱惑,也存在对政治的献媚,也会出现背离新闻真相的状况,以流量为导向的新媒体也会追求社会正义和新闻真相,并不必然是纯粹的商业化媒体。水木然将自媒体的流量导向等同于没有价值立场的纯商业化导向,观点虽有失偏颇,但并不能掩盖其指出的媒介事实——流量成为自媒体新闻生产的准则。

(1) 流量逻辑贯穿于自媒体的发展历程

发展之初的自媒体被定义为普通市民经过数字技术与全球知识体系相连接,提供自身新闻的途径,分享自身真实想法的渠道①。自媒体的发展突破了早期的概念界定,越来越多的专业媒体人投身自媒体运营,自媒体的商业及社会价值凸显,丰富了媒体产业类型,甚至重新定义了媒体产业。业界围绕自媒体的产业运营展开了广泛的讨论,包含了自媒体传播主体特征、自媒体的受众定位、自媒体的内容选择、自媒体的传播渠道等传播要素,尤其将较多的笔触聚集在自媒体的商业模式方面。

自媒体运营符合詹姆斯·凯瑞提出的传播仪式观:"传播的起源及最高境界,并不是指信息的传递,而是构建并维系一个有秩序、有意义、能够用来支配和容纳人类行为的文化世界。"②自媒体的运营模式不是信息分享,而是共同信仰的表征,传播的仪式化以及仪式的强化,传播对长远、深层的文化理念和意识形态变化的影响,传播对秩序的建构、信仰的扩散,都必须建立在吸引用户注意,引入流量,并将用户的注意力转化为媒介资源。自媒体的媒介受众策略经历了从粉丝经济到社群经济的转换,"社群经济"是"粉丝经济"在自媒体时代的延续,与粉丝经济不同,社群建立"以用户为中心的有效链接",社群是"去中心化的模式",社群经济强调社区,社群成员是比粉丝更具有黏性的用户群体③。

---

① 张鸿飞,李宁. 自媒体的六种商业模式[J]. 编辑之友,2015(12):41-45.

② 李苗苗,陈楠. 试论传播仪式观视野下的自媒体运营:基于对"一条"的思考与解读[J]. 中国报业,2016(14):26-27.

③ 王卫明,刘文浩.《逻辑思维》的社群经济新尝试[J]. 传媒观察,2016(10):58-61.

无论是粉丝经济还是社群经济,都建立在以人口数量为基础的经济,都是流量经济。自媒体的商业模式包含广告、软文推广模式,会员制模式,衍生服务收费模式,"版权付费+应用分成"模式,"赞赏"模式,平台型商业模式6种具体商业模式,但是每一种模式的成功,都必须建立在"提供极致化的内容和体验,吸引到足够多的用户流量",才能得到广告投放,才能得粉丝经济之精髓,才能有"赞赏",才能搭建平台、聚合多元利益相关者。

(2)流量逻辑是自媒体的内容生产准则

开创于2015年9月的"咪蒙",以粗口文章煽动公众情绪迅速为人所知,短短9个月,粉丝数量超过400万,广告报价达数十万之巨。以其为例,可以管窥部分自媒体的内容生产逻辑。①自媒体选取有利于获取流量的内容题材。微信公众号中获得点赞、阅读、转发最多的是情感励志类文章[①],"咪蒙"公号中情感类文章占据推送文章的半壁江山,包括了感情观的阐述和情感问答等类别,其11个分类目录中励志、职场、情感、爱情故事、亲子5个类目均可直接归类到情感励志类,其次是搞笑娱乐类,这两类文章的数量超过总数量的80%。时事热点无疑能够挑动受众的神经,紧跟社会热点话题也是"咪蒙"文章选题的重要方向,什么话题受到热议,关注度高,就写什么,紧抓时下最热门的话题咨询,用好玩、逗比的"咪蒙体"写出最新资讯的个人分析[②]。②自媒体采用有利于获取流量的表达方式。脏话与自黑有利于"咪蒙"放下知识分子的架子,拉近自己和广大粉丝之间的距离,使受众产生平等感及认同感。"咪蒙"的文章题目大多充斥着粗俗、攻击词汇,用词粗鄙,戾气有余而理性不足,无怪乎许苗苗认为其最红的文字几乎都在骂人。"咪蒙"采用俚语和自我讽刺的方式,降低了普通受众对知识分子的疏离感,塑造了"亲民"的形象,实现了和粉丝心理上的零距离接触。另外,短句子、网络词汇更有节奏感,更符合网络碎片化传播,更能缓解受众的阅读压力,在以受众为中心的"咪蒙体"写作中都得到了充分的体现。③自媒体以流量作为评价准则。2017年年底的新榜大会上,"咪蒙"开口就是:"近几个月我们做了什么呢?第一个是'刘鑫江歌案'做到1 470万阅读,'携程亲

---

① 许苗苗.毒鸡汤.速朽媒体中的时代景观:以"咪蒙"为例[J].探索与争鸣,2017(7):55-57.

② 彭心怡.解读"大V"个人微信公众号的写作策略:以"咪蒙"为例[J].新媒体研究,2017,3(9):131-132.

子园'是1 400多万。""咪蒙"不反思报道江歌案的《法律可以制裁凶手,但谁来制裁人性》一文中,编造了多少事实、传播了多大戾气,有意无意中编造、裁剪了多少事实,引导了多少极端情绪,杀气腾腾的"咪蒙"制造了网络暴力的新高潮,报道中缺乏一个媒体人最起码的严谨、理性、公允之操守,事后依然没有意识到比发表意见更重要的是还原事实,没有意识到媒体人首先应该尊重事实,用事实说话,将自己的言论建立在新闻事实基础上,而不是以流量为目的,置事实于不顾地迎合受众口味,沿用已经失真的新闻叙事,并以赞同多数的口号赋予自己的暴行以正义性与正当性。

"咪蒙"极具代表性,但绝非个案,而是网络自媒体内容生产中的普遍现象。北京大学文学博士,原央视资深栏目制片人兼主持人王利芬,因2018年1月26日的一篇微博将自己推向了舆论的浪头。

"今天早上起来,发现我在王利芬公众号的文章《茅侃侃的离世,掀开了创业残酷的一角》今天早上达到了10万+,这是我自本月十五号决定自己花一些时间在公告以来十天取得的成果,我的微信公众号从未达到过10万+,努力皆有可能,达到目标的速度比我想象得要快很多,先高兴一下。请朋友关注我的公众号,这个号的使命就是链接社会精英与年轻人,年轻人的社会上升通道可以多一点点,希望我能做些对年轻人有价值的事情。有兴趣的朋友可以在公众号上搜我的名字,当然找到了后请您关注。"(资料来源于网络)

"消费死者、人血馒头"等批评四起,网友的批评显然有言过之处,王利芬并非有意去消费死者,也没有想到无意中会触碰到受众的道德底线。但有一点是肯定的,那就是自媒体人对10万+的趋之若鹜,以及10万+给自媒体人带来的惊喜与震撼,使得具有多年央视工作经验的、见过大风大浪的王利芬一时之间也失去了应有的淡定与从容。

2. 流量逻辑改变着媒介生态

(1)大众传播媒体遵循了流量逻辑

互联网时代媒介和个体的关系不再是"两级",而是"网络"(network),或者"一级"就够了[1]。拉扎斯菲尔德在1940年关于总统选举的研究中发现,媒介信息不像魔弹理论所描述的那样直接抵达受众并影响受众,而是层级式的传播过

---

[1] Katz E, Fialkoff Y. Six concepts in search of retirement[J]. Annals of the International Communication Association, 2017,41(1):86-91.

程,媒体信息首先到达意见领袖,再由意见领袖将信息以及信息的见解传递给其跟随者。然而,网络传播环境下,意见领袖正在丧失着其部分领袖优势,两级传播也逐渐转向"网络传播"或"一级传播"。①两级传播理论凸显了人际传播影响大众意见的能力,传统意见领袖在人际传播中影响以血缘和地域为纽带的"初级群体",是大众媒介信息传播中不可或缺的中介,是知识的占有者,思想和观点的表达者。意见领袖接触媒介后,会对媒介信息进行加工与过滤,并将经过意见领袖加工过滤后的小量观点和信息,传递给信息传授不太活跃的群体。互联网时代的人际传播从面对面的口语传播走向了有各种介质的网络人际传播,"网络初级群体"也成为关注点更广泛、数量更庞大的虚拟网络集群,受众直接接触社会化媒体,信息传播环境的对称化会消解意见领袖价值观传播中的先天优势,信息搜索技术的发展会消解意见领袖信息传授能力上的一些先天优势,意见发表的均权性特征会使得意见领袖在传播渠道上的可用社会资源与普通受众趋于对等①。②传统时代的新闻信息通过报纸、广播首先到达媒介意见领袖,意见领袖对媒介内容进行解读与过滤,并对解读过后的信息提出观念,将观念传达给以地域或血缘为纽带的初级群体。网络时代的新闻信息通过新闻网站、搜索引擎、社会化媒体等直接到达意见领袖和普通受众,意见领袖在虚拟社群的二次传播中,既有和以往一样对信息的过滤和观点的提取,形成对媒介意见的直接引领,也有对信息的直接转发。

大众传播媒介遵循了流量逻辑。网络媒介改变了传统的两级传播模式,意见领袖依然是人群中的活跃分子,依然可能是首先接触大众媒体信息的人,但在信息解读及观念提取中丧失了部分传统优势,意见领袖可以在意见导向中强化普通受众原有的观念,却很难再完全左右普通受众的观念,普通受众成为媒介内容的直接受众,成为媒介意见的直接解读者。在以普通受众为直接传播对象的互联网传播模式中,媒介的审阅者、评价者,媒介的评价标准发生了转化,能够直接获取到的人口基数成了媒介内容的标准,媒介不再以意见领袖为直接受众,不再以引领观念市场为价值追求,更多的是通过迎合得到更多人的认同。如第三章所述,网络时代的新闻产品更多地面向于普通民众的共性信息需求,针对普通民众信息需求的媒介,生产了更加汇聚的新闻产品,民众化的网络新

---

① 杜骏飞. 泛传播的观念:基于传播趋向分析的理论模型[J]. 新闻与传播研究,2001, 8(4):2-13,95.

闻产品供给模式呈现出陡峭的内容分布特征①。流量逻辑的第一个维度下,大众媒体以多数人的需求为导向,以普通民众为直接受众完成新闻内容生产,直接面向最广大的普通受众的媒介内容增多,泛娱乐化现象突出,面向意见领袖的优质深度内容则相对减少。流量逻辑的第二个维度下,大众媒体以人的共性需求为导向,以人的基本需求为导向完成新闻内容生产,可以得到即时满足的媒介内容增多,民粹主义等情感宣泄性内容增多,具有公共理性的媒介内容则相对减少。

(2) 流量逻辑导引下商业主义新闻的盛行

互联网流量逻辑作用下,报纸等传统大众媒体也在经历着从专业导向到商业导向的转型。专业媒介在网络传播时代依然发挥着重要的影响力,公众所阅读的严肃新闻,80%以上依然来自报纸,报纸挖掘新闻,生产高质量的内容,而其他媒介形态则更多地只是包装新闻;报纸不仅仅提供信息,而是以一种协调一致的方式组织信息,提供一种看世界的角度以及与世界发生联系的方式;报纸是公共对话的场所,体现了公民责任、社会公平公正以及民主独立的价值②。然而,网络媒介中碎片化的信息,断裂式的观点,却正在挤压着专业主义媒介的生存空间,网络媒介相对稀缺性的丧失,正在剥离着媒体人及媒介受众的专业主义情怀,网络流量逻辑的导引下,大众媒介的专业主义正在弱化,商业主义越发凸显。

每一项职业都建立在专业技能和行业规范的基础上,同时也都与资源的稀缺性紧密相关,如摄影跟机员的存在是因为摄影机的稀缺性,跟机员需要完成设备的使用管理和日常维护。资源的稀缺性导致了对专业阶层的需求,如20世纪摄影机的数量远少于人们对图像的需求,汽车的数量远少于人们对交通工具的需要,从而使摄影师、汽车司机成为一个专业阶层,广播电视的频段远少于受众对音视频内容的需求,使得播音员、主持人成为专业阶层。在这种稀缺性情况下,由职业从业者构成的专业阶层成了资源的持有者和把关人,供给和控制商品的通道,既要提供优质服务,又要受行业规范制约。职业从业者首先要提供职能服务,受服务对象的需求和商业规则指导,如媒介从业者需要生产读者、观众喜闻乐见的媒介内容。另外,职业从业者除了受市场规则指导外,还需

---

① 详见第三章第二节"基于流量的互联网赋权"。
② 胡泳. 高质量新闻的命运[J]. 新闻记者,2013(8):10-16.

要遵从行业标准,如媒体从业者需要生产好的媒介产品,而什么是好的媒介产品,除了通过受众反馈、市场效益评价外,更多地由行业内专业人士的观念所决定。专业化的媒介内容生产中,媒介从业者受到的职业教育,使其自觉遵循媒介行业标准,在完成新闻生产时,同等关注专家评价和受众评价,甚至更多地关注专家评价。

网络技术的发展,文字和影像的数字化发行剥夺了传统媒体对信息传播的独占性,生产、复制、发行等问题大大简化,信息及其传播渠道也摆脱了稀缺性资源特征,以往的专业化职业也失去了专业门槛,如照相机和智能手机的普及使得人人皆可为摄影师,短视频、网络直播业务的发展使得人人都可为播音员、主持人,博客、公众号的发展使得人人都可成为媒体编辑。在此情况下,新闻传播从传统的职业化到目前职业化和大规模业余化的并行,新闻的定义也发生了变化:"它从一种机构特权变为一个信息传播生态系统的一部分,各种正式的组织、非正式的集体和众多个人都存在于这个生态系统当中。"[1]在这个生态系统中,自媒体因其天生的非专业化发展路径,以商业规则为指导,传统媒体虽然依然还在职业化发展体系之中,新闻生产时依然关注同行评价,但专业化与业余化共生的传媒生态中,对媒介受众评价的关注明显增加,对网络流量的关注明显增加。

当前中国新闻业更加关注商业利润而非新闻价值。李艳红梳理了 2013 年 1 月至 2016 年 8 月 68 位业界人士和 14 位学界人士的 91 篇关于新闻业的现状、危机和应对等发表的公开言论,分析了新闻业界的话语形构,发现网络技术变迁的背景下,言说文本显示出当前中国新闻业的境遇主要被表述为盈利模式危机。

新闻场域的"文本时刻[2]"典型性表述为"读者流失""利润下降""经营陷入困境""命定的结果""不转等死""商业模式的危机""欠缺产品和用户意识""服务理念有待提高""盈利模式""风险投资""占有市场""商业成功""满足用户的产品""用户的关注""延伸服务""可持续利润"等商业主义词汇,迥异于

---

[1] 克莱·舍基. 人人时代:无组织的组织力量[M].经典版. 胡泳,沈满琳,译. 杭州:浙江人民出版社,2015:54.

[2] 文本时刻指文本是构成社会实践的主要要素之一,它与物理要素、社会要素、文化心理要素等其他社会实践要素之间紧密勾连(李艳红,2016)。

"公正""准确""社会责任""客观""监督""深入"等专业主义词汇。媒体业界将网络技术下的新闻界的境遇诊断为一种危机,甚至提出媒体应以金融为中心,新闻知识只是媒体获取声誉的途径,新闻部门只应成为媒体的公关部门,媒介危机的解决需要在商业主义主导下通过资本的运作来完成。此类话语形构和解决方式下,媒体的商业职能更加健全,商业支脉更加发达。媒介话语形构了新闻媒体和商业主义之间的紧密关系,同时也"去勾连"了新闻媒体和专业主义之间的关联。商业主义统合下的新闻场域,在对网络流量的追逐中,专业主义已经悄然离场,关于新闻业的社会使命、新闻业作为维护公共领域愿景的社会制度的话语已经逐渐淡出了媒介讨论。①

(3)流量逻辑导引下的媒介语态变迁

流量成了公共舆论唯一的重要标准,大众媒体甚至为此改变报道方式,放弃传统的审美标准和品质定位。"东方之星"长江沉船事故报道中,各大主流媒体将流量逻辑扮演到了极致,频繁使用"感谢你无数次游过那么悲伤的水域""孩子别哭,我在长江,已经回到母亲的怀抱""救援一线,中国最帅的男人都在这儿啦"等情感表达。灾难报道中如此煽情的语言,无外乎想要适应新媒体,唤醒受众情绪,感动受众,从而带动媒介流量。新媒体的崛起及其对传统媒体的冲击,传媒生态的改变,改变了媒介报道的内外部环境,传统媒体为应对经济压力裁剪甚至撤销成本较高的调查性报道,调查记者职业荣誉感、成就感的消退,导致调查记者行业的衰落②。社会热点事件发生后,各个媒体纷纷发表猜测分析,大V、段子手罔顾事实地推出来的一个个"短平快"的评论,能够一针见血、直指人心,让受众"秒懂"其中含义,所取得的传播效果往往远胜于专业的新闻采访、承担风险所完成的社会调查。难怪网民惊呼网络时代的媒体都想从帽子里变出兔子,已经没有记者赶往新闻现场了。评论过剩,预测过剩,事实的挖掘严重不足,媒体运用心灵鸡汤掩盖新闻生产能力不足的窘境,感动模式成为新闻报道的主流范式③,高质量深度报道数量减少。

---

① 李艳红,陈鹏."商业主义"统合与"专业主义"离场:数字化背景下中国新闻业转型的话语形构及其构成作用[J]. 国际新闻界,2016,38(9):135-153.
② 郑素侠. 从"良心的守护者"到"被监控者":新媒体时代美国调查记者的生存困境[J]. 编辑之友,2017(2):88-93.
③ 黄月琴."心灵鸡汤"与灾难叙事的情感规驯:传媒的社交网络实践批判[J]. 武汉大学学报(人文科学版),2016(5):114-118.

流量逻辑改变了网络媒介时代的媒体语态与风格。网络技术带来媒介的突破、重组与释放,强调个体的参与、体验及感受,媒体进行感同身受的融入式互动传播,软性表达成为一种常态①。如陈昌凤所述,网络媒介时代,新闻语态正在发生着新一轮的革新,继中国当代新闻前几十年的"官本意识"、20 世纪 80 年代的"人本意识"以后,目前正在进入"民在意识"。例如,央视《新闻联播》推出春节特别节目《厉害了,我的国》,用一种叙述方式,同一种流行语态收集了受众的自拍视频和图片。又如新华社 3 个编辑共同署名的 9 字短消息《刚刚,沙特王储被废了》,新闻消息下面回复了"王朝负责刚刚,关开亮负责被废,陈子夏负责沙特王储。有意见?"一则短消息通过话题性、互动性,赚足了流量,"意外"带火了新华社。又如我们以慧科新闻数据库为数据来源研究了新媒体时代大众媒介的表达语态,也得出相似的研究结论。研究以"事件"为搜索关键词,节选每年的 4 月 1 日到 4 月 30 日为抽样时间点,下载 1998 年到 2017 年传统报纸媒体的所有新闻报道,共下载到 28 683 篇新闻文章。由于 2000 年以前每年的数据量不足 500 篇,减去 2000 年以前的数据以及单篇报道不足 20 字的文章,研究最后保留了 2001 年到 2017 年共计 23 252 篇新闻报道为研究样本,仍然以前面所介绍的 LIWC 软件为特征向量提取工具。研究发现,相比于 21 世纪初期,2010 年以后的新闻报道中感知历程类叙述框架有所增长,生理历程类叙述框架(身体类词汇、健康类词汇、两性类词汇)有所增长,四字以上词语使用的比率虽有所增长,但六字以上词语使用的比率却有所减少。感知类叙述框架以及生理历程类叙述框架的增多在一定程度上表明大众媒介更倾向于完成感同身受的互动传播,四字成语的增多以及六字以上词汇的相对减少表明大众媒体追求生动活泼的表达,但同时也避免烦琐绕口的媒介语态。

从某种程度上来说,当前已经进入技术驱动的新闻学语境。在这一媒介语境中,以游戏、体验和个体化为特征的软性表达成为整体态势。媒介报道贴近生活的新闻信息,一改陈旧的新闻腔调,使用朗朗上口的网络流行语,如"给力""厉害了……"体现一种与普通民众进行信息分享、思想共鸣和精神沟通的价值定位。"形式上追求个性化表达,无框架、无模式,自由自主;内容上,不以采写式的报道为主,而是以话题式的述评为纲,优秀作品的话题通常关涉国计民生

---

① 殷乐. 新闻和娱乐之间:概念群的出现及变迁[J]. 新闻与传播研究,2017,24(6):105-116.

中的热点、难点、疑点;态度上,常透着分享的愿望、互动的气质。"①

更有甚者,为了获取流量,媒介放弃了第四等级的原则,投降于毫无节制的商业主义,使用流行的白话、激进的表达捕获普通民众的注意。流量主要来源于普通民众,代表了社会中的大多数,这种含义使它与民粹主义的想象中心——人民不谋而合②。为了获得网络流量,部分媒体大量使用刺激性语言和观点,以激进的表达刺激受众神经,通过对民众声音的投机性占有,策略性的建构话语权威。例如,某报刊登着大量充斥着激愤之词的新闻报道,同时也被贴满"愤青大本营""商业民族主义"之类的标签③。又如,美国谈话广播节目中,旨在诋毁、恐吓及激发仇恨的言论,以及有关性行为、人种、种族、性别、政治观点等的内容,正在成为节目的常规组成部分④。

(二)社会互动中的流量逻辑

媒介逻辑的影响并不局限于新闻生产,它超越了媒介内容本身,体现于社会互动之中,广泛地影响社会文化和社会结构的转变。受众长期浸染于电子媒介的媒介格式之中,将电子媒介的规则内化为自身的行动准则,最终使得电子媒介的娱乐逻辑成为媒介文化的有机构成。与之类似,受众长期浸染于网络媒介的流量格式之中,同样也使得网络媒介的流量逻辑理所当然地成为传播的标准模式,将网络媒介的规则内化为自身的行动准则,最终使得网络媒介的流量逻辑成为媒介文化的有机构成。

1. 从舆论到舆情:流量逻辑下的媒介文化

"舆论"和"舆情"两个词在当下中国被广泛混用,但二者实质上有着不同的发展路径和现实意义。"舆论"一词产生于西方社会,是一个具有政治性功能的概念,是私人对公共事务的关注和公开讨论,是民主产生的条件,是一种外在

---

① 陈昌凤. 社交时代传播语态的再变革[J]. 新闻与写作,2017(3):46-50.
② 姜华. 论新闻民粹主义的理论渊源、表现及其社会影响[J]. 山西大学学报(哲学社会科学版),2015,38(6):58-72.
③ 杜骏飞.我们为什么而新闻:关于《环球时报》风波的三个问题[J]. 新闻记者,2011(9):24-29.
④ Noriega C A. My Media Studies:Straddling Good Fences[J]. Television & New Media,2009,10(1):119-121.

于统治权力的制衡力量①。舆情是"社会民众在一定的历史阶段和社会空间内,对关乎自身切身利益的公共事务或自身关心的特定事件所持有的群体性情绪、意愿、态度、意见和要求的共和以及表现"②。

"舆论"一词在中国舆论环境中几经流变,衍生出"舆情"一词并得到广泛使用,"舆情"一词的出现承继了舆论的内涵,但同时也隐含了二者之间的区别。"舆论"和"舆情"两个概念之间最本质的区别在于主体以及主体关注对象的不同。舆论强调"公众"对"公共事务"的观念和讨论,舆情强调"组织机构"对"公众对公共事务的关注和讨论"的关切和控制,即舆情的核心命题是组织机构对舆论态势的掌控,而不是公众对公共事务的态度。媒介及其内容本来只是公共舆论的载体,公共事务才是舆论本身,在舆论转化为舆情后,媒介及其内容成为公共舆论本身,公共事务却沦为了舆情的载体。舆情随着媒体热点转移,而不是媒体舆情以现实生活中的公共问题为导向。舆论成了潮流,而问题成了潮流的附庸。

(1) 潮流化了的舆情

舆情只是一个流量风向标。网络时代,舆情事件频发,分类方法各异,有自然灾害类舆情事件、事故灾害类舆情事件、公共卫生类舆情事件、社会安全类舆情事件、媒体事件类舆情事件、地方经济类舆情事件、社会治理类舆情事件、吏治类舆情事件等,每类舆情事件下又可进一步细分出不同子类,比如社会治理类事件又可细分出社会情绪类事件、司法公正类事件、旅游出行类事件、网络治理类事件等③。但舆情事件频发的网络时代受众似乎忘记了自己在关注什么,在关注舆情事件背后的议题,还是在关注舆情事件本身?舆情爆发后似乎仅剩下爆发期间的媒体狂欢,随着新的舆情事件的出现或者仅仅是随着时间的推移,舆情事件会戛然而止或者逐渐淡出受众的视线;随着受众对信息刺激疲劳感的产生,媒介不会持续关注公共议题,而是会在流量逻辑的导引下寻求新的刺激点以便抓紧受众的眼球。

重大媒介事件中,为了更有效地获取注意力,媒介对公共议题的关注度会随着议题流量价值的减弱而迅速减弱,使得媒介公共舆论成为一种潮流而不是

---

① 胡泳. 舆情:本土概念与本土实践[J]. 传播与社会学刊,2017:33-74.
② 张元龙. 关于舆情及相关概念的界定与辨析[J]. 浙江学刊,2009(3):182-184.
③ 刘鹏飞,周亚琼. 网络舆情热点面对面[M].2015 年版. 北京:新华出版社,2016.

围绕公共事务的意见表达。在媒介事件引发的公共讨论中,媒介形成了围绕"媒介自身议程"①的公共表达,使得本该成为中心的"公共议题"反而成了"媒介自身议程"的附庸。关于媒介事件的讨论、关于媒介事件的信息分享、以媒介事件为基点的广告宣传、信息消解,相互促进形成了一道新媒体环境下的媒介景观。在这种媒介景观中,媒介借助公共议题不但设置着议题议程,也将媒介自身作为议程进行设置。流量逻辑作用下的新媒体议程中,中心不再是"议题",而是"媒介自身议程"本身,媒介通过"媒介自身议程"本身达成"媒介自身议程"作为一种景观事实所具有的流量价值。

(2)流量至死的网络舆情

网络媒介的流量至死和电子媒介的娱乐至死同样是对公共理性的背离,但相比于娱乐至死,流量至死对公共理性的背离更全面也更彻底。①电子媒介的娱乐精神下,媒介完成了对公共理性的解构,但并不否定理性,也不重新建构理性。公共理性发生在公共领域,针对公共事务,娱乐发生在私人领域,针对私人事务。娱乐的边界在于去严肃化,因为和理性的作用领域不同,娱乐并不否定理性的崇高,仅完成对理性的解构。以美国为代表的娱乐精神即使进入了公共领域、公共事务,也仅是以私人领域的娱乐精神解构着公共领域的理性认知,如阿什德所例证的电子媒介的娱乐范式在总统竞选过程中的作用,仅是解构了传统政治领导人以往的神秘面纱,赋予或再现了精英、英雄以常人的属性,但英雄依然是英雄,民众依然崇拜英雄。②网络媒介的流量精神下,媒介不但完成着对理性的解构,同时还否定着理性与崇高,消费着理性与崇高。否定着理性方面:崇高的泯灭,英雄的坍塌,精忠报国的民族英雄岳飞成了文身流氓,被编造为网络段子主体;诗圣杜甫成为恶搞对象,被解构为各种杀马特;科学家杨振宁回归祖国,被网络键盘侠各种指责。民族伤痛、血泪历史、家国情怀等都成为媒介消费对象。在流量导引的网络媒介中,既没有英雄,也没有丑陋,有的只是流量和商业利益,慰安妇的头像可以做成表情包,诗圣可以成为非主流,家国情怀可以成为卖点。消费着理性方面:国家作为利益的共同体,先天下之忧而忧的家国情怀,民族的自豪感、群体的尊严是族群理性的象征。中华人民共和国成立之初,邓稼先、钱学森等科学家放弃国外优越的条件毅然决然回归祖国,在极其艰苦的条件下践行着自己的民族信仰,科学家成为民族闪耀的明星,

---

① 指由资本和媒介制造的热点议题。这些热点议题往往并非真正的公共议题。

无数青少年心底埋下了长大后要成为一名科学家的梦想,埋下了为国效力的决心,埋下了深深的民族自尊心与自豪感。当代社会,爱国情怀、民族自尊依然深深地镌刻在国民心底,但爱国情怀少了以往的那份深沉与厚重,以自己的实际行动践行爱国,为国家的富强贡献青春太难、太遥远,网络社会中的爱国往往成为虚拟空间中的慷慨激昂,爱国成为爱自己爱国的感受,理性成为被消费的对象。

流量至死的网络媒介不但关注着网络流量,而且尝试将一切都转化为网络流量。①在公共价值和网络流量之间,媒介更加关注网络流量。2017年8月8日,国际著名材料科学家、中国科学院院士、"钢铁科学与技术的集大成者""中国电子显微镜事业的先驱者""中国冶金史研究的开拓者""我国金属物理专业的奠基人""新中国高等教育改革的先行者",对国家有着巨大贡献,曾被誉为世界"一代宗师"的柯俊院士逝世,党和国家领导人致电哀悼。为国家做出巨大贡献的柯俊院士逝世无人问津,网络舆情热度几乎为零。与此同时,郭敬明的相关事件却在网络舆情市场中几近沸腾。②"爱国"在流量逻辑下遭遇了肤浅化,媒介以易于获取流量的形式呈现着公共价值,但忽视了公共价值本身的完整性。《战狼2》是由吴京导演的动作军事电影,2017年7月27日在中国内地上映,影片讲述了脱下军装的中国军人被卷入一场非洲国家的叛乱,本可以安全撤离的他不忘军人的职责返回战场展开援救的故事。影片塑造了中国军人爱国、爱家人、爱战友、有性格、讲义气的银屏形象,受到媒体和观众的高度赞扬,被视为中国文化史上浓墨重彩的一笔。但影片的价值和受众爱国情怀却被作为流量密码,更有甚者,将观看《战狼2》与爱国画上等号,将爱国肤浅化为在一部影视剧中得到的自我满足。形成鲜明对比的是,踏踏实实为祖国的富强做出深远贡献,以自己的实际行动践行着爱国主义信仰的柯俊院士却未能得到哪怕是一个注目礼。8月9日,中国新闻网发表《"贝茵体先生"柯俊逝世,走完百年钢铁人生》,文章同日被网易新闻、腾讯新闻等多家商业门户新闻网站转发,截至8月24日评论数皆为零。8月15日,中国新闻网发表《"贝茵体先生"走了》,文章同日被网易新闻转载,截至8月24日评论数皆为零。华夏现在的和平盛世,靠的是无数先贤的流血牺牲,靠的是枕戈待旦的精兵强将,靠的是领跑的经济实力,靠的是领先的军事力量,靠的是科学家在内的英雄所缔造的综合国力。相比于屏幕上令国人热血沸腾的英雄,形成强烈反差的是现实中真正的英雄再也无法激起网民心中的一丝波澜。英雄的抽象化,抽象化了的英雄屏幕化,屏幕化了的英雄脸谱化、简单化,简单化了的英雄令受众情绪激昂、热血沸腾,但忘记了英雄的本体。这个过程中,围绕英雄展开的爱国话题依然具有强烈的公共性,但公共性的话题却无法得到公共理性的讨论,代之而来的则是对英雄的抽象化、简单化,以话题为载体达到对受众情绪的激发,公共事务演化成为肤浅的公共口号,公共舆论演化成为肤浅的公共情绪满足。

  统计数据同样揭示了这种流量至死的网络舆情。百度指数是以网民行为数据为基础的数据分享平台,能够显示某个关键词在百度的搜索规模有多大,以及这个关键词在一段时间内的涨跌态势,反映了网民在关注什么以及关注态势的变化。8月27日,笔者以吴京、柯俊、郭敬明三位人物姓名为关键词搜索了近一个月的百度指数,吴京近一个月的平均百度指数高达260 109,峰值指数高达572 382,郭敬明近一个月的平均百度指数48 617,峰值指数高达540 727,相比之下,柯俊近一个月的平均百度指数647,峰值指数仅1 019,即使是峰值指数也远远小于流量明星的平均指数,30天内的热度分布如图5-1所示。

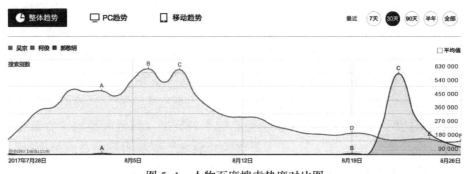

图 5-1   人物百度搜索热度对比图

  以《战狼2》、九寨沟地震、中印对峙三个舆情事件为关键词搜索了近一个月的百度指数。《战狼2》近一个月百度指数1 002 193,峰值指数高达1 900 275,《战狼2》上映期间发生的九寨沟地震,平均百度指数103 335,8月9日单日最高百度指数1 442 710,《战狼2》上映期间一直处于对峙状态的中印国家冲突问题近一个月平均百度指数28 602,8月7日,单日最高百度指数43 304,30天内热度分布如图5-2所示。

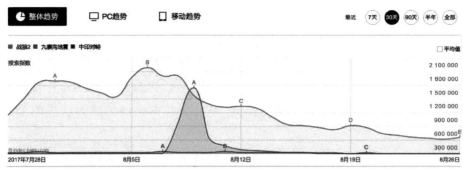

图 5-2　事件百度搜索热度对比图

2. 流量逻辑成为组织机构的策略标准

媒介在各种关系中发挥中介作用的同时也对这些关系产生深刻的影响,媒介在社会互动中扮演着重要角色,大众媒介不再仅仅是政治传播的工具和信息渠道,民主国家的政治传播中必须面对媒介的种种限制并不得不顺应媒介逻辑。社会的政治、经济、文化、体育、宗教机构需要适应互联网的流量逻辑,并将流量逻辑作为自己机构的策略标准,成为网络社会文化的构成部分。

(1)流量逻辑成为媒体行业用人标准

媒介以流量为准则选择内容题材,媒体同样以流量为准则进行内容生产,流量逻辑不但挤压着公共领域中的严肃新闻,也重新定义着娱乐行业本身。以影视演员为例,流量明星正在重新界定着演员的选拔标准以及影视剧的创作规范。当前的影视创作过程中,影视演员的选拔标准抛弃了角色塑造标准,不再依据演员是否适合剧本角色,而是"唯流量论",拥有大量粉丝的流量明星成为影视创作的用人标准甚至成为影视行业的唯一标准。流量明星意味着影片的票房保障。截至 2016 年 3 月,千万量级的片酬成为流量明星的普遍价位,更有甚者片酬直逼亿元①。流量明星成了各个剧组追逐的对象,奔波在各个舞台、各个秀场上,无暇揣摩角色,甚至无暇熟悉剧本。流量逻辑下剧本不需要长期打磨,演员不花时间琢磨戏,建组的时候,谁红就签谁,只关心由哪些演员来担当主演,而不管演员是否适合角色。剧本创作周期依靠演员档期草率创作,进入拍摄期,没有剧本,演员不知道演什么,没有导演讲戏,没有背词、搭戏,为了赶时间,只拍演员的面部戏,各种角度的表情包表演,变换各种背景拍摄演员的喜怒哀乐,近景以外的镜头全部交给替身,发展出武替、文替,甚至是饭替、摔替等

---

① 郑中砥.“流量明星”背后的“粉丝”力量[N].中国电影报,2017-09-13(010).

替身种类。再加上后期配音演员,后期同期声、实景拍摄,后期换景、抠图、合成、特效制作等,一部流量大剧也就产生了①。几乎每一部有流量明星参演的影片都会有粉丝自发锁场,为了防止影院因无人观看而降低排片量,粉丝自发购买非黄金时间段的一两张票,为了能保证普通观众的观影体验,粉丝还会主动把好的位置留给普通观众,在粉丝群体费尽心思的支持下,流量明星成为电影票房的保障。影视产品和其他媒介产品一样,具有规模经济效应,流量明星的粉丝数量保证了其规模价值的获得。影视产品和其他媒介产品一样,同时也是范围经济,影视剧的衍生产品、影视明星代言产品都在流量明星粉丝的簇拥下不断升温,影片的定制商品常常一经发布便被粉丝疯狂抢购。流量明星改变了媒介策略,使得以往以导演为中心、以剧本为中心的影视剧都让位给流量,流量机制下的影视剧也不再是生活艺术的升华,更大意义上是流量文化左右下的嘉年华,流量明星的秀场。

(2)流量逻辑成为社会服务机构的行为策略

阿什德和斯诺在《媒介逻辑》中提出媒介的影响力超越了媒介本身,娱乐成为美国政治、经济、体育、宗教等组织机构的行为策略。互联网媒介的流量逻辑同样也超越了媒介本身,并在互联网时代的社会服务机构中得到直接应用。

高等教育系统中,浙江大学最早发布了以流量为重要考核依据的管理办法。2017年9月,浙江大学官方微信公众号发布了题为"这个文件跟每位浙大师生都有关!优秀网络文化成果认定办法试行,最高可认定为权威学术期刊文章!"的公众号文章,并附有"中共浙江大学委员会浙江大学印发《浙江大学优秀网络文化成果认定办法(试行)的通知》"。根据该试行通知,浙江大学在校师生在媒体及其"两微一端"发表的网文将依据网络阅读量等情况可认定为国内权威、一级、核心等学术期刊论文,纳入职称评审和评奖评优。形成重大网络传播的作品,可申报认定为等同国内权威期刊刊发;形成较大网络传播的作品可申报认定为等同于国内一级学术期刊刊发。其中形成重大网络传播的作品指被"不少于20家主流媒体及其网站、'两微一端'以及重要商业网站及其'两微一端'刊发、转载;形成较大网络传播的作品指被不少于10家主流媒体及其网站、'两微一端'和重要商业网站及其'两微一端'刊发、转载,微信公众号刊发的作品,阅读量不少于10万,头条号刊发的作品,阅读量不少于40万"。

---

① 曾庆瑞. 流量明星顶多是稍纵即逝的"流星"[N]. 文艺报,2017-04-26(004).

此举一出，立刻引发了一场争论，批评者将视线聚焦在"10万+"，并宣称此举是学术的堕落，评价浙江大学是最具娱乐精神的学校；支持者认为这是一次大胆的尝试与创新，认为浙江大学具有远见卓识，能够与时俱进值得称赞。依据媒介逻辑理论，浙江大学的此举直接反映了文化教育机构将流量逻辑作为了其行为策略，是对网络社会流量逻辑的适应及公开的承认。一方面，网络时代的流量本身具有其价值，网络媒介时代，文化的主流正在迅速改道，互联网成为无可置疑的主流媒介，主要的阅读方式已经从纸质媒介转移到了移动终端，主要的媒介产品已经从报纸杂志转移到了社会化媒体，在主要的传播内容及传播介质都发生改变的网络时代，学术评价中如何适应这种变化及将这种社会变化纳入考量体系，本是无可厚非。高校的学术评价体系中既有严谨的硬科学需要专家评审体系，同时也有文化艺术等软科学。目前的评价体系中引入大众评审已不是什么新鲜事，优秀的音乐作品、优秀的绘画作品、优秀的电影电视作品，能够弘扬正能量，能够获得广大人民群众的一致好评，即可在一定限制性条件下认可为职称评审材料。平台本身没有贵贱之分，网络时代，能够在网络平台上产生广泛影响，弘扬社会正气，影响广大网民，产生流量价值的作品能够产生和其他艺术作品等同的价值，取得等同的认可也就无可厚非了。另一方面，流量策略并非首次应用于学术体系，学术圈期刊的等级制度本身就是流量策略的产物，衡量期刊影响力的重要因素即期刊的影响因子，影响因子取决于文章的引用率，引用率反映了有多少期刊受众阅读了文章并在自己的文章中引用了文中的观点或资料，如同自媒体文章阅读量一样，期刊的影响因子实质上反映的并不完全是文章的质量层次，而是文章获得了多少同行的欢迎与肯定，从这层意义上来讲，自媒体的"10万+"策略，只是将学术圈的流量策略扩展至整个网络社会。所不同的是，学术圈的流量取决于学术共同体，而网络社会中的流量取决于全体网络受众。对于硬科学，学术圈是其受众，学术共同体具有发言权，能够认定学术作品的层级；对于软科学，尤其是公共文化产品，普通大众就是其受众，具有评价权，可以认定文化作品的层级。浙江大学所推出的优秀网络文化认定办法，是网络媒介化社会框架下的行为策略，本身并不具有劣根性或创造性，网友所担忧的学术堕落或赞许的远见卓识也并不完全取决于流量策略框架本身，和任何其他评价体系行为准则一样，走向堕落或走向繁荣还需要在流量框架下完成进一步的规则细化。

(三)小结:流量逻辑下的现实困境

流量逻辑作为互联网技术对媒介内容的一种过程性框架作用或实证分析意义上的一种影响作用,其本身并不必然导向技术悲观主义者所认为的结果,笔者也并不否定流量逻辑所具有的进步价值。但不可否认,媒体为了追逐流量价值而附和民众的需求,使得多数人以及人的共性需求成为大众媒介内容生产的标准,导致当今时代大众媒体出现了"瓦釜效应""后真相"等现实困境,使得公共舆论中的理性和真相问题在当今传播语境下再次凸显。其表现在以下几个方面:①流量逻辑左右着自媒体,自媒体以流量作为唯一的价值评判标准,在媒介内容生产中选取有利于获取流量的媒介话题,报道"无意义或更有负面意义"的新闻题材,采用有利于获取流量的表达方式,诉诸"情感和个人信仰",而不是"客观真相"。②流量逻辑改变着媒介生态,大众媒体以多数人以及人的共性需求为导向,专业主义式微,商业主义盛行,媒介语态和风格也适应着流量需求,泛娱乐化媒介内容、情绪宣泄类媒介内容增多,更有意义,更具公共理性的媒介内容则相对减少。③互联网媒介文化下,舆论转化为舆情,成为一种议题潮流,媒介制造着舆论,公众关注着"媒介制造"而不是关注公共舆论。媒介搜寻、关注的是热点而不是舆论,大量媒介的涌入会稀释热点事件的浓度,长期曝光会疲惫人们的敏感神经,即使是雾霾问题、儿童保护问题、食品安全问题、社会治安问题等关系到每个人切身利益的舆情事件,也会在新的舆情事件出现后迅速淡出媒介页面,淡出人们的视线。④流行文化成为公共舆论,公共话题则以流行文化的形式再现于互联网公共舆论。娱乐八卦成为舆论话题并在互联网媒介环境中获得极大的关注,与此同时,公共事务依然具有最为普遍的受众基础,但再现于互联网公共舆论中的公共事务,却依赖简单化、情绪化的表达方式吸引着网络流量,放弃了公共事务原本应有的深刻性和完整性,使得公共事务沦落为网络流量的载体。

第二节 现实困境的解决之道

为应对公共舆论中的理性和真相问题,李普曼在20世纪20年代提出了诉诸理性,诉诸精英,诉诸"局内人"的应对策略,并和杜威形成了一场针锋相对的争辩。李普曼所提出的解决之道在传统大众媒介发展中得到了更多的肯定与应用。在新的媒介环境下,当公共舆论的理性和真相问题再次凸显于人们的视野之时,是否意味着李普曼提出并被广泛实践的精英主义解决之道不再适用于互联网媒介环境?当网络媒介客观上提供了形成"大社会""大共同体"的技术条件之时,是否意味着杜威所提出的民众参与模式才是解决当下媒介"瓦釜效应""后真相"等现实困境的必由之路?基于对互联网流量逻辑的研究,笔者尝试对此做出回答。

一、专家体系与民主参与体系

(一)李普曼-杜威之辩

李普曼认为公众是被自己成见和外界的控制所左右的无自主性的人,杜威却认为公众是存在的,只是在"大社会"中还没有形成"大共同体",只要科学知识得以充分传播,一个有组织的公众社会就会形成。李普曼寄希望于掌握专业知识的专家能够充当一个中立人的角色为"局内人"提供策略,杜威对这种具有专家统治色彩的观念进行抨击,认为专家是无法从公众中分离出来的,公众无法告知他们需求的社会,政府最终都会变成寡头政府,即使专家能从公众中分离出来,他们也会将自己视为新的审查官,产生李普曼在《政治序言》中所抨击的保守理性控制。李普曼视象征为一种固化的成见,关注了象征的控制性力量,杜威视象征为大社会的公意,关注了象征的积极力量。

杜威认为在服务人类物质利益的场域,科学是有用的,但科学只关注如何从控制中产生理性,在政治等其他强调独特感受的领域只谈理性是不够的,还需要言论自由和多元探索。知识并非只是事实,也是谁在交流这些知识的问题,真相总是人为的,并无所谓真理的知识,所有讯息都应该被视为情报,必须能达到激发每个人的潜能和成就的目标才有价值。知识、科学、公众同传播统一起来,传播使得讯息具有价值,使得"大社会"成为"大共同体"。杜威将民主社会的希望归结在传播上,认为传播是独特的工具,它让我们活在一个看事情有意义的世界里,传播也是最后的工具,它使人们从立即的孤立中提升,分享共同的意义。因而舆论只能在社会活跃的讨论中才能形成,民主是一种伦理、一种参与,它的价值在于创造个人在社会中充分发展自我的条件。杜威所认为的理性是哈贝马斯意义上的主体间性交往理性,认为借助于传播能够形成主体广泛地民主参与。詹姆斯·凯瑞(James W.Carey)指出,杜威与李普曼针锋相对,杜威认为李普曼是知识旁观者理论的代表人物,将公众置于了"旁观者之旁观者"的位置。受凯瑞影响,公共新闻运动中,包括我国学者在内的学术界自20世纪80年代以来对"李普曼-杜威之辩"展开了热烈的讨论,将二人的论辩归为精英民主模式和民主参与模式的争辩,前者寄希望于专家体系,后者寄希望于借助传播而形成的民主参与体系。

(二)专家体系的不适用性

互联网技术的发展,网络媒介发生了民众化偏向,专家体系遇到了空前的挑战。民众化偏向的网络社会中,群体的社会身份被解构,网络空间中没有了童年与成年、男性与女性、精英与平民,有的只是一串串ID代码所代表的网民。在这个个体属性特征被解构的网络社会中,"舞台"身份是当下即时的,精英甚至成为网络空间中的相对弱势群体。民众化偏向的网络社会中,"媒介舞台"趋于消失,伴随着"舞台"角色的专业精神也随之弱化。互联网的碎片化传播打破了媒介的程式化操作,即时性内容摒弃了客观、公正、中立的新闻报道规范,开放性体系推翻了记者的职业化教育,互联网技术消解了媒体的社会责任,解构了舞台的专业属性,使得专家体系成为新闻专业主义者的乌托邦。

互联网媒介不利于专家充当中立人的角色、独立地为局内人提供策略。民众化偏向的网络社会中,流量逻辑左右着自媒体,改变着媒介生态,普通民众的意见和偏好成为媒介的决策来源。自媒体的发展,新闻传播从传统的职业化到目前职业化和大规模业余化并存的实际情况,使得新闻从一种机构特权转变为一个信息传播生态系统的一部分,在这个专业与业余共存的生态系统中,传统媒体虽然还在职业化发展体系之中,新闻生产时依然关注同行评价,但专业化与业余化共生的传媒生态中,对媒介受众评价的关注明显增加,与此同时对专家体系的认同与追逐则进一步让位于市场。在以市场为导向的新闻生产体系中,专业主义被抑制或边缘化,甚至被认为是新的传播环境下媒介发展的掣肘,媒介更难以扮演中立人的角色,更难以产生具有独立思考精神的专家。

即使专家能够从公众中分离出来,继续扮演中立人角色为局内人提供策略,他们也会将自己视为新的审查官,产生李普曼在《政治序言》中所抨击的保守理性控制。李普曼的老师桑塔亚纳早有指出,其认为"李普曼明明反思到了现代性的问题,却还要在现代性方向上拯救民主,明明看到了科学的局限,却还要以科学取代宗教"①。互联网递进了传统电子媒介开启的媒介舞台间的融合,消融了媒介舞台本身,使得普通民众成为媒介内容的主要参与主体和叙述对象,完成了新媒体赋权。然而,再结构化的网络社会中,后台与前台的融合,后台生活的前台化,控制比以往更加全面而深入,互联网的民主权利是技术和商业精英更柔和但也更深刻的统治,是以民众的形式完成着对民众的统治。舆论的核心是"公众"对"公共事务"的观念和讨论,舆情的核心是组织机构对舆论态势的掌控,互联网时代的舆论转化为了舆情,使得媒体热点成为舆情的焦点,而公共问题却成为舆情的附庸。互联网媒介中的专家体系不是以中立人的角色为局内人提供关于公共事务的策略,而是站在局内人的角度完成对社会潮流的预测与控制,产生李普曼所抨击的保守理性控制。

(三)民主参与体系的困境

杜威寄希望于借助传播达成讯息的充分分享,激发每个人的潜能和成就目标,使得讯息具有价值,使得"大社会"成为"大共同体"。网络媒介的发展,客观上使得讯息的充分传播成为可能,但似乎并没有激发每个人的潜能和成就目标,也没有使得"大社会"成为"大共同体"。互联网媒介技术促使公众多线程并行处理,从传统深度阅读到网络非线性强力阅读,从图式主导舆论到情绪主导舆论。互联网赋予了民众参与权,却是被组织下的参与;互联网赋予了民众表达权,却是被导引下的表达。在这场新媒体赋权中,民众并没有完成真正意义上的民主参与,讯息也没有发挥激发个人潜能和成就目标的价值。民众的参与性指标——流量"内爆"于民众本身,具有偏见性的流量成为流量所指代的意义本身,流量与民众真实意旨之间的纽带被切断,流量成为比民众真实旨趣更真实的民众旨趣,用以指导现实并反作用于民众行为。杜威认为,民主是一种伦理,一种参与,它的价值在于创造个人在社会中充分发展自我的条件,良善的舆论能够在社会活跃的讨论中形成。然而,充分传播的网络社会中,为了获得网络流量,媒体大量使用刺激性语言和观点,以对民众声音的投机性占有方式,以激进的表达刺激受众神经,策略性地建构话语权威。本书的量化实证研究部

---

① 单波,罗慧. 理性的驾驭与拯救的幻灭:解读李普曼思想的价值与困局[J]. 新闻与传播评论,2007(Z1):1-12,209,212.

分①表明互联网公共舆论无法形成基于理性的公共对话,情绪化互动特征明显,情绪化表达能够得到更多的支持,具有显著的流量价值,含有负面情绪化表达的跟帖评论条数占总跟帖评论条数的 1/4 以上,至少含有一条负面情绪化评论的新闻占总新闻条数近 90%,公共事件自由讨论中负面情绪化表达是非常普遍的现象,负面情绪化表达比率和评论数之间的非参数回归表明随着在线新闻评论数的增加,负面情绪化表达比率有明显增加的趋势,这在一定程度上反映了流量逻辑导引下的网络公共舆论,不能形成杜威所谓的建立在充分沟通基础上的大社会大共同体。

二、"流量"的优化:民众参与体系下的应对策略

流量逻辑是互联网媒介的媒介逻辑,是互联网技术在媒介内容的形成过程中对政治经济等结构性力量的选择性呈现或放大。当今媒介环境下,资本遵循互联网技术的流量逻辑,为了追逐流量价值而附和普通民众的需求,导致了大众媒介的"瓦釜效应""后真相"等现实困境,使得公共舆论中的理性和真相问题再次凸显。互联网技术、资本、普通民众是流量逻辑体系下,引发现实困境的三方面因素,互联网技术代表了不可逆转的发展方向,现实困境的解决须基于资本或"流量"自身(普通民众)。资本的本性在于获取利润,通过强制性手段逼迫其做出改变,但难以彻底改变现状,因而,唯有通过对普通民众自身需求的改变才能从根本上解决当今时代出现的现实困境。

(一)民众参与体系是必由之路

李普曼的专家系统在传统媒体时代得到了普遍应用,其提出的拒绝非理性的大众参与自我管理,仰赖专业知识等观点成为一定意义上的共识,新闻的科学化转向也为新闻专业主义的发展提供了一个重要的发展方向。然而网络现实环境中已无法再拒绝"非理性的大众"参与自我管理,职业的业余化在很多领域成为现实,新媒体环境的种种变化都对李普曼的精英体系提出了挑战与质疑。与此同时,杜威的参与式传播体系似乎也没能有效应对当今媒介的现实困境,但在互联网媒介环境下,杜威所谓的参与式传播体系已经成为媒介发展的不二选择。①互联网技术下,媒介已经完成了民众化偏向。网络媒介延续了电

---

① 此处具体指第四章的第三节和第四节。

视媒介对场景的融解,解构了个体身份与舞台之间的必然联系,解构了结构化于各个身份的角色特征,使得在去场域化的网络媒介之中,精英及其符号特征成为特定时刻下的临时状态,而普通民众却是所有人永恒的身份。②互联网时代的民主与霸权特征,统一于普通民众的流量价值。通过对互联网幂律分布曲线的对比分析,发现互联网更趋民主或更趋集权的特征之间具有内在统一性,共同指向互联网时代普通民众所产生的网络流量,普通民众所具有市场价值是互联网趋于民主或霸权的共同原因。③互联网的市场价值与政治价值的实现,必须借助于网络民众。在稀缺性经济模式下,流量逻辑的市场价值已经得到承认,富裕社会中流量逻辑的市场价值进一步凸显,同时也使得政治逻辑需要借助市场逻辑的力量得以实现,流量不但成为经济利润的衡量标准,同时也成为政治价值的测量手段。④普通民众作为权力主体的观念已经深入人心。流量符号"内爆"于普通民众,使得其具有天然的正义性,民粹主义以其特有的方式,策略性地运用民众声音来建构权威,通过宣称是人民的声音而使自身合法化等,都从侧面反映了互联网时代,权力的正当性、合理性来源于普通民众而不是来源于权威组织或专家系统。因而,本书提出,在互联网媒介环境下,民众参与体系是解决大众媒介的"瓦釜效应""后真相"等现实困境的必由之路,需要在交往理性的哲学范式下提升普通民众的自身需求层级。

(二)交往理性哲学范式:民众参与体系的理论依据

杜威认为知识并非只是事实,更重要的是谁在交流知识,真相总是人为的,讯息只有激发了人的潜能和成就目标才有价值,其借助传播达成理性的观念与工具理性的思维截然不同,摆脱了意识哲学的理路,意图避免主客体之间的认知—工具关系的控制,与哈贝马斯的交往理性观念一样,都在寻求超越现代性工具理性悖论的理性道路,都主张对理性进行重建,让理性由以主体为中心的实体理性转变到以讯息分享共识—主体间性为中心的交往理性。主体间性指具有语言和行为能力的主体之间进行沟通交流时所建立起来的关系,交往理性是主体间性与客观世界中事物之间的理性关系。交往理性的内涵最终可以还原为论证话语在不受强制的前提下达成共识这样一种核心经验。交往理性本身折射出对"人是什么"的永恒的认识兴趣,涵盖了交往理性的文化场景和交往理性中人的文化属性,是一种实践的理性,必须诉诸理性、交往和文化三个维度,具有时代性、先验性、整体性、实践性等特点。交往行为理论"可以遏制那种不顾一切地以非理性来超越理性的后现代主义冲动,走一条既不放弃理性、现代性理想,也不放弃理性、现代批判的第三条道路"①。

(三)"流量"优化:民众参与体系模式下的具体路径

美国心理学家马斯洛(Maslow)于1943年在《人的动力理论》中提出了人的需求层级理论,他把人的需求分为五个从低级向高级上长的层级,低层级的需求满足后人们会寻求更高一级的满足。第一层级为生理需求,如对食物、住所、睡眠、性生活的自然需求;第二层级为安全需求,如对社会秩序、职业安全、人身安全的需要;第三层级为归属与感情的需求,如对亲情、友情和归属感的需要;第四层级为尊严需求,如对尊严、地位等的需要;第五层级为自我实现需求,如对成就感、胜任感的需求。康德着眼于批判人的能力,将人的灵魂区分为感性本能、知性意识和理性三种由低到高的先天能力,胡家祥认为生理需求属于感性范围,即使蜉蝣生物也具有本能的食欲和性欲;安全需要部分属于感性本能、部分属于知性意识;归属需要在人类中更多属于知性意识的范围;自尊需要显然属于知性意识;自我实现是自由意志的体现,属于康德所谓的理性范围②。奥尔德佛(Alderfer)在马斯洛的需求层级理论上提出了人本主义需求理论,将需求层级划分为生存的需求、相互关系的需求和成长发展的需求三个层级,生存需求包括了饮食、服装、性爱、安全等,相互关系需求包括了和谐关系、娱乐休闲等,成长需求包括了自尊、发展、自我实现等。

公共舆论的理性状况取决于"流量"的需求层级。19世纪,人们将公共舆论定义为由公众产生并被文明社会中其他人所普遍接受的共识,公众是社群中具有知识、道德与智慧的中产阶级。换言之,19世纪,媒介公众具有康德意义上的理性能力,公众的媒介需求是高层级的需求,是马斯洛意义上的尊严需求、自我实现需求,是奥尔德佛意义上的成长需求,因而出现了媒介内容(公共舆论)短暂的理性时期。20世纪以来,媒介"公众"的社会身份发生变异,被重新界定为具有"消费者"和"旁观者"身份属性的普通民众,公共舆论的来源群体成为非理性而不是理性的思考者,旁观者而不是主导者,消费者而不是生产者。"消费者""旁观者"的媒介需求更多的是感性本能的需求,各种互联网产品"大多

---

① 陈志刚. 现代性批判及其对话[M]. 北京:社会科学文献出版社,2012.
② 胡家祥. 马斯洛需要层次论的多维解读[J]. 哲学研究,2015(8):104-108.

是满足人的'基本需求'层面的东西","利用的无非是人类的几大弱点,如'贪婪''色欲''虚荣''窥视''懒惰'等"①。互联网时代以流量为导向的媒介内容即是以普通民众的需求为导向的媒介内容,媒介内容的鄙俗化或高雅化的可变性因素很大程度上取决于作为"流量"的普通民众的需求层级。

"流量"的优化。①"流量"的需求层级取决于社会文明的发展程度。许金声提出"普遍人格"概念,用以指某一社会发展阶段,大多数人所具有的一种人格类型,流量逻辑概念中,流量代表了多数人以及人的共性需求,反映了所处社会的"普遍人格"。马斯洛的需求层级理论从微观心理学的角度支持和丰富了宏观的马克思主义的社会发展阶段论,社会发展阶段决定了所处发展阶段的普遍人格,社会所处发展阶段的普遍人格决定了"流量"的需求层级,也即社会发展的文明程度借助其所决定的普遍人格间接决定了社会所处阶段的需求层级。随着社会文明程度的发展,"流量"的需求层级将得以提升。"自我实现型人格将是共产主义社会的普遍人格"②,"自我实现型"需求也将是共产主义社会"流量"的需求层级。②"流量"的需求层级还取决于需求抑制情况。人本主义需求层级理论认为如果较高层次需求的满足受到抑制,那么人们对较低层次的需要就会变得更加强烈。基于此,我们认为,为了解决当今媒介的表达理性问题,可从两方面完成"流量"优化:一是低层级需求的满足会引导人们去追求更高层次的需求,社会文明程度的发展必然会培育更高层级的普遍人格,媒介内容的良善模式也必然会随着社会的发展而得到改善;二是高层级满足的抑制会导致人们对低层级满足更强烈的需求,良善的媒介内容还需要更加多元自由的媒介社会环境。

本章小结

流量逻辑包含了互联网时代的市场逻辑和政治逻辑,具有市场价值和政治价值,在网络社会的媒介生产和社会互动中得到了充分体现。流量逻辑是导致

---

① 吴飞,尤芳.社交网络的基本逻辑与发展趋势[J].山西大学学报(哲学社会科学版),2013,36(6):127-132.

② 许金声.马斯洛与马克思[J].人文杂志,2007(5):32-38.

大众媒体的"瓦釜效应""后真相"等理性背离现象的一个重要原因,但流量逻辑并不必然会导致这种理性背离现象,"流量"具有其可塑造性。"瓦釜效应""后真相"等现实困境的解决,需要立足于"流量"的这种可塑造性,因循李普曼、杜威的讨论,我们提出在当今媒介环境下公共舆论中的表达理性问题的解决,需要在民众参与模式下寄希望于"流量"的优化。

参考文献

[1] Altheide D L. Media Logic and Political Communication[J]. Political Communication, 2004, 21(3): 293-296.

[2] Altheide D L, Snow R P. Media Logic and Culture: Reply to Oakes[J]. International Journal of Politics, Culture, and Society, 1992, 5(3): 465-472.

[3] Altheide D L. Media Logic and Social Interaction[J]. Symbolic Interaction, 1987, 10(1): 129-138.

[4] Altheide D L. Media Logic, Social Control, and Fear[J]. Communication Theory, 2013, 23(3): 223-238.

[5] Altheide D L, Snow R P. Media Logic[M]. Beverly Hills: Sage, 1979.

[6] Choi S. Flow, Diversity, Form, and Influence of Political Talk in Social-Media-Based Public Forums[J]. Human Communication Research, 2014, 40(2): 209-237.

[7] Clauset A, Newman M E J, Moore C. Finding community structure in very large networks[J]. Physical Review E-Statistical, Nonlinear, and Soft Matter Physics, 2004, 70(6): 066111.

[8] Coe K, Kenski K, Rains S A. Online and Uncivil? Patterns and Determinants of Incivility in Newspaper Website Comments[J]. Journal of Communication, 2014, 64(4): 658-679.

[9] Huffaker D. Dimensions of Leadership and Social Influence in Online Communities[J]. Human Communication Research, 2010, 36(4): 593-617.

[10] Kim H S. Attracting Views and Going Viral: How Message Features and News-Sharing Channels Affect Health News Diffusion[J]. Journal of Communication, 2015, 65(3): 512-534.

[11] MacKuen M, Wolak J, Keele L, et al. Civic Engagements: Resolute Partisanship or Reflective Deliberation[J]. American Journal of Political

Science,2010,54(2):440-458.

[12] Marcus G E, MacKuen M, Neuman W R. Parsimony and Complexity: Developing and Testing Theories of Affective Intelligence[J]. Political Psychology,2011,32(2):323-336.

[13] 阿什德.传播生态学[M].邵志择,译.北京:华夏出版社,2003.

[14] 埃里克·麦格雷.传播理论史:一种社会学的视角[M].刘芳,译.北京:中国传媒大学出版社,2009.

[15] 安东尼·吉登斯.社会的构成:结构化理论纲要[M].李康,李猛,译.北京:中国人民大学出版社,2016.

[16] 保罗·莱文森.莱文森精粹[M].何道宽,译.北京:中国人民大学出版社,2007.

[17] 保罗·莱文森.数字麦克卢汉:信息化新千纪指南[M].何道宽,译.北京:北京师范大学出版社,2014.

[18] 曹晋,张艾晨.网络流量与平台资本积累:基于西方马克思主义传统的考察[J].新闻大学,2022(1).

[19] 陈昌凤.社交时代传播语态的再变革[J].新闻与写作,2017(3).

[20] 陈龙.Web2.0时代"草根传播"的民粹主义倾向[J].国际新闻界,2009(8).

[21] 陈鹏.内容与渠道创新基础上的吸引力经济:传媒经济本质的另一种解读[J].新闻与传播研究,2014,21(4).

[22] 陈阳.框架分析:一个亟待澄清的理论概念[J].国际新闻界,2007(4).

[23] 陈志刚.现代性批判及其对话[M].北京:社会科学文献出版社,2012.

[24] 成伯清.情感的社会学意义[J].山东社会科学,2013(3).

[25] 戴宇辰.走向媒介中心的社会本体论:对欧洲"媒介化学派"的一个批判性考察[J].新闻与传播研究,2016,23(5).

[26] 杜骏飞."瓦釜效应":一个关于媒介生态的假说[J].现代传播,2018,40(10).

[27] 杜骏飞.数字交往论(1):一种面向未来的传播学[J].新闻界,2021(12).

[28] 韦伯.社会学的基本概念[M].胡景北,译.桂林:广西师范大学出版社,2005.

[29] 格雷姆·特纳.普通人与媒介:民众化转向[M].许静,译.北京:北京大学

出版社,2011.

[30]哈罗德·伊尼斯.传播的偏向[M].何道宽,译.北京:中国人民大学出版社,2003.

[31]胡泳.舆情:本土概念与本土实践[J].传播与社会学刊,2017.

[32]胡泳.众声喧哗[M].桂林:广西师范大学出版社,2009.

[33]胡正荣.结构·组织·供应链·制度安排:上 对当前西方媒介产业的经济学分析[J].现代传播,2003(5).

[34]克莱·舍基.人人时代:无组织的组织力量[M].经典版.胡泳,沈满琳,译.杭州:浙江人民出版社,2015.

[35]克里斯·安德森.免费:商业的未来[M].蒋旭峰,冯斌,璩静,译.北京:中信出版社,2015.

[36]克里斯·安德森.长尾理论:为什么商业的未来是小众市场[M].乔江涛,石晓燕,译.北京:中信出版社,2015.

[37]乐国安,董颖红,陈浩,等.在线文本情感分析技术及应用[J].心理科学进展,2013(10).

[38]李全生.布尔迪厄场域理论简析[J].烟台大学学报(哲学社会科学版),2002(2).

[39]李艳红,陈鹏."商业主义"统合与"专业主义"离场:数字化背景下中国新闻业转型的话语形构及其构成作用[J].国际新闻界,2016,38(9).

[40]刘丹凌.新传播革命与主体焦虑研究[J].新闻与传播研究,2015,22(6).

[41]龙小农.I-crowd时代"沉默的螺旋"倒置的成因及影响:以"PX项目事件"的舆论引导为例[J].新闻与传播研究,2014,21(2).

[42]罗伯特·洛根.理解新媒介[M].何道宽,译.上海:复旦大学出版社,2012.

[43]马歇尔·麦克卢汉.理解媒介:论人的延伸[M].何道宽,译.北京:商务印书馆,2000.

[44]马修·辛德曼.数字民主的迷思[M].唐杰,译.北京:中国政法大学出版社,2016.

[45]曼纽尔·卡斯特.网络社会的崛起[M].夏铸九,王志弘,等,译.北京:社会科学文献出版社,2001.

[46]梅拉尼·米歇尔.复杂[M].唐璐,译.长沙:湖南科学技术出版社,2011.

[47]尼尔·波兹曼.技术垄断[M].何道宽,译.北京:北京大学出版社,2007.

[48] 尼尔·波兹曼. 娱乐至死[M]. 章艳,译. 北京:中信出版社,2015.

[49] 尼古拉斯·卡尔. 浅薄[M]. 刘纯毅,译. 北京:中信出版社,2015.

[50] 欧亚,吉培坤. "后真相"与"假信息":特朗普执政以来美国公共外交的新动向[J]. 国际论坛,2019,21(6).

[51] 普赖斯. 传播概念·Public Opinion[M]. 邵志择,译. 上海:复旦大学出版社,2009.

[52] 齐美尔. 社会学:关于社会化形式的研究[M]. 林荣远,译. 北京:华夏出版社,2002.

[53] 乔纳森·特纳. 情感社会学[M]. 孙俊才,译. 上海:上海人民出版社,2007.

[54] 汤李梁. 传媒经济本质的双重内涵:"影响力经济"再反思[J]. 国际新闻界,2006(10).

[55] 王彩波,丁建彪. 试析公共舆论的内涵与功能:基于公共舆论与民主政治关系的分析[J]. 江苏社会科学,2012(1).

[56] 王远. 齐美尔形式社会学对象的建构及其方法论意义[J]. 社会科学辑刊,2012(2).

[57] 沃尔特·李普曼. 公众舆论[M]. 阎克文,江红,译. 上海:上海人民出版社,2002.

[58] 叶青青. 重访李普曼:新闻何以成为民主的一种表达方式[J]. 国际新闻界,2010,32(6).

[59] 约翰·霍兰. 涌现:从混沌到有序[M]. 陈禹,译. 上海:上海科技出版社,2006.

[60] 约书亚·梅罗维茨. 消失的地域[M]. 肖志军,译. 北京:清华大学出版社,2002.

[61] 张雷. 新媒体引发的通货革命:注意力货币化与媒体职能的银行化[J]. 新闻与传播研究,2013,20(4).

[62] 单学刚,胡江春. 全民"围观":网络舆情凸显社会"痛点"[N]. 中国教育报,2011-02-14(4).